跨境电商
零售进出口通关安全宝典

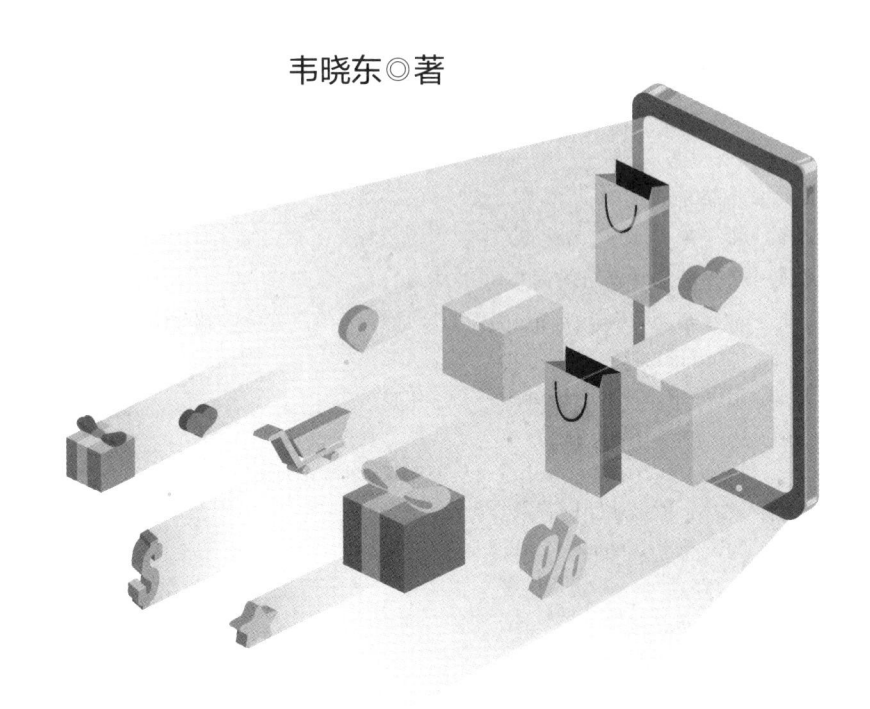

韦晓东◎著

中国海关出版社有限公司
·北京·

图书在版编目（CIP）数据

跨境电商零售进出口通关安全宝典/韦晓东著．—北京：中国海关出版社有限公司，2023.5

ISBN 978－7－5175－0630－0

Ⅰ.①跨… Ⅱ.①韦… Ⅲ.①电子商务—零售业—进出口贸易—海关手续—中国 Ⅳ.①F752.5

中国版本图书馆CIP数据核字（2022）第256681号

跨境电商零售进出口通关安全宝典
KUAJING DIANSHANG LINGSHOU JINCHUKOU TONGGUAN ANQUAN BAODIAN

作　　者：韦晓东	
责任编辑：邹　蒙	
出版发行：中国海关出版社有限公司	
社　　址：北京市朝阳区东四环南路甲1号	邮政编码：100023
编 辑 部：01065194242－7530（电话）	
发 行 部：01065194221/4238/4246/5127（电话）	
社办书店：01065195616（电话）	
https://weidian.com/?userid=319526934（网址）	
印　　刷：北京天恒嘉业印刷有限公司	经　　销：新华书店
开　　本：710mm×1000mm　1/16	
印　　张：21.75	字　　数：353千字
版　　次：2023年5月第1版	
印　　次：2023年5月第1次印刷	
书　　号：ISBN 978－7－5175－0630－0	
定　　价：78.00元	

海关版图书，版权所有，侵权必究
海关版图书，印装错误可随时退换

前言
PREFACE

　　跨境电商零售具有跨境传统贸易的部分属性,也具有其自身的新特点和新需求。跨境电商零售进出口通关监管继承了跨境传统贸易通关监管的原则、理念、规定和方法,以跨境传统贸易通关监管模式为基础,构建了新的通关监管模式。本书从跨境电商零售进出口通关监管者的角度,通过对比跨境传统贸易和跨境电商零售分析跨境电商商业模式,从而总结出跨境电商零售通关的特点,深入分析进出口通关监管业务领域。本书围绕进出口通关监管业务领域,介绍跨境电商零售通关规定,剖析跨境电商零售通关风险,提出通关安全建议,帮助跨境电商零售的参与企业安全成长,保障消费者安全交易,支持跨境电商零售新业态健康、稳定发展。

　　为了方便读者深入阅读理解,本书每章先介绍读者常见且熟悉的跨境传统贸易,再对比分析跨境电商零售,从而降低阅读理解的难度。本书内容分为三部分。第一部分介绍跨境电商发展背景和基础内容,由第1章至第3章组成。简要介绍我国大力支持跨境电商健康发展,重点介绍海关监管常识及支持跨境电商发展的主要监管措施;对比跨境传统贸易、跨境电商贸易、跨境电商零售等商业模式,分析交易主体、交易方式、交易对象、商品用途、物流方式、交易风险、交易效率、交易成本、数据互通、信息透明度等方面的差异;总结跨境电商零售"小""多""散""快""新""廉"的通关特点。第二部分分析跨境电商零售进出口通关安全,由第4章至第11章组成。从进出口通关监管方式、参与主体、商品管理、税收、检疫、检验、电子信息监管模式等方面,对比跨境传统贸易进出口通关和跨境电商零售进出口通关；面向参与跨境电商零售的销售企业、平台企业、物流企业、支付企业、境内代理人等相关主体，以及消费者，介绍跨境电商零售通关监管规定，分析通关责任，剖析通关风险，提出通关安全建议，警示常见通关违法案例。第三部分介绍新信息技术在进出口通关监管的应用设想，即第 12 章。探索应用区块链、大数据、人工智能、物联网等新信息技术，创新更高效的通关监管措施，促进包括跨境电商零售在内的进出口通关业务安全健康发展。

韦晓东

2023 年 3 月

自　序

创　新

　　2002年夏，我大学毕业，从大上海来到小渔村，落脚深圳蛇口——中国改革开放"第一炮"炸响的地方，每天背靠微波山，远眺新香港，感受着改革开放的时代气息。很荣幸，我参加了不少海关业务改革项目，从基层一线到全国整体项目，从海运到陆运业务，从通关单证作业到物流监控，从纸质作业到无纸化作业，从逐票人工审核到分类通关审核，经历了从探索未知、迷茫慌乱到豁然开朗，从突破旧例到创立新规……深刻体验到创新让人生更突破自我、更拓宽认知、更创造价值、更凸显意义、更与众不同。

　　跨境电商零售顺应互联网技术发展，创新商品跨境交易渠道，让消费者足不出户就能选购全球商品，省钱、省力、省时间，享受到居家决胜千里之外的购买便利，便捷"买全球"；让销售者能与互联网触及的每一个消费者交易，快速加入全球市场，便捷"卖全球"。随着信息技术和消费市场的变化，跨境电商零售将不断涌现新方式、新手段、新特点和新需求，是值得长期深入探索研究的新领域。为了支持跨境电商零售新业态健康发展，国家允许各地先行先试积累监管经验，逐步出台了清单管理、税收优惠、通关监管、质量保证、主体责任等方面的专门政策，开辟了跨境进出口商品监管新阵地。

　　从面临监管新挑战、研究监管新问题，到创造监管新模式、实现监管新突破，每一个参与者都深刻体会到创新的价值和意义。

情　怀

每一位母亲在孕育新生之时，都能坚决戒除不良生活习惯；严格保持饮食营养均衡足量，不偏食不挑食；休息规律充足，不贪睡不贪玩；定期检查身体，保证健康稳定的孕育状态。孕育新生是从无到有、从零到一，是母亲刻骨铭心的情怀。

跨境电商零售监管于我而言，也是孕育新生。2012年年底，我在深圳前海湾保税港区（现属于深圳前海蛇口自由贸易试验区的前海湾综合保税区）开始参与跨境电商监管工作，不断了解跨境电商新业态和模式，调研其他城市监管试点情况，研究监管规定和要求，设计监管模式和流程，撰写信息化系统业务需求，测试优化信息化系统功能，并在全国首创试点"特殊区域出口"模式，实现了深圳关区跨境电商监管业务"零突破"。2014年7月参与设计实施试点"网购保税进口"模式，2015年5月参与组织实施试点"一般出口"和"直购进口"模式，在全国率先于一个关区实现跨境电商零售全部四种模式。2018年参与起草世界海关组织《跨境电商标准框架》，总结中国海关的跨境电商零售监管经验，研究跨境电商零售监管的未来趋势，提出中国海关的监管方案和建议。

经历多次从零到一的创新过程，我感受到如孕育新生般的母亲情怀，虽深知"孩子"长大了终要出去独立闯荡，可依然对跨境电商零售眷恋得难以割舍。

安　全

安全是头等大事。跨境电商零售通过互联网连接全球消费者和销售商，让消费者的个性化需求得到满足，让销售商实现商品全球化销售，让单批少量商品大量跨境流动，但跨境电商零售"小""多""散""快""新""廉"的通关特点，对进出口通关监管提出了新需求和新挑战。进出口监管是验证进出口商品是否符合国家监管要求的必要过程。对违反监管规定的行为，监管部门将依法依规处置，追究相关人员责任，以维护正常合法的通关秩序。跨境电商零售相关企业进出口商品，应遵守进出口通关监管法律法规，对应跨境电商零售通关监管模式，履行通关相应义务和责任，从而确保自身安全快速发展。

创新不是胡来。跨境电商零售参与者是互联网时代的弄潮儿，应熟练应用互联网技术，熟悉全球化市场商品供给和消费需求，聚集雄厚的资金资源和聪慧的人才团队，不断创新商业模式和手段，抢占互联网经济新业态前沿阵地。但有些参与者无视监管法律规定，伪造电子信息，将一般贸易商品化整为零，通过跨境电商零售渠道进口，或者低报价格偷漏关税，或者伪报商品编码违法进口清单外商品，逃避进出口监管，最终遭受严重处罚，甚至遭受牢狱之灾。任何创新都应遵守国家法律法规，确保安全稳定发展，不能以创新名义知法犯法、任性胡来。

期　望

跨境电商零售未来可期。随着跨境物流变得更快捷便宜，跨境电商零售成本更低廉、配送更高效、范围更广泛、商品更多样，更容易满足消费者的个性化需求，因此将成为消费品跨境交易的重要渠道，支持全球化消费市场繁荣发展。我国高度重视跨境电商新业态，2014年以来每年《政府工作报告》必提支持跨境电商发展。截至2022年12月，全国共设立跨境电商综合试验区165个，涉及31个省、自治区、直辖市，国家不断调整出台专项监管政策，构建专门通关监管模式，建设专用通关监管信息化系统，支持鼓励跨境电商零售健康发展。

为助推跨境电商零售安全发展，我总结了2012年以来参与跨境电商零售监管的工作经验，从监管实践者的角度，分析跨境电商零售通关特点，并从进出口通关的监管方式、主体、税收、检疫、检验、监管、电子信息等方面，介绍跨境电商零售通关监管规定，特别是正面清单管理、税收限值优惠、"三单比对"、独立监管方式等专门监管措施，期望能普及跨境电商零售通关业务知识，消除跨境电商零售参与者的通关盲区；剖析跨境电商零售通关风险，提出通关安全建议，为跨境电商零售通关提供经验借鉴，期望能支持跨境电商零售新业态安全健康发展；针对参与跨境电商零售的销售企业、平台企业、物流企业、支付企业、境内代理人等相关主体以及消费主体，逐个分析通关责任和风险，并辅以常见的通关违法案例，期望能帮助跨境电商零售企业安全快速成长，帮助消费者安全享受跨境电商零售带来的便利。

本书内容主要源于个人工作实践经验，难免有不周之处，欢迎读者批评指正，共同支持跨境电商零售新业态安全健康发展。

目录

CONTENTS

第1章 我国大力支持跨境电商健康发展 1

1.1 我国对跨境电商发展的政策支持 / 3

1.2 海关大力支持跨境电商进出口通关 / 6

1.3 我国跨境电商蓬勃发展 / 11

第2章 跨境交易商业模式 13

2.1 跨境传统贸易 / 15

2.2 跨境电商贸易 / 16

2.3 跨境电商零售 / 17

2.4 三种商业模式对比 / 18

第3章 跨境电商零售通关特点及风险 35

3.1 "小"：单票价值低 / 37

3.2 "多"：单批种类多 / 39

3.3 "散"：编号分布散 / 42

3.4 "快"：物流需求快 / 45

3.5 "新"：监管要求新 / 48

3.6 "廉"：成本求低廉 / 53

第4章 跨境电商零售海关监管方式 59

4.1 跨境电商零售商品海关监管属性 / 61

4.2 跨境电商零售海关监管模式适用范围 / 63

4.3 海关监管区的划分 / 66

4.4 海关监管方式的划分 / 71

第5章 跨境电商零售通关参与主体 75

5.1 海关企业管理要点 / 77

5.2 跨境电商零售企业 / 80

5.3 消费者 / 90

5.4 跨境电商平台企业 / 105

5.5 物流企业 / 113

5.6 支付企业 / 131

5.7 境内代理人 / 138

第6章 跨境电商零售通关商品管理 145

6.1 跨境传统进出口货物禁限管制 / 147

6.2 进出境物品管制 / 151

6.3 跨境电商零售进口范畴 / 152

6.4 跨境电商零售进口商品实施清单管理 / 153

6.5 一份清单包含两种监管要求 / 157

6.6 跨境电商零售进口商品归类 / 160

6.7 清单商品责任主体及核定时限 / 162

6.8 进口清单外商品通关风险 / 163

6.9 核定商品属于商品清单范围内 / 165

6.10 跨境电商零售出口商品范围 / 167

6.11 通关案例：无法提供许可证件 / 168

6.12 通关案例：涉及濒危物种 / 170

第7章　跨境电商零售通关税收 | 173

7.1 跨境传统货物税收征管 / 175

7.2 进境物品税收征管 / 179

7.3 跨境电商零售进口税收政策概述 / 181

7.4 跨境电商零售进口商品按照货物征税 / 183

7.5 跨境电商零售进口税收政策适用范围 / 184

7.6 进口商品原产地 / 186

7.7 进口商品完税价格 / 190

7.8 进口优惠税率 / 194

7.9 个人交易限值 / 199

7.10 适用汇率 / 201

7.11 取消免征税额 / 202

7.12 税额举例对比 / 205

7.13 税收优惠支持业态发展 / 207

7.14 消费者是纳税义务人 / 208

7.15 进口汇总征税 / 209

7.16 进口纳税期限 / 211

7.17 进口税收风险 / 212

7.18 确定进口税费计征要求 / 214

7.19 法律责任 / 215

7.20 出口商品税收征管 / 216

7.21 通关案例：走私普通货物、物品罪 / 219

第8章 跨境电商零售通关检疫 223

8.1 卫生检疫 / 225

8.2 跨境电商零售商品进出境卫生检疫 / 229

8.3 动植物检疫 / 232

8.4 跨境电商零售商品进出境动植物检疫 / 235

8.5 跨境电商零售进出境检疫规定 / 238

8.6 通关案例：未报经检疫合格出境 / 240

第9章 跨境电商零售通关检验 243

9.1 商品检验 / 245

9.2 食品安全管理 / 247

9.3 商品是跨境电商零售交易的核心 / 250

9.4 跨境电商零售商品质量安全保障方式 / 252

9.5 跨境电商零售企业承担主体责任 / 253

9.6 跨境电商平台监督保证商品质量 / 258

9.7 消费者自行承担购买使用风险 / 260

9.8 监管部门联合监管 / 262

9.9 通关案例：未报经商品检验出口 / 263

9.10 通关案例：未报经食品检验出口 / 264

目录

第10章　跨境电商零售通关电子信息 | 267

10.1　跨境传统货物电子信息 / 269

10.2　跨境电商零售电子信息 / 271

10.3　电子信息数据验证 / 273

10.4　通关主体信用验证 / 276

10.5　通关风险 / 278

10.6　通关案例：走私普通货物罪 / 284

第11章　跨境电商零售通关监管模式 | 287

11.1　直购进口模式 / 289

11.2　网购保税进口模式 / 295

11.3　一般出口模式 / 300

11.4　特殊区域出口模式 / 304

11.5　出口海外仓模式 / 308

11.6　跨境电商B2B直接出口模式 / 312

11.7　通关案例：申报不实 / 315

11.8　通关案例：侵犯知识产权 / 317

第12章　新信息技术在通关监管中的应用设想 | 319

12.1　区块链 / 321

12.2　大数据 / 325

12.3　人工智能 / 328

12.4　物联网 / 332

第1章
Chapter 1

我国大力支持跨境电商健康发展

◇ 综述

跨境电商是跨境传统贸易在互联网时代的新业态,受到了国家高度重视和大力支持,享受了许多度身定做的新政策,得以蓬勃发展。海关作为国家进出境监管机关,承担对跨境电商进出口通关监管职能,同时也不断出台支持跨境电商发展的监管措施。跨境电商的相关主体应认识到跨境电商与境内电商不同,要接受进出口通关监管,遵守进出口通关规定,办理进出口通关手续。

1.1 我国对跨境电商发展的政策支持

1.1.1 2014年以来,每年《政府工作报告》必提支持跨境电商的发展

2014年提出:要稳定和完善出口政策,加快通关便利化改革,扩大跨境电子商务试点。

2015年提出:实施培育外贸竞争新优势的政策措施,促进加工贸易转型,发展外贸综合服务平台和市场采购贸易,扩大跨境电子商务综合试点。

2016年提出:扩大跨境电子商务试点,支持企业建设一批出口产品"海外仓",促进外贸综合服务企业发展。

2017年提及:完善促进外贸发展措施,新设12个跨境电子商务综合试验区,进出口逐步回稳。

2018年提及:设立13个跨境电商综合试验区,国际贸易"单一窗口"覆盖全国,货物通关时间平均缩短一半以上,进出口实现回稳向好。

2019年提出:改革完善跨境电商等新业态扶持政策。

2020年提出:加快跨境电商等新业态发展,提升国际货运能力。

2021年提出:发展跨境电商等新业态新模式,支持企业开拓多元化市场。

2022年提出：加快发展外贸新业态新模式，充分发挥跨境电商作用，支持建设一批海外仓。

2023年提及：（五年来）发展外贸新业态，新设152个跨境电商综试区，支持建设一批海外仓。

1.1.2 | 制定《中华人民共和国电子商务法》

2018年8月31日，《中华人民共和国电子商务法》经第十三届全国人民代表大会常务委员会第五次会议通过，其第一条明确了制定该法的目的：为了保障电子商务各方主体的合法权益，规范电子商务行为，维护市场秩序，促进电子商务持续健康发展。涉及跨境电商专项规定如下：

第七十一条　国家促进跨境电子商务发展，建立健全适应跨境电子商务特点的海关、税收、进出境检验检疫、支付结算等管理制度，提高跨境电子商务各环节便利化水平，支持跨境电子商务平台经营者等为跨境电子商务提供仓储物流、报关、报检等服务。

国家支持小型微型企业从事跨境电子商务。

第七十二条　国家进出口管理部门应当推进跨境电子商务海关申报、纳税、检验检疫等环节的综合服务和监管体系建设，优化监管流程，推动实现信息共享、监管互认、执法互助，提高跨境电子商务服务和监管效率。跨境电子商务经营者可以凭电子单证向国家进出口管理部门办理有关手续。

第七十三条　国家推动建立与不同国家、地区之间跨境电子商务的交流合作，参与电子商务国际规则的制定，促进电子签名、电子身份等国际互认。

国家推动建立与不同国家、地区之间的跨境电子商务争议解决机制。

1.1.3 | 出台综合监管政策

2016年3月24日，《财政部　海关总署　国家税务总局关于跨境电子商务零售进口税收政策的通知》（财关税〔2016〕18号）发布，明确：跨境电子商务零售进口商品按照货物征收关税和进口环节增值税、消费税，购买跨境电子商务零售进口商品的个人作为纳税义务人，实际交易价格（包括货物零售价格、运费和保险费）作为完税价格；跨境电子商务零售进口税收政策适用于在《跨境电子商务零售进口商品清单》范围内，并符合规定条件的商品；跨境电子商务零售进口商品实施单次交易限值和个人年度交易限值管理，在限值以内进口的跨境电子商务零售进口商品，关税税率暂设为0%；进口环节增值税、消费税取消免征税额，暂按法定应纳税额的70%征收。上述规定彻底解决了影响跨境电商零售进口监管和发展的税收困扰。

2018年9月28日，《财政部 国家税务总局 商务部 海关总署关于跨境电子商务综合试验区零售出口货物税收政策的通知》（财税〔2018〕103号）发布，明确：对跨境电子商务综合试验区内电子商务出口企业出口未取得有效进货凭证的货物，符合通知所列条件的，试行增值税、消费税免税政策。

2018年11月28日，《商务部 发展改革委 财政部 海关总署 国家税务总局 市场监管总局关于完善跨境电子商务零售进口监管有关工作的通知》（商财发〔2018〕486号）发布，明确了享受跨境电商零售进口税收政策的商品的条件；界定了跨境电商零售进口主要参与主体；确定了对跨境电商零售进口商品按个人自用进境物品监管，不执行有关商品首次进口许可批件、注册或备案要求；按照"政府部门、跨境电商企业、跨境电商平台、境内服务商、消费者各负其责"的原则，明晰包括政府部门在内各方的责任，标志国家综合监管政策已经基本确定。

1.1.4 稳步设立跨境电商综合试验区

2015年3月7日，国务院批复同意设立中国（杭州）跨境电子商务综合试验区，这是中国第一个跨境电子商务综合试验区。截至2022年12月，国务院共7次批复同意，共设立跨境电子商务综合试验区165个，涉及31个省、自治区、直辖市。

1.2 海关大力支持跨境电商进出口通关

1.2.1 海关是进出境监督管理机关

《中华人民共和国海关法》(以下简称《海关法》)明确：中华人民共和国海关是国家的进出关境（以下简称进出境）监督管理机关。2018年3月，中共中央印发《深化党和国家机构改革方案》，其中明确："将国家质量监督检验检疫总局的出入境检验检疫管理职责和队伍划入海关总署。"海关负责监管进出境运输工具、货物、行李物品、邮递物品和其他物品，征收关税和其他税、费，实施出入境卫生检疫、出入境动植物及其产品检验检疫，实施进出口商品法定检验，查缉走私，编制海关统计和办理其他海关业务。

国务院设立海关总署（正部级）。海关总署贯彻落实党中央关于海关工作的方针政策和决策部署，在履行职责过程中坚持和加强党对海关工作的集中统一领导，统一管理全国海关。国家在对外开放的口岸和海关监管业务集中的地点设立海关。海关的隶属关系，不受行政区划的限制。海关依法独立行使职权，向海关总署负责。国家在海关总署设立专门侦查走私犯罪的公安机构，配备专职缉私警察。

1.2.2 海关主要监管对象及相关规定

1.2.2.1 进出境人员

进出境人员指进入或离开中华人民共和国关境的自然人。

主要规定如下：

（1）海关可查阅进出境人员的证件；查问违反海关法或者其他有关法律、行政法规的嫌疑人，调查其违法行为。

（2）海关可在海关监管区和海关附近沿海沿边规定地区，检查走私嫌疑人的身体；对走私犯罪嫌疑人，经直属海关关长或者其授权的隶属海关关长批准，可以扣留。

（3）进出境个人违抗海关监管逃逸的，海关可以连续追至海关监管区和海关附近沿海沿边规定地区以外，将其带回处理。

（4）进出境人员应当接受卫生检疫，经国境卫生检疫机关许可，方准入境或者出境。入境人员，必须在最先到达的国境口岸的指定地点接受卫生检疫。出境人员，必须在最后离开的国境口岸接受卫生检疫。

（5）海关对检疫传染病染疫人必须立即将其隔离，隔离期限根据医学检查结果确定；对检疫传染病染疫嫌疑人应当将其留验，留验期限根据该传染病的潜伏期确定。

（6）海关对进出境人员实施传染病监测，并且采取必要的预防、控制措施。有权要求进出境人员填写健康申明卡，出示某种传染病的预防接种证书、健康证明或者其他有关证件。

1.2.2.2 报关单涉及企业

报关单涉及企业如下：

（1）境内收发货人。指在海关备案的对外签订并执行进出口贸易合同的中国境内法人、其他组织。

（2）境外收发货人。境外收货人通常指签订并执行出口贸易合同中的买方或合同指定的收货人，境外发货人通常指签订并执行进口贸易合同中的卖方。

（3）消费使用单位。指已知的进口货物在境内的最终消费、使用单位，包括：自行进口货物的单位、委托进出口企业进口货物的单位。

（4）生产销售单位。指出口货物在境内的生产或销售单位，包括：自行出口货物的单位、委托进出口企业出口货物的单位。

（5）申报单位。指自理报关的进出口企业或代理报关的报关企业。

主要规定如下：

（1）进出口货物收发货人、报关企业办理报关手续，必须依法经海关注册登记。未依法经海关注册登记，不得从事报关业务。

报关企业和报关人员不得非法代理他人报关，或者超出其业务范围进行报关活动。

（2）海关按照诚信守法便利、失信违法惩戒、依法依规、公正公开原则，对企业实施信用管理。

（3）海关根据企业申请，按照规定的标准和程序将企业认证为高级认证企业的，对其实施便利的管理措施。

海关根据采集的信用信息，按照规定的标准和程序将违法违规企业认定为失信企业的，对其实施严格的管理措施。

海关对高级认证企业和失信企业之外的其他企业实施常规的管理措施。

（4）海关根据社会信用体系建设有关要求，与国家有关部门实施守信联合激励和失信联合惩戒，推进信息互换、监管互认、执法互助。

（5）海关建立企业信用修复机制，依法对企业予以信用修复。

1.2.2.3 进出境货物

进出境货物包括进口货物、出口货物，以及过境、转运和通运货物。

过境、转运和通运货物，指由境外启运、通过中国境内继续运往境外的货物。其中，通过境内陆路运输的，称过境货物；在境内设立海关的地点换装运输工具，而不通过境内陆路运输的，称转运货物；由船舶、航空器载运进境并由原装运输工具载运出境的，称通运货物。

主要规定如下：

（1）进出境货物必须通过设立海关的地点进境或者出境。在特殊情况下，需要经过未设立海关的地点临时进境或者出境的，必须经国务院或者国务院授权的机关批准，并依照《海关法》规定办理海关手续。

（2）进口货物自进境起到办结海关手续止，出口货物自向海关申报起到出境止，过境、转运和通运货物自进境起到出境止，应当接受海关监管。

（3）进口货物的收货人、出口货物的发货人应当向海关如实申报，交验进出口许可证件和有关单证。

（4）海关监管货物，未经海关许可，不得开拆、提取、交付、发运、调换、改装、抵押、质押、留置、转让、更换标记、移作他用或者进行其他处置。

（5）进出境可能传播检疫传染病的货物，应当接受卫生检疫，经国境卫生检疫机关许可，方准入境或者出境。

（6）进出境的动植物、动植物产品和其他检疫物，依照《中华人民共和国进出境动植物检疫法》(以下简称《动植物检疫法》)规定实施检疫。

（7）列入国家商检部门制定、调整必须实施检验的进出口商品目录的进出口商品，由商检机构实施检验。

（8）进口的食品、食品添加剂应当经出入境检验检疫机构依照进出口商品检验相关法律、行政法规的规定检验合格。

1.2.2.4　进出境物品

进出境物品指个人携带进出境的行李物品、邮寄进出境的物品。行李物品指旅客为其进出境旅行或者居留的需要而携运进出境的物品。

主要规定如下：

（1）个人携带进出境的行李物品、邮寄进出境的物品，应当以自用、合理数量为限，并接受海关监管。

"自用"指旅客本人自用、馈赠亲友而非为出售或出租。"合理数量"指海关根据旅客旅行目的和居留时间所规定的正常数量。

（2）进出境物品必须通过设立海关的地点进境或者出境。在特殊情况下，需要经过未设立海关的地点临时进境或者出境的，必须经国务院或者国务院授权的机关批准，并依照本法规定办理海关手续。

（3）进出境物品的所有人应当向海关如实申报，并接受海关查验。

（4）进出境可能传播检疫传染病的行李、货物、邮包等物品，都应当接受卫生检疫，经国境卫生检疫机关许可，方准入境或者出境。

（5）进出境的动植物、动植物产品和其他检疫物，依照《动植物检疫法》规定实施检疫。

（6）进出境的样品、礼品、暂时进出境的货物以及其他非贸易性物品，免予检验。但是，法律、行政法规另有规定的除外。

1.2.2.5　进出境运输工具

进出境运输工具，指用于载运人员、货物、物品进出境的各种船舶、航空器、铁路列车、公路车辆和驮畜。

主要规定如下：

（1）进出境运输工具必须通过设立海关的地点进境或者出境。在特殊情况下，需要经过未设立海关的地点临时进境或者出境的，必须经国务院或者国务院授权的机关批准，并依照《海关法》规定办理海关手续。

（2）进出境运输工具到达或者驶离设立海关的地点时，运输工具负责人应当向海关如实申报，交验单证，并接受海关监管和检查。

（3）运输工具装卸进出境货物、物品或者上下进出境旅客，应当接受海关监管。

（4）进出境运输工具、运输设备，都应当接受卫生检疫，经国境卫生检疫机关许可，方准入境或者出境。

（5）进出境装载动植物、动植物产品和其他检疫物的装载容器、包装物，以及来自动植物疫区的运输工具，依法实施动植物检疫。

1.2.3　海关专门支持跨境电商发展的主要监管措施

2018年12月10日，《海关总署关于跨境电子商务零售进出口商品有关监管事宜的公告》（海关总署公告2018年第194号）发布，明确适用范围、企业管理、通关管理、税收征管、场所管理、检疫、查验和物流管理、退货管理、主体责任、主体定义等方面的海关监管事项，标志着跨境电商零售进出口监管规定已经确定。

海关专门增设5种跨境电商海关监管方式，设计启用《中华人民共和国海关跨境电子商务零售进出口商品申报清单》（以下简称《申报清单》）作为法定通关单证，公布《海关跨境统一版系统企业对接报文规范》统一电子信息传输，建立跨境电商零售通关监管信息化系统确保商品顺利通关，标志着稳定跨境电商零售进出口监管模式已经落地。

2020年3月27日，《海关总署关于全面推广跨境电子商务出口商品退货监管措施有关事宜的公告》（海关总署公告2020年第44号）发布，明确跨境电子商务出口企业、特殊区域［包括海关特殊监管区域和保税物流中心（B型）］内跨境电子商务相关企业或其委托的报关企业（以下简称"退货企业"）可向海关申请开展跨境电子商务零售出口、跨境电子商务特殊区域出口、跨境电子商务出口海外仓商品的退货业务；退货企业可以对原《中华人民共和国海关出口货物报关单》《申报清单》或《中华人民共和国海关出境货物备案清单》所列全部或部分商品申请退货；跨境电子商务出口退货商品可单独运回也可批量运回，退货商品应在出口放行之日起1年内退运进境。

1.3 我国跨境电商蓬勃发展

根据海关统计，自2017年以来，我国跨境电商规模增长近10倍；2022年进出口额达到2.11万亿元（人民币，下同），同比增长9.8%，其中出口1.55万亿元，同比增长11.7%，进口0.56万亿元，同比增长4.9%。[①]

海关验放的跨境电商进出口总额及增长率如图1-1[②]所示。

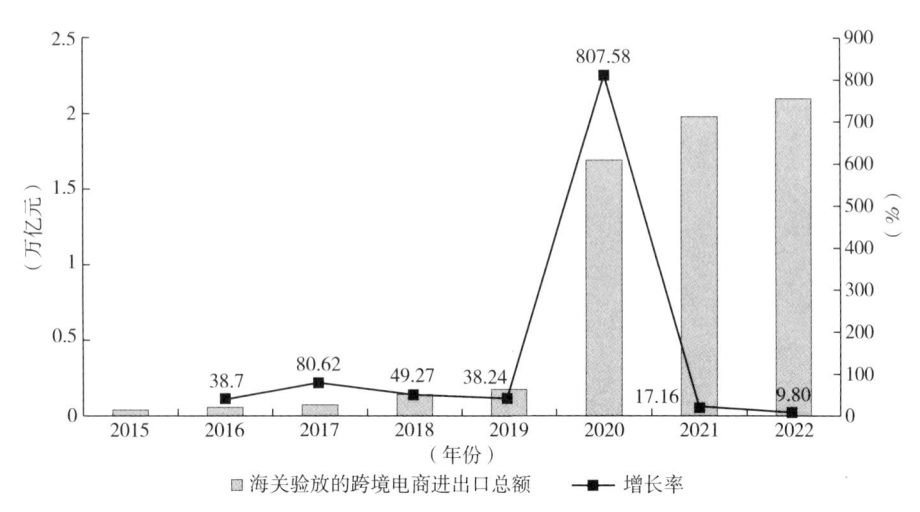

图1-1 2015—2022年中国海关验放的跨境电商进出口总额及增长率

---

① 《经济日报》.超40万亿元，我国外贸规模再创新高 [EB/OL]（2023-01-14）[2023-01-16]. https://www.jingji.com.cn/html/0/286179.html.

② 中华人民共和国商务部电子商务和信息化司.中国电子商务报告 [EB/OL]（2021-09-15）[2022-06-06]. http://dzsws.mofcom.gov.cn/article/ztxx/ndbg/.

第 2 章
Chapter 2

跨境交易
商业模式

◇ **综述**

　　跨境电商是在经济贸易全球化，互联网技术广泛应用和快速发展，跨境传统贸易"碎片化"的背景下产生的新业态。其具有跨境传统贸易的部分属性，也有自身的新特点。跨境传统贸易、跨境电商贸易、跨境电商零售是常见的三种跨境交易商业模式，这三者遵照自身商业流程，执行商业操作，完成跨境交易，在交易主体、交易方式、交易对象、商品用途、物流方式、交易风险、交易效率、交易成本、数据互通、信息透明度等方面，都存在着显著差异。跨境电商零售相关主体应通过比较不同跨境交易商业模式，全面准确地掌握自身的商业特点，从而为准确理解跨境电商零售进出口通关监管新模式奠定商业认知基础。

2.1 跨境传统贸易

　　跨境传统贸易是经济全球化下常见的贸易形式，主要流程如下：

（1）确定商品需求。购买方根据自身生产或贸易需求，确定所需要的商品，涉及商品成分含量、属性功能、数量重量。

（2）获取商品信息。购买方通过市场调研、同行推荐、行业黄页、企业广告、互联网等渠道了解商品信息及销售方。

（3）洽谈交易。购买方与销售方就商品交易进行洽谈，通过面对面商谈、电话、电子邮件、即时消息等方式进行沟通，确定交易意向。

（4）签订合同。购买方与销售方通过面对面或电子邮件等方式签订交易合同，达成最终交易。

（5）预付定金。购买方向销售方预付定金，对紧俏重要商品，买方甚至预付全额货款，确保如愿获得所需商品。

（6）发货启运。销售方准备好商品、出口批文、商业资料后，根据交易约定运输方式从出口国（地区）启运商品，办理商品出口手续，将商品转交跨境承运方。

（7）跨境运输。承运方按照运输方式要求将商品从出口国（地区）运输到进口国（地区），确保商品品质符合运输要求。

（8）运抵收货。购买方准备好进口批文、商业资料后，办理商品进口手续，从承运方接收商品。

（9）验货付款。购买方验核商品符合交易要求后，向销售方支付剩余尾款。

（10）收款售后。销售方确认收讫货款后，提供商品售后服务。

2.2 跨境电商贸易

跨境电商贸易指跨境电商企业对企业模式（B2B），即商品出口国（地区）销售方将商品跨境卖给进口国（地区）购买方，购买方将商品用于生产或再次销售，跨境交易是通过互联网完成的。主要流程如下：

（1）确定商品需求。购买方根据自身生产或贸易需求，确定所需要的商品，涉及商品成分含量、属性功能、数量重量。

（2）获取商品信息。购买方主要通过跨境电商平台了解商品信息及销售方。

（3）洽谈交易。购买方与销售方就商品交易进行洽谈，主要通过跨境电商平台进行沟通，确定交易意向。

（4）签订合同。购买方与销售方通过跨境电商平台签订交易合同，达成最终交易。

（5）预付定金。购买方向销售方预付定金，主要通过跨境电商平台支付。

（6）发货启运。销售方准备好商品、出口批文、商业资料后，根据交易约定运输方式从出口国（地区）启运商品，办理商品出口手续，将商品转交跨境承运方。

（7）跨境运输。承运方按照运输方式要求将商品从出口国（地区）运输到进口国（地区），确保商品品质符合运输要求。

（8）运抵收货。购买方准备好进口批文、商业资料后，办理商品进口手续，从承运方接收商品。

（9）验货付款。购买方验核商品符合交易要求后，向销售方支付剩余尾款，主要通过跨境电商平台支付。

（10）收款售后。销售方确认收讫货款后，提供商品售后服务。

2.3 跨境电商零售

跨境电商零售指跨境电商企业对消费者模式（B2C），即商品出口国（地区）销售方将商品跨境卖给进口国（地区）消费者，消费者将商品用于自身消费，不再销售，双方通过互联网完成跨境交易。主要流程如下：

（1）确定商品需求。消费者根据日常消费需求，确定所需要的商品。

（2）获取商品信息。消费者通过跨境电商平台了解商品信息及销售方。

（3）洽谈交易。消费者与销售方就商品交易进行洽谈，通过跨境电商平台进行沟通，确定交易意向。

（4）签订合同。消费者通过跨境电商平台下达订单订购商品，与销售方签订交易合同，达成最终交易。

（5）支付货款。消费者向销售方支付货款，主要通过跨境电商平台支付。

（6）发货启运。销售方将商品打包，转交跨境承运方跨境配送给消费者。

（7）跨境运输。承运方跨境运输商品，确保商品品质符合运输要求。

（8）运抵投递。承运方受委托办理商品进口手续，将商品投递给消费者。

（9）验货确认。消费者验核商品符合交易要求后，确认收货。

（10）收款售后。销售方确认收讫货款后，提供商品售后服务。

2.4 三种商业模式对比

2.4.1 交易主体

跨境传统贸易是企业与企业之间的交易。跨境传统贸易商品数量大、货值高，通常需要购买方和销售方面对面洽谈沟通、签订合同，耗费较高成本，需要双方投入较多资源，通常属于企业之间行为，交易主体是企业。如果境内个人需要跨境购买大量商品，商品也是数量大、货值高，跨境交易规模与企业购买相同，商品进口后消化大量境内市场需求，对境内市场影响与企业进口类似，应参照企业贸易进口商品监管；通常从生产企业批量购买，按企业方式交易确保货物和价款安全，交易方式也与企业购买相同。跨境传统货物进口需要企业作为进出口收发货人办理通关手续，个人跨境购买时会委托境内企业办理跨境交易和通关手续，商品通关方式与企业购买相同，通关过程中体现的交易主体也是企业。

跨境电商贸易是企业与企业之间的交易。互联网技术的快速发展和广泛应用，构建了全球信息交互网络，创造了跨境电商平台，销售方在平台上销售商品，购买方在平台上订购商品。平台上商品订购人是个人，订单收货人也是个人，并不等于商品就属于个人消费者交易，其中订购人是代表企业完成交易的自然人，收货人是代表企业验收商品的自然人，商品进口后满足企业生产经营需求，甚至被企业在境内市场直接销售，不是满足自然人日常消费需求，与跨境传统贸易商品用途相同，依然属于企业与企业之间的交易。

跨境电商零售是企业与消费者之间的交易。跨境电商平台聚集全球销售方，便捷的电子支付允许个人小额消费支付，全球快速物流网络允许小额商品跨境配送，逐步发展形成跨境电商零售交易，聚集全球个人消费者。在跨境电商平台上，销售方销售商品，个人消费者订购商品、支付货款，将商品用于个人日常使用消费，不是满足企业生产经营需求，也不是在境内市场再次销售，属于企业与消费者之间的交易。

2.4.2 交易方式

交易方式的不同是跨境传统贸易与跨境电商贸易的重要区别，是跨境电商蓬勃发展的根源。

跨境传统贸易主要以面对面的传统方式交易。跨境传统贸易商品数量大、货值高，为了确保交易安全可靠，购买方与销售方不惜耗费大量人力、资金和时间，面对面坐在一起洽谈沟通，甚至需要多轮反复面对面沟通，才能最终达成交易。销售方通常通过电视广告、行业推介、展会交流、派发资料等线下方式，组织人员推销商品，影响范围主要取决于推销方式能覆盖的人群范围。购买者对新的商品或销售方缺乏全面准确的了解，未建立足够信心，需要通过线下方式多方了解市场行情，可能还要派员跨境到销售方所在地调研了解，评估交易风险，确认新交易安全可靠。对于长期购买的商品和合作销售方，随着全球市场变化，可能需要重新商定商品交易价格、供货、运输等原定要素，销售方和购买者需要再次面对面洽谈沟通，确保后续交易安全可靠。销售方和购买者会利用信息技术进行沟通，但通常限于初步简单的事务沟通，或告知交易状态信息，主要交易环节依然通过面对面传统方式完成，确保整体交易安全可靠。

跨境电商贸易主要通过跨境电商平台交易。较跨境传统贸易而言，跨境电商贸易通常适用于企业之间商品数量不多、货值不高的交易，在销售方和购买方可承受的风险之内。销售方将商品信息和供货信息发布到跨境电商平台上，通过平台宣传推销商品，理论上可覆盖平台所在网络的全体人群。购买方通过跨境电商平台了解市场行情，对比筛选商品和销售方，评估商品品质和销售方诚信度，确定最终交易的商品和销售方，理论上通过平台可接触全世界的销售方。通过跨境电商平台，购买方与销售方沟通确定交易细节，达成最终交易，必要时通过视频面对面沟通增强交易双方信任度，减少人员面对面沟通的成本，形成了跨境电商平台廉价的交易成本优势。在特殊情况下，购买方会通过邮递获得样品验核商品品质，销售方通过货款担保或信用担保确认购买方诚信可靠，交易也会辅助采用跨境电商平台之外的方式，并不影响跨境电商平台在交易中发挥的主要作用。

跨境电商零售通过跨境电商平台交易。在传统消费模式中，个人消费者面对商品种类繁多、市场变化难测、销售方良莠不齐等复杂状况，无法全面准确评估商品品质、市场行情、销售方等风险，通常在商店中购买所见即所得的个人常用商品。跨境电商平台出现后，销售方可以方便地公开生产经营许可、品牌授权、销售历史等信用信息，发布详细的商品品质信息，根据市场变化调整商品价格和卖点，帮助个人消费者评估交易风险。个人消费者可以方便地货比三家，找到更安全可靠的商品和销售方，完成下达订单、支付货款、验货确认等主要交易操作。销售方要面对数量庞大的个人消费者，无法向个人消费者提供全程一对一服务，更不可能与每个个人消费者线下面对面沟通，基本都通过跨境电商平台提供交易服务；个人消费者购买商品满足自己日常消费需求，商品数量不多、价值不高，通常没有时间和精力与销售方进行线下面对面沟通，依靠跨境电商平台完成交易。

2.4.3 交易对象

跨境传统贸易、跨境电商贸易、跨境电商零售都是商品所有权与价款的跨境交换，都是跨境买卖交易：购买方向境外销售方支付价款，获得商品所有权；销售方向境外购买方付出商品所有权，获得价款。

商品所有权从销售方跨境转移给购买方，常见形式有四种。一是从购买方境外流转到境内：商品从销售方发运离开销售方所在的关境，通过国际物流运输，进入购买方所在的关境，交付在境内的购买方，所有权从境外销售方转移到境内购买方。二是在购买方境外流转：商品从销售方发运离开销售方所在的关境，通过国际物流运输，进入不属于购买方所在的其他关境（甚至与销售方相同的关境），交付购买方在境外的机构，所有权从境外销售方转移到购买方在境外的机构。三是在购买方境内流转：商品从销售方在购买方所在关境内的储存仓库发运，通过国内物流运输，交付在同一个关境的购买方。四是从购买方境内流转到境外：商品从销售方在购买方所在关境内的储存仓库发运，通过国际物流运输，进入不属于购买方所在的其他关境，交付购买方在境外的机构，所有权从境外销售方转移到购买方在境外的机构。

价款从购买方跨境转移给销售方，常见形式有三种。一是从购买方境内流转到境外：购买方从所在关境内向境外销售方支付价款，价款从购买方所在关境转移到销售方所在关境，所有权从境内购买方转移到境外销售方。二是在购买方境外流转：购买方在所在关境外向销售方支付价款，价款从购买方所在关境外转移到销售方所在关境，所有权从境内购买方转移到境外销售方。三是在购买方境内流转：购买方在所在关境向销售方在同一境内机构支付价款，价款从购买方所在关境转移到销售方所在的同一境内机构，所有权从境内购买方转移到境外销售方。

商品存在境外流转或境内流转，价款也存在境外流转或境内流转，如果商品和价款都在境外流转或境内流转，可能存在并不属于跨境的交易。在实际交易中，要看商品所有权是否已从境外销售方转移给境内购买方，即跨境转移进境，不能简单看商品流转位置变化；要看价款所有权是否从境内购买方转移给境外销售方，即跨境转移出境，不能简单看价款流转关境变化。

跨境传统贸易属于企业之间的交易，为了满足跨国企业全球化生产销售需要，可能存在商品在境外流转、境内流转、从境内流转到境外等形式，价款在境外流转、境内流转、从境外流转到境内等形式。跨境电商贸易属于小微企业间的交易，跨境电商零售属于企业与个人消费者间的交易，通常都是商品从境外流转到境内，价款从境内流转到境外，形式比较简单。随着境内保税业务发展，出现了商品在境内流转的形式：境外销售方将商品储存在境内海关特殊监管区域，依然拥有商品所有权，与购买者达成交易后，将商品从境内海关特殊监管区域配送给境内购买方，将商品所有权从境外转移给境内购买方。随着企业海外仓发展，出现了商品在境外流转的形式：境内销售方将商品储存在境外仓库，依然拥有商品所有权，与购买者达成交易后，将商品从境外仓库配送给境外购买方，将商品所有权从境内转移给境外购买方。

2.4.4 商品用途

跨境传统贸易和跨境电商贸易属于企业之间的跨境交易，主要用于企业生产或销售，作为企业成本继续参与企业生产经营活动，为企业创造新的价值，使之获取新的利润。

进口生产工具，如进口光刻机、机床、工业机器人，应用到企业日常生产制造活动中，让企业员工使用生产工具制造产品，创造新的劳动价值；可生产更高品质、更高效率、更高良品率、更低成本的产品，提升产品品质和生产效能，促进产业升级发展。此外，应用先进的生产技术，淘汰落后的生产技术，满足更高品质的市场需求，对产业兴衰成败产生巨大影响。进口生产原料，如进口铁矿石、大豆、芯片，作为企业日常生产制造的基础原料，让企业员工加工生产原料，创造新的劳动价值；有全球化广泛选择的供应来源，可确保生产原料足量稳定供给、采购成本最低、品质可靠，可生产更高产量、更高品质、更低成本的产品，降低产品原料成本，实现稳定大批量生产，满足更广泛的市场需求，对产业壮大繁荣具有巨大影响。生产工具作为成本折旧转移到新产品，生产原料直接转化为产品的一部分，产品销售后获得收入，收回生产工具成本和生产原料成本，为企业赚取新的利润。

进口成品，如服装、电脑、手表、红酒，进境后可能分销给其他销售方或零售给终端消费者，让进口企业员工通过销售活动创造新的劳动价值；能提供多种品质、多种风格、多种价位的消费供给来源，满足境内市场多元化消费需求，促进相关产业升级发展。进口成品销售后获得收入，收回成品进口成本和企业境内销售成本，为企业赚取新的利润。

跨境电商零售商品由个人消费者跨境购买，满足个人消费者日常生活需求。商品通常被个人消费者自己使用消费，例如剃须刀作为个人清洁工具使用，钙片作为个人营养品消耗掉，也可能被个人消费者赠送给亲朋好友，最终由亲朋好友使用消费。商品属于终端消费品，不创造新的劳动价值，不再次销售赚取新的利润。商品由个人消费者根据自身消费需求购买，与企业购买的大批量商品比较，数量较小，整体上对境内市场和产业影响很有限。

2.4.5 物流方式

跨境传统贸易商品数量大，通常采取传统物流运输方式。单批商品统一独立包装，使用独立的集装箱、车辆、托盘等运输装载方式，方便商品单独装卸，避免商品在运输过程中被再次开拆，可能损坏、丢失或与其他商品混淆，或方便使用叉车快速装卸，避免人工逐个装卸效率低或人为损坏。通常使用国际航行船舶、陆路车辆等成熟且相对廉价的运输方式，整体物流时间比较长，在确保商品品质前提下，尽量降低单个商品物流成本，降低跨境交易整体成本。通常由购买方和销售方根据约定成交方式，承担相应阶段的商品物流运输费用和风险，提供进出境通关资料，办理进出境通关手续。例如，FOB（船上交货价，即"离岸价"）成交方式是指当货物在指定的装运港越过船舷，销售方即完成交货，购买方必须从该点起承担货物灭失或损坏的一切风险，销售方办理货物出口相关手续，购买方办理货物进口相关手续。

跨境电商贸易商品也比较多，属于企业生产经营所需商品，通常采用跨境传统贸易商品类似的包装，方便运输途中批量装卸搬运，以及购买方收到商品后按企业自身需求投入使用。商品较多时，通常使用国际航行船舶、陆路车辆等成熟且相对廉价的运输方式，降低跨境交易整体成本；商品较少时，也会使用航空运输方式，提高交货效率。在通关手续上，销售方和购买方在通关上投入的人力和资源有限，销售方委托物流企业办理出境通关手续，购买方配合物流企业办理进境通关手续，实现门到门全程物流配送，减少企业通关成本。

跨境电商零售商品物流方式通常可分为备货模式和集货模式。

在整体流程上，备货模式可分为三个比较独立的流程：商品先办结出口地出境手续，离开出口地关境，经过跨境运输，进入进口地关境，办理进口地入境手续，可称为进境流程；商品进境后存储在进口地仓库，等待被购买，可称为存储流程；商品被购买后，从进口地仓库打包发运配送给购买方，在我国需要办结进口手续，可称为进口流程。集货模式的商品在出口地被购买后，在出口地打包发运，办结出口地出境手续，离开出口地关境，经过跨境运输，进入进口地关境，办结进口地进口手续，直接投递给购买方，可视为仅有进口流程。备货和集货两种模式的核心区别在于商品被购买时的通关状态：备货模式的商品处于进口地关境，已办理进境手续，准备销售；集货模式的商品处于出口地关境，未办理进境手续，已经销售。

在通关手续上，备货进口模式先办理商品进境手续，验核商品符合安全准入要求，核销运输工具进境状态，确认商品进入进口地关境，通常采取备案制申报方式；商品存储在境内海关同意设立的仓库，按照海关监管规定实施日常管理，接受海关日常监管；商品销售后办理进口手续，验核进口监管证件，确认商品办结进口手续，通常采取报关申报方式，整体流程包括进境、存储、进口三个界限明显的子流程。备货出口模式办理出口手续，验核商品符合安全准入要求，验核出口监管证件，核销运输工具出境状态，确认商品办结进口手续，通常采取报关申报方式，商品存储在境外仓库，销售配送给消费者，通常不需要办理出口地通关手续。集货模式直接办理进口或出口手续，验核商品符合安全准入要求，验核进出口监管证件，核销运输工具进出境状态，确认商品实际进出境，通常采取报关申报方式。

在税费成本上，备货进口商品进境时不需要向海关缴纳进口税费，在境内仓库属于保税存储状态；被个人消费者购买支付价款后，企业收到包含税费的价款，才向海关缴纳税费，相比较商品先纳税进口后在境内销售的传统进口销售模式，不需要在进境时就向海关缴纳进口税费，避免承担从商品进境到销售之间的税费支付压力，降低跨境电商零售进口经营成本，让备货模式成为极具竞争力的跨境电商物流模式。集货进口商品进境时一次性办理进口手续，向海关缴纳进口税费，由企业从商品销售收取的价款中支付税费，企业资金支付压力不大。

在物流手续上，备货进口商品进境、仓储、进口等手续通常由跨境电商零售企业负责办理，进口地境内物流投递手续委托境内物流企业办理；备货出口商品出口、仓储等手续通常由跨境电商零售企业负责办理，进口地境内物流投递手续委托境内物流企业办理。集货商品通常由物流企业负责办理全程手续，包括出口地境内物流、出口通关、跨境物流、进口通关、进口地境内物流等环节，可能涉及多家物流企业，通常不需要跨境电商零售企业或个人消费者办理较多物流手续。

在商品所有权上，备货商品进境时属于企业待销售的商品，在进境地仓库存储时还未被购买，其所有权仍属于企业；商品被个人消费者购买后，其所有权从企业转移到个人消费者。特别在备货出口中，境内企业将商品出口存储到出口地仓库，如果未销售完商品，经常需要办理商品退运进境手续，避免企业资产流失。集货商品进境前已被个人消费者购买，其所有权属于个人消费者，进境时办结进口手续后直接配送给个人消费者，不存在所有权再次转移行为。

在销售状态上，备货商品进境时通常大批量运输进境，属于生产完成状态，与跨境传统贸易商品没有区别，符合跨境贸易批量运输要求；在仓库存储时，可能进行加贴标签、与其他商品组合套装、分装小包装等简单加工，转换为进口地实际零售销售状态，符合进口地零售包装要求，即从生产完成状态转换为零售状态，进境时商品状态与进口时不一样。集货商品在出口地已经分拣打包，转换为实际零售销售状态，符合出口地零售包装要求，进口时通常保持原状配送到个人消费者，不再需要从生产完成状态转换为零售状态。

在运输包装上，备货商品进境时属于企业批量运输，采用跨境传统贸易物流方式，通常属于单个商品简单包装甚至无包装的出厂包装状态，直接装载到运输工具上跨境运输到进口地仓库；商品被购买后，根据个人消费者包装要求和配送方式，会被重新包装，例如包装成礼盒、增加纸箱外包装，形成配送给个人消费者的最终包装。集货商品进境前已经在出口地根据个人消费者包装要求和配送方式包装好，进境时通常不会重新包装，配送到个人消费者时保持原始包装状态。

在物流费用上，备货商品进境从出口地到进口地跨境运输，单批数量大、体积重量大，采用跨境传统贸易的物流方式批量运输，整批物流费用总额很大，但分摊到单个商品的物流费用就比较低；商品进口从进口地仓库配送给个人消费者，采用进口地境内邮件快件等物流方式，可根据消费者要求选择不同物流方式，降低境内物流费用；商品需要尽快销售，让企业收回投资，通常在进口地仓库存储时间不会很长，不再加工或简单加工，进一步降低存储费用。集货商品进口从出口地到进口地跨境运输，单批数量小、体积重量小，全程采用跨境邮件快件方式运输，整体物流费用总额不大，但分摊到单个商品的物流费用就比较高。备货模式将集货模式全程邮件快件运输分为进境批量运输、进口地境内邮件快件两次运输，将邮件快件跨境运输流程中包含了大部分距离和费用的进境运输转为批量运输，降低整体物流费用。

在投递效率上，备货商品在被个人消费者购买前存储在当地仓库，被购买后，在仓库分拣打包，通过进口地境内物流方式配送给个人消费者，进口商品还要先办理进口手续，通常经过海关信息化系统快速审核放行，耗时很短，所以从个人消费者购买至收到商品所需时间通常与境内包裹的配送差不多，在我国甚至可以实现上午购买、下午投妥，整体投递效率很高。集货商品在被个人消费者购买前存储在出口地仓库，被购买后，在仓库分拣打包，通过跨境物流方式配送给个人消费者，从个人消费者购买至收到商品所需时间包括从出口地到进口地的跨境运输和进口地的境内运输，通常按周计算，整体投递效率比较低。

2.4.6 交易风险

跨境交易是商品与价款的跨境交换，是不同主体利益的跨境转移，必然存在交易风险。

跨境传统贸易涉及的商品数量大、货值高，购买方与销售方非常重视交易风险。在商品品质方面，购买方可能提前实地考察销售方，确认销售方具备生产符合要求商品的能力，与销售方在签订交易合同时会明确详细列出商品品质要求，在过程中如需要调整要求，会彼此友好沟通，就商品品质要求达成共识；销售方为了保持与购买方长期友好合作，获得稳定可靠的收入，也为了树立商品优质的企业形象，维持良好行业口碑，通常会尽力履行合同约定，确保商品品质符合要求，按时发货，办理出口通关手续，提供商业资料，配合购买方办理进口通关手续，为购买方提供满意的商品和服务；商品运抵购买方后，如果购买方发现品质不符合要求，通常会与销售方协商解决，确保商品品质可靠可用，所以商品风险比较低。在价款支付方面，购买方为了保持与销售方长期友好，获得稳定可靠的商品，会尽力履行合同约定按时支付价款，考虑价款金额巨大，通常采取分期付款、信用证等安全可靠方式，所以价款支付风险比较低。在风险分布方面，跨境传统贸易全流程涉及大量相关企业，需要购买方与销售方分别与相关环节的企业沟通合作，例如境内运输企业、报关企业、银行、国际运输企业和保险公司等，每个环节都涉及合作企业的利益，都存在合作风险，可能影响跨境贸易整体效果，所以风险比较分散，难以一次性全面控制，需要企业派员专门负责监控各环节潜在风险，沟通解决突发问题，确保风险整体可控、交易全程顺畅。

跨境电商贸易及跨境电商零售与跨境传统贸易相比较而言，涉及商品数量较小、货值较小，购买方与销售方存在不同交易风险。在商品品质方面，购买方通过跨境电商平台的文字描述、图片展示、用户评价，以及与销售方沟通等信息化方式，了解商品品质信息，如果曾经使用体验过商品，就比较直观全面了解商品品质状况，否则要拿到并使用商品后才能准确知道商品品质状况是否符合自身购买需求；通常销售方在跨境电商平台销售的商品都是成品，难针对个别购买方量身定做商品，难满足全部购买者的个性化需求，难让全部购买者都对商品品质满意，可能导致一定数量商品退货或换货，所以商品品质不符合购买者需求的风险比较高。在价款支付方面，购买方与销售方使用跨境电商平台合作的支付工具，通常价款先由购买方支付到支付机构账户，待商品收货确认后才进入销售方账户；发生交易纠纷时，通过跨境电商平台介入处理，确保价款安全，所以价款风险比较低。在风险分布方面，跨境电商主要涉及购买方、销售方和跨境电商平台，订购和支付都通过平台完成，风险集中在平台上；物流配送通常通过平台合作的跨境物流企业负责全程运输代办手续，不需要购买方或销售方与流程中各环节的具体企业沟通，风险实际集中在物流企业上，可通过平台监督物流企业配送效能，降低物流风险，所以，跨境电商交易风险比较集中，通过平台能降低整体风险。

2.4.7 交易效率

跨境交易主要包括洽谈形成交易、支付价款、物流配送等环节，整体效率取决于各环节效率。

在洽谈交易方面，跨境传统贸易企业涉及商品数量大或货值高，通常采取面对面沟通方式，甚至经过多方询价、多轮洽谈、实地考察、试用检测等多个环节，需要人员跨境旅行，耗费时间和金钱，面对面签订交易合同，达成交易的效率较低。跨境电商贸易企业主要通过跨境电商平台洽谈沟通，形成交易合同，基本不采取面对面洽谈方式，不需要人员跨境旅行，达成交易的效率更高。跨境电商零售订购人是个人消费者，随时随地可通过跨境电商平台了解商品、订购商品，形成交易订单，甚至不需要与线上客服沟通，达成交易的效率非常高。

在价款支付方面，跨境传统贸易涉及金额较大，通常采取汇付、托收、信用证等方式。例如，信用证（L/C）支付流程：进口企业向进口地银行申请开立以出口企业为受益人的信用证，进口地银行委托出口地银行向出口企业通知已开立信用证，出口企业发运货物后向出口地银行收款。跨境传统贸易支付涉及进口企业、进口地银行、出口地银行、出口企业，经常需要企业人员去银行办理手续，整体效率比较低。跨境电商贸易和零售通过跨境电商平台支付价款，通常采取网上支付方式，通过互联网支付工具完成支付，24小时在线可随时支付，不受银行上班时间限制；网上支付只要互联网可用，就可以支付，不需要人员跑到银行办理；网上支付价款从购买方账户转移到销售方账户，几乎立刻完成支付，不受人工手续效率的影响，所以跨境电商支付整体效率很高。

在物流配送方面，跨境传统贸易商品从出口地跨境运输到进口地，每批单独运输，主要采取国际海运班轮、公路汽车、铁路等运输方式，要根据运输工具启运时间装载商品，需要销售方或购买方与物流企业配合办理运输手续，跨境运输耗费时间较长。例如国际海运班轮有固定船期，商品错过船期就只能等下一班船，如从中国到美国西海岸快的耗时约2个星期，慢的耗时约5个星期，所以跨境传统贸易物流配送整体效率较低。跨境电商贸易商品从出口地跨境运输到进口地，如果采取与跨境传统贸易相同的运输方式，整体效率也较低；如果商品数量较少，采取航空方式会节省跨境运输时间，采取邮件快件方式会简化手续，整体效率会更高。跨境电商零售商品从出口地跨境运输到进口地，体积小且满足个人消费者日常急需，通常采用航空运输邮件快件方式，整体效率很高。跨境电商零售商品随着境内海关特殊监管区域和境外海外仓的广泛应用，在个人消费者购买前就办结进出境手续，存储在进口地企业仓库，个人消费者购买后从进口地仓库运输给进口地境内的个人消费者，以进口地邮件快件方式完成境内配送，在我国境内甚至可上午下达订单、下午收到商品，所以整体效率最高。

跨境传统贸易和跨境电商贸易属于企业之间交易，首要是确保商品和价款安全，商品如期发货交货，品质符合交易约定，不会出现商品延迟交货、损失或损坏；价款如期支付收讫，不延迟不丢失。采取传统成熟方式完成交易，整体效率比较低，但关键能保证商品和价款安全，收货收款时间可靠、可预期，不会对企业经营产生严重影响。跨境电商零售面向个人消费者，通常商品数量小、价款少，为了争夺个人消费市场的更大份额，企业首先要提高交易效率，特别是线下物流配送效率，让个人消费者尽快收到商品，赢取良好的市场口碑，就算个别商品配送丢失或损坏需要补发，也在可承受范围之内。

2.4.8 交易成本

跨境传统贸易单批商品交易成本整体较高，单个商品分摊交易成本很低。在人力成本方面，需要企业组织专业团队负责跨境交易，导致人力成本很高：为了确保交易安全，需要熟悉企业需求和市场行情的人员负责洽谈签订合同，确保商品品质和成本符合企业需求；需要熟悉全球物流链的人员负责物流配送，确保商品按时运抵并维持良好状态；需要熟悉跨境收付汇的人员负责价款收付，确保价款准确安全并符合外汇管理规定。在时间成本上，购买方了解行情，确定商品和供货商，与销售方面对面洽谈磋商，可能要经过多次磋商谈判，甚至要实地考察，商品需要经过专门生产、包装、装载、启运、途中运输、运抵、验货、收货等众多环节，价款收付要严格按照银行流程办理，导致单批商品跨境交易时间成本很高。在资金成本上，人员跨境面对面洽谈产生差旅费、接待费，货物跨境运输产生运输费、单证费，价款跨境收付产生手续费，可能还需要支付佣金，导致单批商品交易资金成本很高。跨境传统贸易购买方需要稳定供货保证长期生产，销售方需要稳定销售保证长期收入，首批商品成功交易后，为未来商品交易构建了双方的信任基础和实现渠道，购买方与销售方形成长期商品供销关系，将有更多商品持续跨境交易，虽然首批商品交易成本非常高，整批商品交易成本也很高，但商品长期交易累计数量巨大，每个商品分摊的成本，特别是资金成本很低。

跨境电商贸易主要利用跨境电商平台交易，单批商品交易成本整体较低，单个商品交易成本较高。在人力成本上，购买方和销售方都没有专门人力处理线下事务，通过跨境电商平台，销售方发布商品和供货信息，购买方了解选择商品和供货商，与销售方进行沟通达成交易，委托销售方寻找跨境物流企业跨境配送商品，双方利用网上支付完成价款支付和收讫，单批商品成本很低。在时间成本上，购买方与销售方实时沟通，价款支付实时到账，由跨境物流企业全程代办物流手续，购买方和销售方不需要耗费很多时间办理物流手续，商品主要耗时在物流在途运输，单批商品成本也很低。在资金成本上，购买方与销售方需要网络设备和接入网络，需要一定资金投入；跨境物流企业代办跨境物流手续，需要收取手续费，即使采取传统贸易物流方式，单批商品成本会比跨境传统贸易商品高，如果采取航空快件等更昂贵的物流方式，单批商品成本会更高，由于跨境电商贸易商品数量不大，不同于跨境传统贸易可通过后续交易大量商品降低分摊费用，因此单个商品分摊的资金成本就比较高。

跨境电商零售通过跨境电商平台交易，单批商品交易成本整体较低，单个商品交易成本很高。在人力成本上，通过跨境电商平台，销售方发布商品和供货信息，个人消费者了解选择商品和销售方，通常直接下达订单，与销售方沟通比较少，销售方负责选择跨境物流企业跨境配送商品，双方利用网上支付完成价款支付和收讫，单批商品成本很低。在时间成本上，个人消费者与销售方实时沟通，价款支付实时到账，由跨境物流企业全程代办物流手续，个人消费者与销售方不需要耗费时间办理物流手续，商品主要耗时在物流在途运输，单批商品成本也很低。在资金成本上，个人消费者与销售方需要网络设备和接入网络，需要一定资金投入；销售方通常采取邮件快件等快捷物流方式投递商品，委托跨境物流企业代办跨境物流手续，支付手续费，单批商品资金成本会比较低，但单批商品数量少，单个商品分摊的资金成本就很高，甚至物流费用超过商品货值，导致单个商品资金成本非常高。

2.4.9 数据互通

跨境传统贸易电子数据很多，但难以互通互认。随着互联网信息沟通工具大量涌现普及并广泛应用到跨境传统贸易，大量电子数据产生，如电子邮件、即时通信记录、视频录像、物流状态信息、银行汇款信息等，种类多、数量大，全面完整记录了交易整体信息，但却无法互通使用。一是数据工具难互通：信息沟通工具种类繁多，分属不同开发主体，彼此之间相互竞争，没有数据互通的需求基础；沟通工具面向全社会，属于第三方主体所有，难与使用者内部业务信息化系统互通，导致沟通工具难以数据互通。二是数据格式不一致：跨境传统贸易没有统一的沟通工具，购买方与销售方按照约定使用彼此认可的沟通工具，例如有人使用电子邮件，有人使用即时通信工具，有人使用音频视频，导致电子数据种类很多，格式不一致，难以转换、互相对照认证。三是数据定义不统一：购买方与销售方按照国际贸易惯例签订合同产生个性化交易电子数据，物流企业按照国际物流惯例配送商品产生物流电子数据，银行按照国际金融惯例产生收支价款支付电子数据，各类电子数据都遵循所在行业的规则惯例，数据定义互相独立，自成体系，难以直接互相对应认证。四是数据共享不开放：企业认为电子数据记载交易方、商品品质、价格、交易状态等关键信息，担心电子数据开放共享后，被竞争对手获悉后抢夺其市场，或被购买方获悉后压低交易价格，就将其作为商业秘密紧紧抓在手里，形成企业之间、行业之间的数据孤岛，难以开放共享互通互认。

跨境电商贸易和跨境电商零售整合业务电子数据，实现数据互通互认。二者都是通过跨境电商平台实现下达订单、支付价款、跟踪物流等操作，天生整合了主要业务环节的电子数据，实现相互比对认证。跨境电商平台为购买方和销售方提供统一的沟通工具，让所有交易电子数据按照平台统一规则产生并互通互认，不存在沟通工具相互独立，无法互通数据的情况。为了实现与未来无法预知的信息化系统互通互认，跨境电商平台从建设开始就坚持使用统一的互联网数据传输格式实现系统数据格式一致，坚持使用统一的行业数据定义规则或约定数据定义规则，实现数据定义统一，坚持使用统一的互联网数据传输方式实现系统数据互通传输，建立了统一的数据互通传输接口，可对接符合接口要求的其他信息化系统。通过商业保密合同明确各相关方对电子数据的使用权利和保密责任，评估电子数据业务敏感性和传输必要性，最小化电子数据范围，降低泄露商业秘密的风险，让企业能放心开放共享电子数据。跨境电商平台成功整合了销售方的商品信息化系统、支付机构的支付信息化系统、物流企业的物流信息化系统等企业自有独立的信息化系统，实现电子数据互通互认。

2.4.10 信息透明度

跨境传统贸易由购买方和销售方主导，信息比较封闭。

在商品信息方面，购买方与销售方面对面洽谈沟通达成一致，购买方根据自身生产经营需要，提出个性化商品品质需求，销售方为了保持行业领先地位或独有市场份额，可能生产不同于市场其他同类的商品，甚至仅向购买方提供独特专用的商品，属于双方交易特定的商品，不是公开市场的商品，导致商品信息仅购买方与销售方才准确掌握，比较封闭。

在价格方面，购买方与销售方都将商品交易价格视作需要高度保密的商业信息，以防止同行获悉进行恶意竞争；商品经购买方与销售方专门洽谈确定，其价格与公开市场的商品不具可比性，外人难以准确推定；物流、支付等费用受企业、商品、货值、时间等影响较大，通常由购买方与销售方自行支付，不会对外公开，没有唯一准确数值，导致价格信息很封闭。

在信息渠道方面，购买方与销售方签订购销合同，购买方、销售方通过物流企业完成跨境物流配送，通过支付机构完成跨境价款支付和收讫，所有环节沟通信息都限定在特定的参与方之间和特定形式中，不同信息渠道由不同参与方控制，例如购销合同属于购买方与销售方纸质档案，价款支付信息存在于支付机构信息化系统中，信息渠道不连通，形式不统一，封闭难互通。

跨境电商由跨境电商平台主导，信息比较开放透明。

在商品信息方面，销售方通常在跨境电商平台供应自身生产经营的商品，难以根据全球市场需求度身定做个性化商品，商品种类有限、品质确定；为了让购买方能准确掌握商品信息，销售方通常将商品全部信息展示在跨境电商平台上，方便消费者准确了解商品，降低沟通难度和成本；购买方与销售方以跨境电商平台上的商品信息为交易基础，共同认可跨境电商平台上的商品信息，不允许对方擅自更改商品品质参数，确保商品信息准确可靠、交易货真价实；跨境电商平台为了避免违禁违法商品销售带来的连带责任，要求购买方与销售方交易跨境电商平台允许的商品，在跨境电商平台主动公开并自动存档商品信息，所以商品信息比较公开透明。

在价格方面，跨境电商通过跨境电商平台交易，为了获得素未谋面的购买方关注，销售方通常主动公开商品最低价格，希望将价格优势作为最有力的推销广告，增强商品市场影响力和吸引力，占领最大市场份额；为了获得商品最优价格并防范价格欺诈风险，购买方通常在线上寻找比较最低价格，要求商品销售价格可靠公开；跨境电商平台需要根据商品价格办理核定交易金额、收支价款、评估风险、收费提成、售后服务等配套手续，要求商品交易价格确定公开；跨境电商支付、物流等配套服务通常由跨境电商平台合作的服务商统一提供，服务费用统一公开；销售方通过价格优惠促销商品，购买方通过积分或优惠券等降低商品交易金额，所有价款变化都记录在跨境电商平台上，可准确核定，商品价格相对准确公开。

在信息渠道方面，跨境电商平台连通了销售方、购买方、支付机构、物流企业等参与方，消除了不同参与方两两独立互通的信息渠道；统一汇集交易信息、支付信息、物流信息等主要信息，消除了不同类型信息的独特流转形式和渠道；承担信息渠道畅通总责，作为各方联系沟通的媒介，支持完成销售方上架更改商品、购买方跟踪交易进展、支付机构收取或退回价款、物流企业提供商品物流状态等具体操作，避免跨境传统贸易中多方控制信息渠道的隔阂，所以信息渠道比较明确公开。

第 3 章
Chapter 3

跨境电商零售通关特点及风险

◇ **综述**

> 跨境电商零售脱胎于跨境传统贸易，但在进出口通关上又明显与跨境传统贸易存在着差异。跨境电商零售面向个人消费者，小包裹大批量通关，与面向企业生产经营的跨境传统贸易相比较，存在单票价值低、税号分布散、物流需求快、监管要求新、成本求低廉等突出特点，相应会产生通关监管的风险。跨境电商零售相关主体应认识到跨境电商零售的进出口通关特点，不能完全适用跨境传统贸易监管模式，需要新措施和新模式，防范新风险，确保跨境电商零售进出口通关合法安全。

3.1 "小"：单票价值低

跨境电商零售商品是消费者为了个人自用，通常根据个人日常需求购买，又考虑到国际交易风险和退换货困难，消费者每次购买量少。相比较跨境传统贸易，每票订单的商品价值比较低。

3.1.1 单票商品价值低，计征税费少，存在易偷漏税费风险

进出口商品税费计征方式主要包括从价计征和从量计征。

跨境传统贸易主要是企业之间的商业交易，通常进出口货值比较高，计征税费金额比较大，存在明显的大额偷漏税费风险。在跨境传统贸易进出口监管中，海关一直将防范偷漏税费风险作为监管重点，对偷漏税费违法行为采取最为严格的惩处措施，可事后向企业追征或补征通关过程中偷漏的税费。跨境传统贸易进出口企业意识到偷漏税费的严重性，非常重视准确计核税费，甚至专门聘请财税专家计核税费，避免偷漏税费而承担严重法律后果。

跨境电商零售商品价值比较低、数量比较少，从量计征税费比较少；价格比较低，从价计征税费也比较少。单票跨境电商零售商品海关税费可能很少，甚至

接近零金额，让企业觉得即使发生错缴或漏缴税费行为，由于涉及金额很小，影响也很小，法律后果也不会严重，就不重视商品计核税费准确性，甚至为了获取更大商业利益，故意低报价格偷漏税费。

企业应认识到偷漏税费属于严重违法行为，需要承担法律后果，将危害企业信用和利益，应诚信经营、依法纳税；应清晰认识到跨境电商零售商品通常属于互联网公开价格销售的商品，低报价格行为可迅速被核实发现，应如实申报商品零售价格及相关税费，确保计税基础金额准确；应要求并监督相关企业如实提供物流费用、支付费用等价格数据，消费者足额支付税费，确保全链条数据真实准确，避免个别环节费用错误导致偷漏税费。

3.1.2 单票商品价值低，通关投入少，存在延误商品通关风险

跨境传统贸易主要是企业之间商业交易，进出口货值通常比较高，相对于整批货物的价值，所产生的报关费用成本很低。进出口企业为了确保货物顺利通关，通常聘请、委托专业报关企业负责货物报关事务，企业甚至安排专人负责报关事务，或协调督促配合报关企业。专业报关人员长期从事跨境传统贸易报关业务，经验丰富，操作熟练，能及时处理常见通关问题，确保货物快速通关。

跨境电商零售商品单票价值比较低，利润空间比较小，因此企业对单票商品在通关上投入的人力和资金不可能太高，更不可能安排专人跟进单票商品通关。当单票商品发生通关问题时，可能没有人及时跟进解决，延误商品通关。

企业应认识到跨境电商零售进出口商品接受海关监管是法律规定的义务和责任，违反监管规定时，无论商品价值高低都要承担法律后果，特别是商品涉嫌违反禁限管制等非涉税规定时，价值高低并不是定罪处罚的关键因素，所以可能会产生严重法律后果，应避免简单以价值高低判断通关责任。应认识到每票商品都对应一个消费者，能否快速通关配送，将影响消费者对企业的信任度和满意度，应重视每一票商品的通关效率；应立足跨境电商互联网数据丰富完整的优势，采取互联网信息技术手段，准确快速获取商品价格，汇总商品交易信息向海关申报，减少人力投入，降低商品通关成本。

3.1.3 单票商品价值低，存在只重视税费缴纳、忽视非税收监管的风险

商品进出口不仅要准确计征及时缴纳税费，也要接受禁限管制、检疫、检验等非税收监管。

跨境传统贸易进出口收发货人通常是货物使用商或生产商、国内经销商、代理进出口商等专业企业，这些企业熟悉货物属性状况和进出口监管规定，能提前准备好进出口监管证件，配合海关办理货物通关手续。所委托的专业报关企业长期从事报关业务，熟悉货物监管要求和通关流程，能甄别货物通关存在的税收风险和非税收风险，帮助收发货人确保货物合法顺利通关。通常来说，货物价值越高，违法后果越严重，收发货人和报关企业都应认真慎重评估通关风险，避免违反进出口税收监管规定和其他非税收监管规定。

跨境电商零售企业需要面对大量个人消费者购买的商品，难以准确掌握全部商品属性状况，即使专业报关企业也难以准确快速确定全部商品的通关要求，评估全部商品进出口监管风险；跨境电商零售商品价值比较低，企业如认为商品只要按时准确缴纳税费即可，忽视了商品还应遵守禁限管制、检疫、检验等非税收监管规定，可能要承担比偷漏税费更严重的法律后果。

企业应全面认识到商品进出口除了要遵守税收监管规定，还要遵守非税收监管规定，包括禁限管制、检疫、检验等传统监管要求，还包括核、生、化、爆、恐等非传统监管要求，都不是简单以货值高低作为危害衡量标准，不能失于偏颇；应在商品上架前，准确掌握商品属性状况，对照进出口监管规定，确定商品通关监管要求，特别要考虑非税收通关要求，评估商品通关风险，确保商品销售后能顺利通关。

3.2 "多"：单批种类多

跨境电商零售通常通过互联网平台实现，任何国家的消费者和销售方都可以互相交易，从而产生了庞大的交易量。物流企业在国际运输商品时，为了节省成

本，会将目的地相同的商品汇集包装运输，进出境环节每批次商品数量很多，种类很多。

3.2.1 单批商品种类多，监管要求叠加，存在违法违规可能性增大的风险

进出口监管部门根据国家监管原则和需求，区分商品属性状态差异，将商品划分为不同种类，为同一种商品制定相应监管规定，即每一种商品对应一套监管要求。

跨境传统贸易进出口货物通常是批发商品或用作生产资料，为了降低跨境运输成本，每批数量比较多，但种类比较少，甚至是单一品种。每一种货物，不管其数量多少，适用的进出口监管要求基本一样，违法违规可能性也基本相同。货物种类少时，企业可集中人力更全面深入研究进出口监管规定和要求，评估通关风险，做好通关准备，特别对于经常进出口的货物，经过多次进出口实践经验积累，企业非常熟悉货物通关规定和要求，能避开常见问题，迅速解决意外问题，避免违法违规行为。

跨境电商零售商品单批种类越多，因不同种类商品涉及不同监管规定，对应不同监管要求，叠加的监管要求就越多。企业由于人力和资金有限，难以深入研究全部商品的监管规定，特别是商品种类多、差别大，对销售量较小、获利很少的商品，更难投入足够资源全面掌握监管要求；在商品实际通关时，因监管要求不同可能发生不同监管领域的问题，需要企业有足够人力和专业知识应对不同监管领域的问题，承担较大监管风险。

企业应认识到每一种商品涉及一套监管规定和要求，商品进入监管环节就要符合相应监管要求，要承担相应法律责任；主动在商品上架前了解商品进出口监管要求，评估监管风险，不向消费者销售违反法律规定的商品，从销售源头管控商品销售进入消费者所在地的通关风险，避免盲目销售导致商品通关易发违规违法情形；主动在交易前告知消费者商品监管要求和通关风险，要求消费者配合企业办理通关手续，承担相应义务和责任，提前降低消费者对跨境配送效率的期望值，减少商品口岸滞留对企业声誉的负面影响。

3.2.2 单批商品种类多，通关差异大，存在影响通关效率的风险

进出口监管规定要求商品逐项申报，即同一种商品应申报为一项。海关对每项商品申报数据进行审核，对商品进行实货验核。

跨境传统贸易货物通常每批种类少，甚至品种单一。在商品申报数据审核环节，海关对每项商品申报数据单独处理，分别使用商品所属种类的监管规定，审核商品是否符合所属种类商品的监管要求，通常不涉及审核商品数量。单批商品项数越少，整体涉及监管要求就越少，审核工作量就越小，对通关效率影响越小。在商品实货验核环节，海关对货物实施抽查制度，抽取个别项的商品实施验核；对需要实货验核的商品，主要采取抽核方式，抽取该项商品部分数量实施验核。跨境传统贸易货物项数越少，越有利于货物快速通关。

跨境电商零售商品单批种类多，申报商品项数多，涉及监管要求多，申报准确性要求高，存在企业难以准确申报商品要素的风险。跨境电商零售商品单批数量大，每票订单要单独申报，申报商品和单证数量大，对申报时效性要求高，存在企业难以快速申报单证的风险；在商品实货验核环节，每票订单商品各异、包装难识别，存在企业难以及时找到海关需要验核的商品的风险。跨境电商零售商品项数越多、数量越大，越不利于商品快速通关，对企业通关能力提出巨大挑战。

企业应在商品通关前，全面准确掌握商品监管规定和要求，了解商品功能属性状况，核定商品编号，确定商品申报要素和其他申报信息，做好商品申报准备；在商品通关时，汇总交易信息，自动生成申报单证，按照申报时限要求及时向海关申报，利用互联网交易数据的丰富完整和自动传输，全面提升跨境电商零售商品申报效率。在商品实货验核方面，企业应提前对跨境电商零售商品准确理货，准备好商品装箱清单，理清每票订单商品装箱情况，当海关需要实货验核时，能迅速找到需要验核的商品，提升商品实货验核效率。

3.2.3 单批商品数量大，通关差错小，存在长期累积后果严重的风险

商品数量关系违法违规行为处罚程度。通常数量越多，货值越高，违法行为危害越大，处罚程度越重。

跨境传统贸易货物种类少但数量很多，企业充分认识到发生违法违规行为的严重后果，能提前评估货物通关风险，做好通关准备，降低意外受罚的风险；当发生违法违规行为时，能集中人力等资源，寻找解决方法，配合海关处理，避免货物长期滞留；对发生重大违法行为受到严厉处罚的，企业通关信用受到严重损害，将长期影响未来货物通关便利性，不利于企业再次进出口同种货物，企业可能放弃进出口同种货物，避免再次违法违规受罚的风险。

跨境电商零售单票商品价值低，违法违规受罚后果很轻微，企业会觉得无关痛痒，不重视单票商品违法违规风险。但跨境电商零售商品单批数量大，可能每批次都存在违法违规情事，长此以往会累积数量巨大的违法违规行为，被累计处罚将产生严重后果，可能导致企业历史经营成果不复存在甚至承担刑事责任，正所谓"小数怕长计"。

企业应深刻认识到跨境电商零售商品进出口违法违规行为叠加的严重后果，主动守法经营，督促其他经营主体共同守法经营，确保整体商业模式合规合法；划分清楚各主体的义务和责任，特别分清个体消费者的义务和责任，避免连带责任；对进出口通关过程中发生的问题，应尽快提供证据材料，配合监管部门妥善处理，及时消除不良影响，避免小差错累积产生大危害。

▶ 3.3 "散"：编号分布散

商品编号是海关根据商品差异和监管需求，为区别进出口商品而确定的唯一数字组合。跨境电商零售基于全球消费者个人日常需求，每次交易的商品可能都不同，每个商品可能对应不同的编号。物流企业按目的地汇集商品运输进

出境时，每批次商品种类很多，相应编号很多，在《中华人民共和国进出口税则》（以下简称《进出口税则》）中分布很分散。

3.3.1 单批编号分布散，归类要素多，存在难准确核定编号的风险

核定商品编号是根据商品属性功能等报验状态，按照商品归类总规则，确定商品在《进出口税则》中的编号，属于进出口通关核心难题之一。

跨境传统贸易货物进出口业务中，生产企业进口商品主要用于自身生产制造，属于必需的生产资料，出口商品主要是自身生产制造的产品，商品种类有限；贸易企业考虑到商品差异和通关风险，通常进出口自身熟悉的商品，避免因经营陌生商品不熟悉监管要求而产生违法违规行为。因此，跨境传统贸易货物单批种类不多，编号少且集中。企业很熟悉商品属性、功能和状态，在商品种类不多的前提下，可集中人力等资源，甚至聘请专业报关人员，参考商品历史进出口申报数据，更准确核定商品编号。

跨境电商零售商品基于全球海量消费者个人需求，来自全球海量销售企业，种类多且杂；随着消费者个性化需求增多，生产商不断创新制造新商品，市场销售不断变化，新品种层出不穷，跨境电商零售商品种类更多、更复杂。企业难以及时准确全面了解全部商品的属性特点，存在因错误或片面了解商品属性、错误核定商品编号而产生违法违规行为的风险。

跨境电商零售企业应充分发挥商品生产商或实际销售方对商品熟悉了解的优势，由他们提供商品全面准确的属性特点信息，特别是涉及核定编号的归类要素，为准确核定编号奠定商品信息基础；应组织专业报关人员，特别是商品归类专家，分类负责各自擅长归类的商品，逐项核定商品编号，必要时可向海关咨询，提高核定准确性；应充分利用互联网丰富的数据资源，收集发生变化的商品信息，更新商品归类要素，对归类要素发生变化的，重新核定商品编号；用好历史申报数据，对相同商品或归类要素相同的商品，可直接使用相同编号，当编号被海关纠正时，应立即统一调整相同商品的编号，确保商品编号实时准确。

3.3.2 单批编号分布散，税收差异大，存在难准确核定成本的风险

商品编号是确定关税和海关代征税税率的关键依据，可结合商品完税价格计核应缴税费金额，直接关系企业进出口商品税收成本。

跨境传统贸易货物进出口业务中，商品种类少、编号少，新从事进出口的企业可借助专业报关企业准确核定商品编号和相应税率，借助通关财税专家核定进出口税收成本，集中人力等资源更准确核定进出口成本；对经常进出口的老企业，商品变化不大，可能编号长期不变，关税和代征税税率长期不变，企业能够精确核定进出口税收成本，确定整体进出口成本。

跨境电商零售商品编号分布散，每个商品的关税和代征税税率可能不同，导致进出口税收差异较大，企业难以快速全面核定进出口税收成本；编号分布散，意味着商品编号变化概率增大，关税和代征税税率也随之变化，容易影响企业实时核定进出口税收成本，最终可能影响企业长期经营收益。

企业应提前准确核定商品编号，确定商品关税和代征税应缴金额，纳入销售成本，评估商品销售获利空间，避免错误核定商品编号、应缴税额超出预期额度，导致企业无利可图甚至亏本；建立编号变化联动税收成本预警机制，通过信息化手段监控商品编号变化对税收成本的影响，特别是涉及增加税收成本的，需即时发出成本预警，督促企业及时采取措施，避免成本突然增加影响最终收益。

3.3.3 单批编号分布散，监管要求多，存在难面面俱到的风险

除了用于确定商品进出口关税和代征税税率外，商品编号还对应禁限管理、检疫、检验、监管证件等其他监管要求。

跨境传统贸易货物种类少，涉及的监管要求有限。企业经过多次进出口实践，对自身进出口全部商品编号的监管要求了然于胸，知道办理符合监管要求的相关手续。计划进出口新货物时，企业考虑到货物货值高，违反监管规定后果严重，通常会提前请专业报关企业协助首次报关，甚至首次进出口少量货物，了解新货物监管要求，熟悉通关操作流程，避免大批量进出口可能造成的严重通关差错。

跨境电商零售商品编号分布散，意味着每种商品监管要求差别较大。每批商品种类多，编号多，汇总监管要求很多，导致企业难以面面俱到准确应对每一个监管要求。商品应市场需求不断推陈出新，商品编号不断变化，每批商品涉及的监管要求也不断发生变化，企业难顾及新变化，可能错漏监管要求。

企业应认识到非涉税监管要求通常都与人民健康、社会稳定、经济安全等密切相关，发生相关违法违规情事时，将产生不可逆的严重危害，要承担较严重的法律后果，而不是简单地补缴税款或缴纳罚金；应对不同监管要求，分类分工，由专人负责，全面了解监管规定、通关要求、法律责任和惩处措施，特别要避免进出口禁止类商品到货后未能提交监管证件等无法补救的行为；建立监管要求调整预警机制，关注主管部门商品监管要求的调整变化，对所销售商品监控通关错误情事，发现涉及监管要求增加或错漏监管要求的，及时向相关主体发出通关预警，暂停商品销售，采取合法应对措施，确保商品符合监管要求后再恢复销售，避免企业没有掌握监管要求变化，从而导致商品不符合最新监管要求而无法通关的风险。

3.4 "快"：物流需求快

跨境电商零售属于个人消费购买行为，相较国内电商零售快速配送效率，消费者对跨境交易效率有同等期望。随着物流服务业快速发展，越来越专业化、规模化、国际化、信息化，国际物流配送效率不断提升，为跨境电商零售提供了快速的物流基础，使跨境电商零售商品产生更快速高效的物流需求。

3.4.1 物流需求快，存在片面追求快，忽视监管责任的风险

跨境电商零售商品跨越不同关境，要接受海关监管，办理通关手续，这些都属于法定程序。

跨境传统贸易货物进出口业务中，企业会提前了解货物跨境全流程，知道货

物跨境运输必须接受海关监管，办理通关手续，承担通关责任，会主动安排货物接受海关监管；会将货物通关环节纳入整体跨境物流链条，客观看待通关必要时间，保持对整体物流效率的理性需求，不会过分追求超出正常范围的通关效率；当发生通关问题时，能从企业合法经营长远目标出发，集中人力等资源，全面评估通关风险，调整跨境物流效率预期，配合海关解决通关问题，认真履行通关义务和责任。

跨境电商零售商品购买者是个体消费者，对配送效率有较高需求，常将跨境物流配送效率作为评价交易满意度的重要指标。跨境电商零售企业过分追求更快物流配送效率，满足消费者期望，提升消费者满意度，以争夺消费者资源，而忽视跨境电商与境内电商的物流配送差别，忽视商品跨境通关接受监管的法定要求，忽视企业办理通关手续配合海关监管的法定义务，忽视跨境物流存在接受通关监管的法定责任。

企业应认识到商品进出口接受监管属于国家法定要求，是跨境电商物流配送与境内电商物流配送的重要差异，应坚持守法经营理念，遵守进出口监管规定，确保商品通关守法合规，避免因片面追求效率而埋下违法隐患；向消费者宣传跨境电商商品合法通关的重要性，明确消费者要承担的法律义务和责任，要求消费者配合办理通关手续，适度降低消费者对跨境电商物流的预期值。

3.4.2 物流需求快，存在心理期望快，忽视实际通关操作效率的风险

商品通关有法定程序要求，包括提前申领监管证件、提前发送舱单、发送单证数据、缴纳税费以及接受检疫、查验、检验等具体通关操作，关系整体通关效率。

跨境传统贸易货物进出口业务中，企业知道商品通关涉及大量具体操作，单个环节效率会影响整体通关效率，对货物通关时效保持合理期望；通常委托专业报关企业负责货物通关，安排熟悉通关业务的人员负责系统操作、确定要求、填报数据、提供单证等具体事务，与海关保持密切沟通，及时掌握通关进度，督促报关企业加快操作，提升整体通关效率。

跨境电商零售企业面向全球消费者销售商品，集中主要力量在线上宣传营

销，难全面了解商品通关涉及的大量具体环节和操作，认为通关操作很简单，将商品通关视同其他商业物流操作，对商品通关效率预期较高；通常将通关操作全盘甩给报关企业，不及时跟进督促，加快通关操作，忽视通关环节操作效率。

跨境电商零售企业应认识到进出口通关是跨境电商物流，比境内电商物流增加多个必要环节，这些环节影响跨境电商物流整体效率；根据自身商业模式，选择合适的跨境电商通关监管模式，享受相应通关便利，从模式上确保快速通关；在通关操作中，采取互联网信息化手段进行商品归类、申报、分拣等，将部分通关操作前推后移，避免商品在口岸积压，提高通关操作效率；在商品通关遇到问题时，主动联系消费者和其他企业，督促受委托的报关企业，共同配合海关及时解决问题，降低异常情况对商品通关效率的影响。

3.4.3 物流需求快，存在单个环节快，忽视整体协调效率的风险

商品跨境交易跨越不同关境，经过出口国（地区）境内运输、出口通关、国际运输、进口通关、进口国（地区）境内运输等环节，应协调理顺加快全部环节，提高整体物流效率。

跨境传统贸易货物进出口业务中，企业能提前根据货物运输要求和运输方式，确定货物跨境运输全部环节并做好衔接，从整体流程上保证物流效率；货物跨境运输时，企业会安排人员跟进货物物流动态，不断调整措施优化流程，提前开展后续环节，减少环节衔接耗时，保证实际物流顺畅高效。

跨境电商零售企业通常很重视线上业务，将线下物流区分不同环节委托不同物流企业，虽对各个环节效率提出高要求，但忽视各个环节衔接效率，未能整体协调全部环节，存在单环节很快、整体效率很慢的风险。

跨境电商零售企业应统筹分析物流全部环节效率，将商品通关融入跨境物流配送流程中，优化物流配送整体流程，降低商品跨越关境对物流配送的影响，满足消费者对跨境交易物流快的需求；应充分利用互联网交易物流的电子数据，提取商业数据辅助通关申报，引用通关结果促进商业数据规范合法，各环节同类信息相互印证、相互支持，推动后续环节更快速高效，确保各环节数据准确顺畅衔

接；应建立物流实时跟踪信息系统，及时向消费者展示全部物流状态，客观解释延误原因，避免消费者对跨境物流的误解和无端指责，降低对企业的负面影响。

3.5 "新"：监管要求新

跨境电商零售属于跨境交易新模式，不断涌现新情况、新需求，国家监管部门为了支持跨境电商零售发展，不断出台监管新规定，完善监管模式。

3.5.1 监管要求新，存在侧重商业自由、忽视国家监管政策的风险

进出口监管要求是国家根据整体监管需要而制定的，服务于国家整体发展，体现国家进出口监管态度和发展趋势。

跨境传统贸易货物进出口业务中，企业专注于自身熟悉的领域，熟悉国家对行业发展的政策，了解进出口货物监管重点，意识到国家监管政策会影响货物进出口监管宽严程度。他们会密切关注国家监管政策变化，及时调整进出口经营策略，顺应国家监管趋势。

跨境电商零售属于跨境交易新业态，正式纳入国家监管时间不长，没有大量案例经验可让企业借鉴学习。跨境电商零售经营者通常精于互联网先进技术和思维，熟悉现代资本运作，是跨境交易新业态的创新者，他们在经营中会产生跨境电商零售不同于跨境传统贸易，应多便利少监管的想法，存在对国家监管政策疏于关注的风险。

跨境电商零售企业应认识到跨境电商零售新业态是基于国内互联网技术应用、消费市场、物流配送、生产制造等条件发展起来，是国家整体发展到一定阶段的产物，是国家监管之下经济发展创新的新业态，单靠企业自身创造不出来，企业应紧密立足本地化条件，顺应国家发展大势，才能继续壮大发展。企业应认识到，跨境电商零售还处在成长期，受到国家高度重视并被纳入监管，将得到长期合法引导和合理支持，应主动认识监管、接受监管、适应监管，避免以纯商业

思维看待国家监管执法行为。

跨境电商零售是国际商品交易的一种新形式，不是简单的商品交换和物流配送，会影响全球经济的平衡和发展，影响国家监管态度，特别随着规模越来越大，影响将越来越明显。企业应及时掌握国家对跨境电商零售支持发展的态度，全力支持国内商品走向国际市场，拉动国内产业发展壮大，适度支持国外优质商品进入国内消费市场，满足人民日益增长的美好生活需要；应认识到跨境电商零售不同于国内商品交易的国内电商，会受到国家进出口监管态度的影响，应了解进出口监管基本规定，特别要知道商品通关存在的风险和需要承担的法律责任，包括进口国（地区）和出口国（地区）的监管差异，避免以国内电商思维错误对待跨境电商零售进出口监管。

3.5.2 | 监管要求新，存在侧重监管包容、忽视安全守法创新的风险

监管是通过行政和经济手段，对进出口行为进行监督管理，确保进出口符合国家法律法规要求；而对跨境电商零售这一新业态，国家采取"包容、审慎"的监管态度。

跨境传统贸易货物进出口环节属于企业整体商业流程的一个环节，通关成本和耗时在整体商业中占比不大。企业长期进出口货物，熟悉监管要求，明白通关守法的重要性，能主动防范通关违法风险，严格遵守落实监管要求，确保货物守法通关。监管部门经过长期监管实践，不断完善跨境传统贸易货物进出口监管模式，堵塞监管漏洞，已经建立完备的监管体系，让企业享受稳定通关便利。

跨境电商零售是基于互联网经济的新业态，随着互联网技术发展会不断涌现新手段和新思路。而监管要求立足国家意愿和行业整体，可能不符合部分企业自身意愿；推出时间不久，经常根据行业需求进行调整，让企业感觉监管不稳定，难以适应。

监管部门对跨境电商零售采取包容监管态度，支持企业安全创新，而不是放纵违法创新。所谓"包容"，就是对那些未知大于已知的新业态采取包容态度，只要它不触碰安全底线。在进出口监管中，触碰安全底线的商品主要涉及非税收

监管要求，包括危害生命安全和自然环境的未检疫物、未经检验合格危害生命健康的食品、危害国家安全和社会稳定的核生化爆物资等，是监管部门重点监管对象。企业应理解包容监管不是放手不管，而是以维护安全底线为主要目标的有效监管，应评估确定创新项目是否触碰安全底线，理清商品和模式是否触碰安全底线，自觉消除触碰安全底线的风险，避免触碰安全底线遭到监管处罚。

监管部门对跨境电商零售采取审慎监管态度，支持企业守法经营，而不是放纵危害扩大。所谓"审慎"，有两层含义：一是当新业态刚出现还看不准的时候，不要一上来就"管死"，而要给它一个"观察期"；二是严守安全底线，对谋财害命、坑蒙拐骗、假冒伪劣、侵犯知识产权等行为，不管是传统业态还是新业态都采取严厉监管措施，坚决依法打击。商品进出口属于跨境电商零售一个关键环节，未能完全展示企业整体商业模式和监管风险。监管部门看到进出口新变化，通常会了解前后环节及整体监管风险，对触碰安全底线的，会立即制止，防止危害扩大；对未触碰安全底线的，会加强监控，分析未来趋势和潜在危害，属于明知故犯的行为，例如低报价格偷漏税费，将会查处纠正，避免违法危害，属于监管还看不准危害风险的，将会给企业适当的"观察期"，允许继续经营发展，保护企业创新积极性。企业应理解审慎监管不是放手不管，而是以避免危害扩大为主要目标的逐步监管；应守法自律，自觉遵守监管规定，落实监管要求，避免明知故犯破坏审慎的监管环境；对监管部门允许建立试点的新措施，应及时评估监管风险，向监管部门报告试点情况，争取监管部门的理解和支持，根据监管部门意见适当调整措施，避免危害产生、积累、扩大，造成严重后果。

3.5.3 监管要求新，存在强调商业需要、忽视监管逐步完善的风险

监管是由浅入深逐步认识进出口新业态和新变化，不断调整完善监管措施，与时俱进，促进业态发展的过程。

跨境传统贸易货物进出口业务中，监管部门经过数十年探索实践，熟悉行业状况和企业需要，根据国家长期监管原则和方向，不断调整完善监管措施，形成成熟稳定的监管模式，消除了监管真空地带，满足行业发展长期稳定的需要。企

业自身进出口业务涉及的商品有特定范围，组成行业协会，密切关注监管发展变化，迅速适应监管变化，调整商业做法，确保业务不受长期或严重影响。

跨境电商零售是基于互联网技术和经济的新业态，行业变化快，新模式、新思路、新做法层出不穷。跨境电商零售企业思维活跃，反应灵敏，大胆创新，能很好适应新业态变化，但在适应国家监管方面，容易将自身商业做法映射到国家监管上，要求监管措施快速调整生效，忽视国家监管是监管部门由浅入深的认知过程，需要全面认识新业态和新变化，周全考虑国家整体因素，遵守法定程序，逐步完善监管措施。

企业应主动了解监管政策和监管模式，区分国家允许开展跨境电商试点的区域和相应政策，立足不同区域的经济发展状况，根据自身商业模式和目标，选择合适的试点区域和监管模式，避免陷入片面追求短期补贴忽视长远利益的陷阱。

监管部门一直努力贴合跨境电商零售业态发展需求，不断调整优化监管措施。自2012年国家将跨境电商零售纳入监管以来，几乎每年必提支持跨境电商发展，允许各地先行先试，探索积累经验，逐步总结提炼最优监管措施，就是为了保护跨境电商零售健康成长；海关根据跨境电商零售发展特点和变化需求，先后增加了4种监管方式，确定相应监管模式，不断完善信息化系统，就是为了支持跨境电商零售顺利发展。企业应认识到国家对跨境电商零售审慎包容的监管态度，对监管保持理解宽容的理性态度；应认识到进出口监管是严肃的执法行为，调整具体监管措施需要履行法定程序，对已经确定的监管要求，应主动学习、掌握、适应、配合，避免违反监管要求而承担法律后果；在经营中对监管有相关意见时，应主动向监管部门反映实际情况和合理诉求，与监管部门共同构建促进业态发展的监管环境。

3.5.4 监管要求新，存在侧重商业优化、忽视融合监管要求的风险

监管部门对每一种跨境交易明确具体监管要求，每次调整监管要求，都是顺应跨境贸易变化，更好履行法定职责服务国家大局，确保商品通关符合新的国家政策要求。

跨境传统贸易货物进出口与经营企业商业模式关系不大，货物报关前和放行后主要属于企业商业操作范围，在进出口监管主要作用范围之外，与通关监管操作关系不大，所以经营企业主要关注货物通关流程和效率。跨境传统贸易经营企业长期从事相对固定商品的进出口通关，熟悉监管要求和具体操作，能根据监管要求变化及时调整商业操作，能很快适应新监管要求。

跨境电商零售属于互联网经济新业态，企业能及时感知市场细微变化，迅速采取应对措施，努力抓住新机遇，意图快人一步抢占市场先机，因此非常重视商业模式创新优化，但却忽视将商业模式与监管要求融合，导致通关犯错违法违规或效率低下。

监管部门为跨境电商零售业务度身定做进出口监管模式，满足新业态个性化需求。海关为跨境电商专门增加5种监管方式，涉及8种监管模式：海关监管方式"9610"（简称"电子商务"）、"1210"（简称"保税商务"）、"1239"（简称"保税商务A"），分别包含进口监管模式和出口监管模式；海关监管方式"9710"（简称"跨境电商B2B直接出口"）、"9810"（简称"跨境电商出口海外仓"），包含出口监管模式。每个监管方式分别对应不同商业模式，企业应全面了解海关监管方式和监管模式，分析自身商业模式，确定企业通关要求，准确定位自身商品交易方式，正确选用监管模式，避免选错监管模式，在源头上犯下合规性错误。

监管部门为跨境电商零售明确专门监管措施，区别于跨境传统贸易监管措施，以促进跨境电商零售新业态发展。监管部门为跨境电商零售进口商品设置单次交易限值和个人年度交易限值，在限值以内进口的，关税税率暂设为0%，进口环节增值税、消费税取消免征税额，暂按法定应纳税额的70%征收，对跨境电商直购进口商品及适用"网购保税进口"进口政策的商品，按照个人自用进境物品监管，不执行有关商品首次进口许可批件、注册或备案要求，都体现国家对跨境电商零售的特殊监管态度和要求。企业应区分跨境传统贸易监管要求和跨境电商零售监管要求，分析自身商业模式和流程，将监管要求融入商业模式中，对不符合监管要求的商品不允许上架销售，确保各项监管要求能在商业流程中得到准确落实，避免商品实际通关违反监管要求。

监管部门为跨境电商零售建立全新通关监管信息化系统，与企业信息化系统数据交互，提升跨境电商零售商品通关效率。海关增加《申报清单》作为跨境电商专用单证，要求企业向海关传输交易、收款、物流等电子信息，进行比对分析；对海量小包裹通过自动分拣线实货检查，向企业自动反馈通关处理信息，通过与企业信息化系统进行数据交互，努力实现跨境电商零售海量商品快速通关。企业应认识到通关监管信息化系统与企业信息化系统数据交互的目的在于提升商品通关效率，解决跨境电商零售海量商品通关难题，应主动理清所要传输电子信息的监管要求，确定商业流程传输电子信息的环节和时间，将监管模式与商业模式融合协调，共同保证商品快速通关。

监管部门随着国家对跨境电商零售监管变化不断出台完善新措施和新要求，以适应跨境电商零售业态新变化。监管部门坚决落实支持跨境电商零售健康发展的国家整体战略要求，能主动了解业态发展变化，倾听企业困难和诉求，及时按照法定程序调整监管要求，促进业态快速发展。企业应根据监管要求变化及时调整商业模式，评估调整成本，优化商业操作，迅速满足监管新要求，避免商品因不符合新要求而无法通关；要安排熟悉通关业务的人员负责通关事务，关注通关操作细节变化，负责准确申报数据，主动配合海关监管，避免商品因通关差错在口岸积压延误通关。

3.6 "廉"：成本求低廉

跨境电商零售是互联网信息经济新业态，市场信息传播迅速、公开、透明，价格优惠会迅速被市场普及，价格优势转眼即逝。跨境电商零售购买者主要是个人消费者，交易商品主要为个人日常消费品，交易成本通常不会太高。为了在信息万变的市场中胜出，企业会采取各种新手段不断降低各环节成本，降低整体交易成本，吸引个人消费者，保持自身的市场竞争力。

3.6.1 | 成本求低廉，存在侧重通关费用、忽视通关整体成本的风险

商品进出口通关包括申报前、口岸通关、放行后等主要环节，各环节有各自监管要求，涉及费用成本和非费用成本。

跨境传统贸易进出口中，货物属于企业重要生产资料或销售商品，对于企业生产经营非常重要。企业能主动全面了解通关整体流程环节，学习监管要求，评估各环节费用成本和非费用成本，对整体成本保持理性期望值；货物价值高，企业可承受的成本相应较高，能投入更多费用和其他资源在通关环节；对经常进出口货物的通关成本很熟悉，能安排经验丰富的人员跟进通关事务，确保整体成本稳定可控。

跨境电商零售企业侧重经营费用控制，特别是涉及商品交易的直接费用，千方百计降低商业环节的费用。一方面，对于跨境电商零售增加的进出口通关环节，企业通常从降低费用角度，比较关注通关费用成本，未意识到通关不仅涉及费用成本，还涉及非费用成本，忽视通关整体成本。另一方面，企业专注于跨境电商零售新兴市场激烈竞争，通常将通关事务委托给报关企业，支付通关整体费用，忽视通关前后所需的其他通关成本。

商品进出口通关不仅包括卫生防疫费用、税费、通关手续费等直接可见的费用成本，还包括申领监管证件、取样送检、化验鉴定等产生的潜在的费用成本。对涉及禁限管理的商品，需要提前向主管部门申领进出口许可证、濒危物种证明、印刷品批文等监管证件，提交给海关验核；对实货检查中需要进一步核定商品属性的，需要对商品抽取一定数量样品送专业部门做化验或鉴定，属于非直接可见的通关操作，可能会给企业增加远大于可见费用的成本。跨境电商零售企业应主动学习掌握进出口监管要求，全面评估商品通关整体成本，减少销售或不上架潜在费用较高的商品，避免商品产生额外的高费用成本。

商品进出口通关不仅包括口岸通关环节，还涉及申报前、放行后等环节，需要企业投入资源成本。例如，进口食品、药品、医疗用品等涉及人体健康的商品，要提前办理企业备案或商品备案，在商品申报前就产生费用和人力成本；需要商品检验的，通常在口岸通关后在属地海关接受全面检验，在商品口岸通关放

行后产生费用和人力成本。此外，因纳税义务人违反规定造成漏征税款的，海关还会自货物放行之日起3年内追征税款。企业应理清商品通关全流程要求和责任，不局限于商品口岸通关单个环节，确保通关全流程符合进出口监管要求；准确核算商品全流程通关成本，避免仅核算口岸通关单个环节的成本，忽视前推后移其他环节的其他成本，导致事后补交长期错算遗漏的费用成本，或者承担违法违规长期积累的严重后果。

3.6.2 成本求低廉，存在侧重通关成本、忽视其他物流成本的风险

商品进出口除了商品通关外，还涉及运输、装载、理货、储存等其他物流操作，产生相应物流成本。

跨境传统贸易进出口中，货物通常都是以集装箱、厢式货车、托盘等通用装载方式进出口，从发货地到收货地全程使用同一装载容器，在充分市场化的现代国际物流中，所需办理的物流手续标准公开，产生的物流费用标准公开，即使发生延误赶不上原定航班等意外情况，会有行业通行处理措施，额外产生的物流费用也在行业通行公开，整体物流成本可准确核定。对于跨境运输大批量高货值货物，属于企业重要生产经营活动，将产生不少费用，企业会提前全面核定整体费用和其他成本，纳入企业生产经营成本，确保进出口货物有利可图。

跨境电商零售进出口形成新通关物流流程，产生不同于跨境传统贸易的操作和成本。例如，跨境传统贸易货物查验主要是人工作业，跨境电商零售直购进口商品是使用X光机分拣流水线作业，需要建设分拣流水线和信息化系统；跨境传统贸易货物在口岸临时储存，尽快办结海关手续后提离，跨境电商零售网购保税进口商品进入海关特殊监管区域储存，等消费者线上购买后才办理进口通关手续提离，在海关特殊监管区域储存时间难以确定。跨境电商零售企业应根据自身商业模式选定商品进出口通关模式，分析通关模式涉及的新物流环节，区分自身和物流企业的操作和责任，确定各环节物流费用和其他成本，准确核定全程物流成本。

跨境电商零售是国家大力支持促进的新业态，能享受地方政府财政支持和奖励。例如，有些地方政府对建设跨境电商监管场所区域、投入设施设备、租用仓

库等提供资金补贴，导致不同地方存在较大实际费用差别；有些地方政府对在本地开展跨境电商零售业务的企业给予年度资金奖励，业务量越大奖励越多。跨境电商零售企业应全面了解地方财政支持情况，选择适合自身需要的地方开展进出口业务，以整体性长期保持企业营业收入，要避免为了获得短期地方财政资金，不断在不同地方轮换开展进出口业务，这样需要不断适应不同地方差异化操作，不断在全国各地配备培训运营人员，产生额外适应性成本。

3.6.3 | 成本求低廉，存在侧重显性消耗成本、忽视隐性信用成本的风险

商品进出口通关要接受监管，违法受严惩，守法享便利，形成企业长期通关信用记录，对企业产生广泛公开的社会影响，成为企业经营的隐性成本。

跨境传统贸易进出口中，企业长期从事进出口业务，知道海关坚持诚信守法便利、失信违法惩戒原则，根据企业通关信用实施差别化监管措施，能高度重视企业通关信用，主动了解并遵守进出口监管规定，避免违法违规留下不好的信用记录，影响未来货物通关便利。

跨境电商零售属于新业态，被正式纳入监管的时间很短。跨境电商零售企业对进出口监管业务接触时间短、次数少，缺少相关经验，不熟悉以信用为基础的差别化监管模式，未意识到企业通关信用会影响商品通关效率，未意识到通关违法违规会损耗企业通关信用。企业努力在激烈的市场竞争中建立良好市场口碑，争夺更多消费者流量，获取更大市场份额，但未能认识到企业通关信用属于国家监管执法结果，反映企业在进出口环节的守法信用情况，属于企业整体信用的一部分，将会影响消费者对企业诚信的认可度，影响企业市场口碑和市场接受度，导致通关信用差的损耗更大于社会信用成本。

通关信用是企业长期进出口守法情况的综合评估结果，将影响企业进出口效能。海关按照诚信守法便利、失信违法惩戒，依法依规、公正公开原则，对企业实施信用管理。根据企业进出口守法情况，采集企业相关信息，特别是与信用有关的信息，综合认定企业信用等级，将企业分为高级认证企业、失信企业和其他企业。对高级认证企业实施便利的管理措施，例如进出口货物平均查验率低于实

施常规管理措施企业平均查验率的20%；对失信企业实施严格的管理措施，例如进出口货物查验率80%以上，因此将严重影响企业商品进出口效能。跨境电商零售企业应重视自身通关信用，意识到通关信用对通关效能的影响，主动遵守企业信用管理规定，守法通关，努力申请认定为高级认证企业，享受更便利的管理措施，提高商品进出口效能，降低商品通关成本。

通关信用是国家监管执法认定信用结果，将影响企业的市场诚信度。海关接受国家法定授权，监督企业进出口守法行为，以企业进出口守法记录为基础，认定企业信用等级，依法向社会公开，反映企业守法经营情况。个人消费者认识到通关信用反映企业守法情况，通关信用好的企业进出口商品更有保障，可通过互联网信息传播渠道，迅速获悉企业通关违法信息，评估企业诚信度，评价商品交易可靠程度，尽量选择购买通关信用好的企业的商品，避免购买通关信用差的企业的商品，这将影响企业市场接受程度。跨境电商零售企业应意识到通关信用影响会外延至个人消费者，最终影响自身的市场接受程度，主动如实公开企业通关信用等级，树立重信用、守信用的社会形象，增强消费者信心；高级认证企业应主动宣传自身通关信用优势，介绍享受的便利管理措施，吸引更多消费者安心购买商品，提升市场可信度，争取更大市场份额。

第 4 章
Chapter 4

跨境电商零售海关监管方式

◇ **综述**

跨境电商零售商品具有跨境传统贸易商品的监管属性，又具有个人自用的监管属性，不属于传统进出境监管对象。海关借鉴跨境传统贸易通关监管原则、理念、规定和方法，以跨境传统贸易通关监管模式为基础，对跨境电商零售商品增加了专用海关监管方式，确定了相应监管政策和措施，构建了新的通关监管模式来满足跨境电商零售进出口通关新需求。本章介绍海关监管方式相关基础内容，帮助企业准确确定海关监管方式。跨境电商零售相关主体应确定商品符合海关监管模式适用条件，区分进出境监管区、进出口类型、物流方式等通关差别，准确选用海关监管方式，适用通关监管模式，享受跨境电商零售通关便利。

4.1 跨境电商零售商品海关监管属性

海关根据国家进出口监管要求，针对监管对象进出口特点，建立适应其发展的监管模式。

4.1.1 跨境电商零售商品属于跨境等价交换的交易物

跨境电商零售出口国（地区）销售方将商品跨境直接卖给进口国（地区）消费者，不需要原进口国（地区）销售方将商品进口内销给境内消费者，将跨境传统贸易进口国（地区）消费者与境内销售方的境内交易延伸到与出口国（地区）销售方的跨境交易，同时完成原来出口国（地区）销售方和进口国（地区）销售方的销售操作。跨境电商零售商品依然从出口国（地区）跨境输出到进口国（地区），从境内销售方交货、消费者收货，调整为境外销售方交货、境内消费者收货；价款依然从进口国（地区）输入出口国（地区），从进口国（地区）购买方批量跨境付款，调整为进口国（地区）消费者境内实现跨境付款。跨境电商零售是跨境交货与跨境付款两个相向流程的统一，是商品与价款的跨境交换，本质是跨境交易，与跨境传统贸易相向流程的统一，其商品属于跨境等价交换的交易物。

4.1.2 跨境电商零售商品具有个人自用属性

跨境电商零售商品由消费者购买以满足个人日常自用需求，具备个人自用属性，主要表现如下：

（1）购买数量少。

首先，单次购买商品数量少。在跨境电商零售交易中，消费者根据个人日常消耗量购买商品，易耗品需求量较大，如婴儿奶粉，非易耗品需求量很小，如智能手机，相比较跨境传统贸易进出口整批货物数量，每次购买进出口的商品数量很少。

其次，购买次数少。消费者个人自用商品消耗需要一定时间，其中易耗品消耗速度快，如干果，非易耗品消耗速度慢，如成人剃须刀。消费者消耗完商品后才进行再次购买，按商品消耗间隔购买商品，短时间内频繁重复购买商品的次数相对少。

（2）作用影响小。

跨境电商零售消费者每次购买商品数量少，涉及的只是个人消费者，商品被消费使用后影响范围局限于很小地域和少数消费者，对社会安全和群众生活的影响范围小、程度浅。

（3）通关纷争多。

跨境电商零售属于商品进出口交易，要接受国家法定监管，收发货人应承担相应法律义务和责任，办理相关进出口手续。

跨境电商零售商品收货人是个人消费者，可能没意识到进出口监管的重要意义，不了解进出口监管规定，不熟悉进出口通关要求和流程，混淆跨境电商零售商品与境内邮递物品；不理解归类审价、征收税费、贸易管制等进出口监管的必要性，不配合海关监管执法；对海关监管执法产生误解，就海关执法结果提出无端指责，导致跨境电商零售商品进出口通关产生许多纷争。

4.1.3 跨境电商零售商品具有海关监管货物属性

海关监管对象包括进出境的运输工具、行李物品、邮递物品、货物和其他物品。

运输工具是指用于载运人员、货物、物品进出境的各种船舶、航空器、铁路列车、公路车辆和驮畜。跨境电商零售商品明显不属于运输工具。

行李物品指旅客为其进出境旅行或者居留的需要而携运进出境的物品，其进出境目的不是为了出售，不具有贸易性。跨境电商零售商品是消费者为了个人自用需要，通过跨境交易用价款交换购买的商品，具有贸易性，也不属于行李物品。

邮递物品可分为个人邮递物品、邮递货物、邮递货样和广告品、邮递礼品、快件等5类。跨境电商零售商品进出境目的是为了销售给消费者，与跨境传统贸易货物进出境目的相同，属于跨境交易商品，显然不属于邮递货样和广告品、邮递礼品。邮递的商业性邮件，应按照货物规定办理通关手续。快件分为文件类、个人物品类和货物类，跨境电商零售商品明显不属于文件类快件，个人物品类快件是指海关法规规定自用、合理数量范围内的进出境旅客分离运输行李物品、亲友间相互馈赠物品和其他个人物品，都不是为了进出境交易，不具有贸易性，与跨境电商零售商品性质不同。

因此，跨境电商零售商品无论属于货物、商业性邮件或货物类快件，都具备海关监管货物属性。

4.2 跨境电商零售海关监管模式适用范围

根据《海关总署关于跨境电子商务零售进出口商品有关监管事宜的公告》（海关总署公告2018年第194号）规定：跨境电子商务企业、消费者（订购人）通过跨境电子商务交易平台实现零售进出口商品交易，并根据海关要求传输相关交易电子数据的，按照公告接受海关监管。

4.2.1 交易性质应是零售

零售是指直接将商品或服务销售给个人消费者或最终消费者的商业活动，是商品或服务从流通领域进入消费领域的最后环节。[①]

跨境电商零售商品应被最终消费者购买后使用消费，满足市场最终消费需求，不再次销售。如果跨境电商零售商品进出口后，被再次销售给其他主体，不是被最终使用消费，将不属于零售业务，不符合跨境电商零售监管要求，不属于跨境电商零售监管范围。

4.2.2 交易主体应是跨境电商零售企业与消费者

跨境电商零售应是最终消费者与跨境电商零售企业跨境交易商品的行为，进口应是境外跨境电商零售企业将商品销售给境内消费者，出口应是境内跨境电商零售企业将商品销售给境外消费者。消费者（订购人）是指跨境电商零售进口商品的境内购买人，是最终使用消费商品的主体。

商品在跨境电商平台上被公开销售，可能被个人购买消费或被企业购买消费，在实际操作中都由具体人员订购并完成交易，订购人都体现为具体人员。对于个人购买的商品，最终消费主体是订购人；对于企业购买的商品，在企业日常生产经营活动中被使用消费，作为生产经营成本转移到新商品上，不同于个人消费者终端使用消费的商品，不符合跨境电商零售交易性质，不属于跨境电商零售监管范围。

4.2.3 交易媒介应是跨境电商平台

跨境电商平台是消费者完成商品跨境零售交易的信息化系统，主要功能应

[①]《中国大百科全书》编委会.《中国大百科全书》（第二版）. 北京：中国大百科全书出版社，2009.

包括商品展示、下单订购、支付退款、售后服务等，能满足跨境零售交易全流程需要，并随着互联网信息技术的创新应用，不断涌现新形式，包括互联网页面、App、微信小程序等。

商品交易应通过跨境电商平台完成，即跨境电商零售企业通过跨境电商平台销售商品，消费者通过跨境电商平台购买商品，完成跨境电商零售商品和价款的等价交换。

有些企业自建跨境电商平台，将其他跨境电商平台交易数据、线下交易数据，甚至制造交易不存在的数据，导入自建平台，形成虚假的跨境电商交易，企图将商品作为自建平台销售的商品适用跨境电商零售监管模式。但实质上，商品不是通过企业自建的跨境电商平台完成交易，不能以自建平台销售的商品适用跨境电商零售监管模式，此种情形也不属于跨境电商零售监管范围。

4.2.4 企业应根据海关要求传输交易电子数据

为了满足跨境电商零售进出口海量商品快速通关需求，海关建立跨境电商零售专用监管模式和信息化系统，接收企业传输的交易电子数据，与申报数据进行比对，甄别商品通关风险，对低风险商品快速系统放行，对高风险商品转人工审核处理，显著提高了商品通关效率，很好地支持了跨境电商零售快速发展。

跨境电商零售进口商品申报前，跨境电商平台企业或跨境电商零售企业境内代理人、支付企业、物流企业应当分别向海关传输交易、支付、物流等电子信息。跨境电商零售出口商品申报前，跨境电商零售企业或其代理人、物流企业应当分别向海关传输交易、收款、物流等电子信息。企业根据海关要求传输交易电子数据，为信息化系统提供比对基础电子数据，商品才能适用跨境电商零售监管模式。如果企业未能根据海关要求传输相应电子数据，信息化系统缺少比对基础电子数据，则无法完成比对操作，导致商品无法按跨境电商零售监管模式通关，无法纳入跨境电商零售监管范围。

4.3 海关监管区的划分

4.3.1 一线和二线

国境可理解为一个国家行使主权的领土范围，也指国家的边境。类似的，关境可理解为同一个海关监管体系的作用范围。例如，香港属于中国领土，属于中国国境范围；但中国香港海关监管体系不同于中国内地，中国香港和中国内地分别为独立关境。

一线和二线是相对于关境而言的。一线可理解为不同关境之间的界线，即跨越一线就是从一个关境进入另外一个关境，例如，商品从香港进入内地，就是从中国香港关境进入中国内地关境，跨越一线进境。二线可理解为在一个关境内实施差别化监管措施的区域界线，例如，综合保税区分别连通其他关境和我国关境内的区外区域，连通其他关境的界线是一线，连通我国关境内的区外区域的界线是二线。

为了方便区分一线和二线，可理解为：一线进出境，即跨越不同关境，二线进出区，即跨越同一关境的不同区域。商品一线出境，要根据离开关境的监管要求办结出境手续，通过跨境运输进入另一个关境，商品一线进境，根据进入关境的监管要求办理进境手续，涉及两个关境的监管要求。商品二线进出区，要根据进出区的监管要求办理进出区手续，涉及区内与区外的不同监管要求。所以，一线和二线的监管要求不同，监管模式也不同。

4.3.2 海关监管区类型

《中华人民共和国海关监管区管理暂行办法》（海关总署令第232号）规定：海关监管区是指《海关法》第一百条所规定的海关对进出境运输工具、货物、物品实施监督管理的场所和地点，包括海关特殊监管区域、保税监管场所、海关监管作业场所（场地）、免税商店以及其他有海关监管业务的场所和地点。

海关特殊监管区域包括保税区、出口加工区、保税物流园区、跨境工业区、保税港区、综合保税区6类。

保税监管场所包括进口保税仓库、出口监管仓库、保税物流中心（分为A型和B型）3类。

海关监管作业场所（场地）分为监管作业场所和集中作业场地。监管作业场所包括水路运输类海关监管作业场所、公路运输类海关监管作业场所、航空运输类海关监管作业场所、铁路运输类海关监管作业场所、快递类海关监管作业场所5类。集中作业场地包括旅客通关作业场地、邮检作业场地、进境动物隔离检疫场3类。

4.3.3 海关监管区与一线和二线

口岸型海关监管区主要是一线功能。部分海关监管区主要作为一线进出境通道，而不是作为长期存储场所，其直接连通境内和境外，属于不同关境之间的界线，可称为口岸型海关监管区，例如公路口岸、海港口岸等。商品进出境时，短时间内完成主要进出境通关手续：出境商品已经完成海关监管，进境商品已经完成安全准入、禁限管理、税费征收等主要通关手续。商品在监管区临时存放，目的是配合办理通关手续，办完通关手续后尽快离开监管区，不会在监管区长期存放。

区域型海关监管区包括一线和二线。部分海关监管区主要是作为商品长期存储场所，具有连通境内和境外的一线功能，也具有连通境内的区内和区外的二线功能，可称为区域型海关监管区，例如保税港区、综合保税区等。商品二线进出区时要办理进出区手续，出口商品办结进区手续后，即已完成安全准入、禁限管理、税费征收等主要出口通关手续，进口商品办结出区手续后，即已完成海关监管。海关监管区一线功能有两种形式：一是直接连通境外，具备口岸型海关监管区一线功能，属于不同关境之间的界线，可作为进出境通道，例如具有海港口岸的保税港区；二是自身不直接连通境外，通过口岸型海关监管区连通境外，与口岸型海关监管区共同组成进出境通道，例如与口岸分离的综合保税区。商品一线进出境时应完成主要进出境通关手续：出境商品已经完成海关监管，进境商品已经完成安全准入、禁限管理等主要通关手续。

一线与二线之间属于海关监管作业区。海关对区域实施监管，主要措施有：一是围网管理，通常建设物理界线将区内和区外划分开来，将区域范围围挡起来，企业运输商品跨越围网进出区需要办理海关手续。二是账册管理，通常要求区内企业建立电子账册，记录商品进、出、转、存、用等实际状态，确保实际商品与电子账册一致。三是视频监控，通常要求区内企业对围网、仓库、主要通道安装视频监控设备，并将视频监控图像实时传送给海关，配合海关实施视频实时监控。四是库内监管，通常对区内商品采取盘库、核仓、库内查验等库内监管方式，确保库内商品合法性，避免商品急需进出区时实施检查，能提升商品配送效率。五是人员管理，通常对进出区的人员及其运输工具实施监管，防范携带未经海关允许的商品进出区。

4.3.4 区域型海关监管区监管特点

区域型海关监管区一线和二线之间是海关监管作业区，允许企业在海关监管之下开展业务。主要监管特点如下：

一是进境保税。区域型海关监管区起源于改革开放初期吸引境外企业进境投资生产，主要生产方式是境外生产料件进入境内生产，将成品返销境外，即料件和成品都"两头在外"。为了避免实际未进口的料件进境征税、实际未从境内市场出口的成品出境退税，简化通关监管流程，降低企业进口税费成本和商品进出境通关负担，国家专门设立具有保税功能的区域型海关监管区，允许境外商品进入监管区可不缴纳关税和代征税，处于关税未付的保税状态，待商品实际进口进入境内市场时，再对商品征收税费。保税政策让未实际进口进入境内市场的商品不需要缴纳进口税费，让企业不用承担进口税费成本，有力推动"两头在外"的保税加工贸易蓬勃发展，成为改革开放工业发展的初始引擎；保税政策让长期保税存储的商品在实际进口进入境内市场才缴纳进口税费，不实际进口进入境内市场可不缴纳进口税费，企业仅需要承担商品存储和通关费用，有力推动进出境保税物流产业发展，充分发挥境内土地和人力资源的作用。

二是简化进出区手续。区域型海关监管区监管重点是监管区内企业和在库商品：海关对经营企业要求开展业务前办理备案或审批手续，实施通关信用管理，及时宣传普及监管新要求，督促企业守法经营；对区内商品采取账册管理，实时记录商品入区、出区、在库情况，日常采取盘库、核仓等方式验核商品实际状态，及时清除不符合监管要求的商品，确保账册与商品相符。海关在管住企业和商品的基础上，进一步简化商品进出区通关手续：一是一线进出境备案制管理，商品一线进出境时向海关申报备案清单，除了涉及安全准入和禁限管理等少数特别监管要求外，通常海关信息化系统会自动审核放行，降低商品实货查验比例，提高进出境通关效率；二是创新二线进出区监管，商品日常账册管理确保商品符合监管要求，二线进出区更侧重于手续性通关，在确保安全准入和税费安全前提下，创新实施出区进口"分送集报"、出口入区"先入区、后报关"等监管模式，允许商品先二线进出区后办理报关手续，满足企业生产"零库存"的高效物流配送需求。海关主要在商品未进入实际物流配送流程的存储环节执行监管要求，避免全部商品在实际配送进出区时检查是否符合监管要求，为商品全球物流配送简化通关手续，助力企业实现商品"即需可取"的高效物流配送需求，促进充分融入全球物流配送体系。

三是出口入区结关。出口商品办结海关监管手续后，出口企业凭结关的报关单数据，才能办理出口结汇和退税，获得出口资金收入。为了确保出口商品实际离境并办结海关监管手续，通常要求承载商品的运输工具实际离境后，运输工具负责人向海关发送运输工具离境信息，海关接收运输工具离境信息，确认运输工具实际离境后，才对出口报关单办理结关手续。在运输工具存在延迟离境、离境信息发送错误、溢装等情况下，会导致出口商品延迟结关，影响企业出口结汇退税；对暂时未确定境外收货人的出口商品，例如进料加工商品、仅出口境外市场的商品，企业需要将商品存储在自有仓库，等待商品实际销售出去，办结出口通关手续后，才能结汇退税，严重影响企业资金回笼再生产。部分区域型海关监管区具备"入区视同出口"的功能：待出口商品通过二线入区，在二线申报出口报关单，商品实际入区办结通关手续后，出口报关单置为结关状态，企业即可办理出口结汇退税，不再受制于运输工具离境状态，能尽快释放自有仓库的有限资源。商品出口入区结关能让出口企业尽快获取结汇和退税资金，支持企业快速再生产发展；可让区内物流企业提前向出口企业购得商品所有权，创新开展供应链金融业务；可让区内仓库企业承担出口商品存储业务，减轻出口企业自行保管商品的风险和负担，繁荣地方物流产业。

4.3.5 跨境电商零售企业选择海关监管区

跨境电商零售企业要通过海关监管区进出口商品，完成跨境交易物流配送，应注意以下事项：

一是进口还是出口。跨境电商零售是面向全球商品和消费者，可能仅有进口业务或仅有出口业务，也可能同时有进口业务和出口业务。海关监管区种类很多，最简单的区别在于允许进出口的业务类型，例如进口保税仓库仅允许进口业务，出口监管仓库仅允许出口业务，综合保税区允许进口业务和出口业务。跨境电商零售企业应根据自身商品来源确定进出口类型，确定选择何种海关监管区。

二是集货还是备货。集货是指跨境电商零售商品销售形成包裹后办理进出境通关手续。备货是指跨境电商零售进口商品销售前办理进境通关手续，在境内存储等待销售后办理进口通关手续，或跨境电商零售出口商品销售前办理出口通关手续，在境内存储等待销售后办理出境通关手续。集货商品需要快速通关，与口岸型海关监管区功能定位比较符合，应选择口岸型海关监管区。备货商品需要在境内存储等待销售，销售后需要打包配送给消费者，与区域型海关监管区物流存储功能定位比较符合，应选择区域型海关监管区。

三是通关停留长短差异。商品通过口岸型海关监管区仅需要办理一线进出口手续，不能在海关监管区长时间存储，需要尽快离开海关监管区。跨境电商零售商品进出境前已经完成分拣打包或者在进出境后再分拣打包，仅需要从海关监管区快速通关的，应选择口岸型海关监管区。商品通过区域型海关监管区，则需要办理一线进出境和二线进出口手续，在海关监管区存储停留，接受区内海关监管。跨境电商零售商品若需要在进出境过程中分拣打包、简单加工或者存储保管，在海关监管区停留较长时间的，应选择区域型海关监管区。

4.4 海关监管方式的划分

每种商品进出境都涉及具体的海关监管方式，适用相应的监管模式和监管要求，承担相应通关责任。跨境电商零售商品应根据商业模式选择监管模式，准确使用海关监管方式。

4.4.1 海关监管方式标识海关监管模式

海关针对不同进出境商品类型，依据国家进出境监管原则和要求，确定相应进出境监管要求，用海关监管方式作为标识。

监管方式基本要素包括：

（1）监管方式定义，描述监管方式所适用的商业类型，例如，一般贸易监管方式是指我国境内有进出口经营权的企业单边进口或单边出口的贸易。

（2）监管方式代码，4位数字，例如，一般贸易监管方式代码为0110。

（3）监管方式全称，例如，来料加工监管方式全称为来料加工装配贸易进口料件及加工出口货物。

（4）监管方式简称，例如，一般贸易监管方式简称为一般贸易。

（5）适用范围，即在符合监管方式定义的商品种类范围内，适用监管方式的商品种类，以及不适用监管方式的商品种类。

通过海关监管方式，可以确定该类型进出境商品涉及检疫、监管、禁限管理、税收、检验等监管要求。不同监管方式的监管要求不同，监管模式也不同，即每一种监管方式代表一种监管模式。

4.4.2 跨境电商海关监管方式种类

海关为跨境电商专门增加5种监管方式，涉及7种监管模式：

海关监管方式代码"9610",全称"跨境贸易电子商务",简称"电子商务",适用于境内个人或电子商务企业通过电子商务交易平台实现交易,并采用"清单核放、汇总申报"模式办理通关手续的电子商务零售进出口商品(通过海关特殊监管区域或保税监管场所一线的电子商务零售进出口商品除外),包括进口、出口2种模式。

海关监管方式代码"1210",全称"保税跨境贸易电子商务",简称"保税电商",适用于境内个人或电子商务企业在经海关认可的电子商务平台实现跨境交易,并通过海关特殊监管区域或保税监管场所进出的电子商务零售进出境商品[海关特殊监管区域、保税监管场所与境内区外(场所外)之间通过电子商务平台交易的零售进出口商品不适用该监管方式],包括进境、出境2种模式。

海关监管方式代码"1239",全称"保税跨境贸易电子商务A",简称"保税电商A",适用于境内电子商务企业通过海关特殊监管区域或保税物流中心(B型)一线进境的跨境电子商务零售进口商品,包括进境1种模式。

海关监管方式代码"9710",全称"跨境电子商务企业对企业直接出口",简称"跨境电商B2B直接出口",适用于境内企业通过跨境电商平台与境外企业达成交易后,通过跨境物流将货物直接出口送达境外企业的货物,包括出口1种通关模式。

海关监管方式代码"9810",全称"跨境电子商务出口海外仓",简称"跨境电商出口海外仓",适用于境内企业将出口货物通过跨境物流送达海外仓,通过跨境电商平台实现交易后从海外仓送达购买者的货物,包括出口1种模式。

4.4.3 | 以进出口类别确定海关监管方式

国家自将跨境电商纳入正面监管范围以来,涉及跨境电商进口监管的措施主要对跨境电商进口核心关注点和具体监管要求加以及时精细明确,例如《财政部 海关总署 国家税务总局关于跨境电子商务零售进口税收政策的通知》(财关税〔2016〕18号)、《商务部 发展改革委 财政部 海关总署 国家税务总局 市场监管总局关于完善跨境电子商务零售进口监管有关工作的通知》(商财发〔2018〕486号）、《海关总署关于跨境电子商务零售进出口商品有关监管事宜的公告》（海关总署公告2018年第194号）；涉及跨境电商出口监管的措施主要明确原则要求，较少涉及具体监管要求，例如《财政部　国家税务总局关于跨境电子商务零售出口税收政策的通知》（财税〔2013〕96号）、《关于开展跨境电子商务企业对企业出口监管试点的公告》（海关总署公告2020年第75号）。对跨境电商零售进口实施商品清单监管，规定只有列入《跨境电子商务零售进口商品清单》的商品才能享受跨境电商零售进口税收政策，才能适用跨境电商零售进口监管模式，而不是所有跨境传统贸易商品都能适用跨境电商零售措施；对跨境电商出口没有实施商品清单监管，允许所有符合跨境电商条件的跨境传统贸易商品适用跨境电商措施。在跨境电商监管实际中，监管部门查处涉及跨境电商的主要违法行为，例如虚报贸易性质、偷逃税款、无证到货等，通常发生在跨境电商进口领域，反映出跨境电商监管风险和重点主要在进口领域，需要监管部门严格监管跨境电商进口业务。

跨境电商适用进口和出口的海关监管方式是"电子商务"（代码"9610"）、"保税电商"（代码"1210"）；仅适用进口的海关监管方式是"保税商务A"（代码"1239"）；仅适用出口的海关监管方式是"跨境电商B2B直接出口"（代码"9710"）、"跨境电商出口海外仓"（代码"9810"）。跨境电商零售企业特别是未涉及过进出口贸易的新企业，应确定商品进出境类型，准确选择海关监管方式，避免发生原则性错误；特别注意保税进口监管中，海关监管方式"保税电商"（代码"1210"）可适用于进口和出口，"保税商务A"（代码"1239"）仅可适用于进口。

4.4.4 以物流模式确定海关监管方式

备货与集货属于跨境电商零售常见物流模式，对选择海关监管方式非常重要。

备货商品在被个人消费者购买之前，进入进口地关境，存储在进口地仓库；被境内个人消费者购买后，从进口地仓库打包发运配送给个人消费者，即在被购买前，未确定最终去向。商品需要在境内仓库存储，办理了一线进境通关手续，未办结计征税费、交验进口监管证件等进口主要通关手续，属于保税监管状态，需要接受海关日常监管。如果向境内销售不完或者向境外销售，需要办理出境通关手续；被境内个人消费者购买后，办理二线进口通关手续。所以，备货模式应选择支持保税存储的监管方式，不能选择直接清关的监管方式。

集货商品在出口地被购买形成订单后，在出口地打包发运，离开出口地关境，办结出口地出境手续，经过跨境运输，进入进口地关境，办结进口地一线进口手续后，直接投递给购买方，不需要在境内保税存储。所以，集货模式应选择口岸清关的监管方式，不必选择支持保税存储的监管方式。

海关监管方式"9610"（简称"电子商务"）适用于采用"清单核放、汇总申报"模式办理通关手续的电子商务零售进出口商品，可适用于集货口岸清关、备货二线进口环节；"1210"（简称"保税商务"）适用于境内电子商务企业通过海关特殊监管区域或保税物流中心（B型）一线进境的跨境电子商务零售进口商品，可适用备货一线进境环节；"1239"（简称"保税商务A"）适用于通过海关特殊监管区域或保税物流中心（B型）一线进境的跨境电子商务零售进口商品，可用于备货一线进境环节；海关监管方式"9710"（简称"跨境电商B2B直接出口"）适用于跨境电商B2B直接出口的货物，可适用于集货出口口岸清关环节；"9810"（简称"跨境电商出口海外仓"）适用于跨境电商B2B直接出口的货物，可用于备货出口口岸清关环节。

第 5 章
Chapter 5

跨境电商零售通关参与主体

◇ 综述

　　跨境电商零售通关参与主体通过跨境电商零售交易平台完成跨境交易、支付（收款）、物流等操作，分别获取各自收益，在商品进出口通关环节承担不同的通关义务和责任。跨境电商零售基于互联网技术，记录参与主体所有的操作和数据，并妥善保管以备商业纠纷时取证需要，客观上为海关核实通关参与主体行为提供数据证据。为了确保商品顺利通关完成交易，跨境电商零售通关参与主体必须按照监管规定提供身份证明，如企业完成海关信息登记、消费者提供身份信息，客观上为海关确定通关主体提供身份证据。为了确保跨境电商零售新业态健康发展，海关借鉴跨境传统贸易监管经验，明确了跨境电商零售通关参与主体管理要求和处罚规定，指引其守法经营，客观上为海关惩处通关不法行为提供了法律依据。跨境电商零售通关参与主体应准确了解进出口通关监管规定，彻底消除互联网为法外之地的错误观念，主动承担通关义务和责任，配合海关办理通关手续，合法享受跨境电商零售新业态的便利。

5.1 海关企业管理要点

5.1.1 主要企业类型

　　海关主要对直接参与海关监管业务的主体实施管理，主要包括：

　　生产销售企业。指制造生产或销售重点监管进出口货物的企业，包括：进口食品境外生产企业、出口商或代理商、境内进口商、出口食品生产企业、进口可用作原料的固体废物的国外供货商、进口可用作原料的固体废物的国内收货人。

　　运输企业。指承运进出境货物或境内海关监管货物的企业，包括：进出境运输工具负责人、无船承运业务经营人、货运代理企业、船舶代理企业、邮政企业以及快件经营人。

报关单位。指直接参与报关业务的企业，包括：进出口货物收发货人、报关企业。

场所企业。指经营海关监管作业场所的企业，包括：水路运输类海关监管作业场所、航空运输类海关监管作业场所、铁路运输类海关监管作业场所、公路运输类海关监管作业场所、快递类海关监管作业场所、储罐类海关监管作业场所、进口能源跨境管道境内计量站。

保税物流企业。指从事海关监管货物储存、简单加工、检测维修、国际配送、寄售等国际物流业务的企业，包括：综合保税区内物流企业、保税物流园区内物流企业、保税区内物流企业、保税港区内物流企业。

加工贸易企业。指参与加工贸易经营活动的企业，包括：加工贸易经营企业、加工企业、承揽者。

免税商店。指向规定的对象销售免税品的企业，包括：口岸免税商店、运输工具免税商店、市内免税商店、外交人员免税商店和供船免税商店。

外贸综服企业。指接受国内外客户委托代为办理包括报关、物流、退税、结算、信保等在内的综合服务业务和协助办理融资业务的企业。

5.1.2 企业登记类型

企业办理海关注册登记。注册登记指企业向主管部门申请许可，主管部门审查后准予或不准予许可。企业向海关提出注册书面申请；海关审核申请事项属于本海关职权范围，申请材料齐全、符合法定形式，受理申请；海关对企业申请进行审查，包括材料核实和现场核查；海关做出准予或者不予海关行政许可的决定，出具书面凭证；海关可依法办理注册登记的注销和撤销手续；企业应依法办理注册登记变更与延续手续。注册登记属于海关行政许可项目，由法律、行政法规、国务院决定设定，应当严格依照法定的权限、范围、条件、程序、形式和时限。

企业办理海关备案。备案指把企业情况报告给主管部门，主管部门审核通过后记录存档。企业向海关提交备案材料，提出备案申请；海关审核备案材料齐全、符合备案要求的，予以备案；海关可以对企业备案情况进行监督和实地检查，依法查阅或者要求报送有关材料；企业应按规定办理备案变更和注销，海关可依法注销企业备案。企业按流程提交符合要求的备案材料，通常就会审核通过备案成功，属于程序性操作，甚至可先由信息化系统自动审核备案，事后人工抽核备案材料，发现不符合要求的，要求企业补充备案材料，做进一步核实，甚至实地检查。

企业办理海关信息登记。信息登记指把企业情况报告给主管部门，主管部门记录存档。企业向海关提交登记材料；海关审核登记材料齐全、符合要求的，予以登记。信息登记适用不需要报关资格的企业，主要为了记录企业主体信息，生成企业海关唯一编码标识，完成传输电子信息、主体标识、数据记录等操作，确保跨境电商通关数据完整。

5.1.3 │ 海关企业信用管理

对海关注册登记和备案企业，海关按照诚信守法便利、失信违法惩戒、依法依规、公正公开原则，对企业实施信用管理。海关按照规定的标准和程序，认定企业为高级认证企业、失信企业或其他企业。对高级认证企业，实施便利的管理措施，例如进出口货物平均查验率低于实施常规管理措施企业平均查验率的20%、可以向海关申请免除担保、AEO互认国家或者地区海关通关便利措施；对失信企业，实施严格的管理措施，例如进出口货物查验率80%以上、经营加工贸易业务全额提供担保；对高级认证企业和失信企业之外的其他企业，实施常规的管理措施。对存在违反进出口食品安全监管、进出口化妆品监管以及非法进口固体废物等严重违法行为的失信企业，海关将其列入严重失信主体名单，纳入跨部门联合惩戒范围。

对其他的海关登记企业，海关也实施信用管理。海关根据企业进出口通关记录和违规违法行为，评估企业信用状况，实施差别化管理措施：企业通关信用越好，适用通关管理措施越优惠，商品通关便利越多；反之，企业通关信用越差，适用通关管理措施越严格，商品通关便利越少。

5.2 跨境电商零售企业

跨境电商零售企业指自境外向境内消费者销售跨境电子商务零售进口商品的境外注册企业（不包括在海关特殊监管区域或保税物流中心内注册的企业），或者境内向境外消费者销售跨境电子商务零售出口商品的企业，为商品的货权所有人。

5.2.1 | 跨境电商零售企业是跨关境交易企业

跨境电商零售是跨越关境的商品交易，消费者从所在关境向其他关境购买商品，销售企业从所在地关境向其他关境出口销售商品，商品从一个关境流转到另外一个关境，消费者和销售企业分别处在不同关境。在海关特殊监管区域或保税物流中心内注册的企业按照境内企业管理规定办理备案和实施日常管理，属于在我国关境内备案的企业，不属于境外企业。香港、澳门、台湾属于中国领土，但属于不同关境，在中国香港、澳门、台湾注册的企业属于我国关境外的企业。

5.2.2 | 跨境电商零售企业是跨境销售商品的企业

跨境电商零售是商品跨越关境的购买和销售。消费者购买商品，企业销售商品，互相形成了应该履行的交易合约，获得相应的利益和权利，承担相应的义务和责任。例如，消费者应获得商品所有权、如期足额支付价款、提供收货人信息，企业应获得商品价款、按时发货、保证商品品质符合交易约定，交易属于两者之间的商业约定，与第三方无直接关系。商品与价款应发生对等跨境转移，即商品从销售企业转移给销售企业所在关境外的消费者，价款从消费者转移给消费者所在关境外的销售企业，如果两者没有对等跨境转移，例如将已经办结进口手续、属于境内企业的商品销售给境内消费者，则应属于境内交易，不属于跨境交易。商品所有权发生跨境转移，通常商品从境外通过跨境物流运输进入消费者关境内，所有权从销售企业转移到消费者，对于在海关特殊监管区域或保税物流中心内保税仓储的商品，实际商品所有权属于境外企业，当被消费者购买后，境外企业办理商品实际进口手续，将商品所有权转移给境内消费者。

5.2.3 跨境电商零售企业要承担确保交易真实性责任

跨境电商零售企业应确保商品真实性。跨境电商零售企业作为商品销售方，应准确掌握商品成分含量、结构组成、性能品质、原理功能等基本信息，评估商品用途及影响，特别是可能存在对人体健康、社会安全、国家稳定等方面的危害时，应在跨境电商平台上公布全部信息，让消费者能准确全面客观了解商品情况，不能隐瞒、夸大或虚假宣传，误导消费者。跨境电商零售企业应向个人消费者如实交付商品，确保商品与销售宣传信息相符，不能以次充好、以假乱真，危害消费者；跨境电商零售企业与个人消费者不应通过其他信息渠道私下商定变更交易商品，不能以代号形式交易商品，故意虚假交易违法违禁商品，逃避进出口监管。

跨境电商零售企业应确保个人消费者的真实性。跨境电商零售是个人消费者购买商品，满足个人消费需求，适用更优惠税收、更宽松监管要求、更便捷监管模式，以区别于企业跨境购买的生产经营商品。跨境电商零售企业应对个人消费者（订购人）身份信息真实性进行审核，要求个人消费者订购时提供身份信息，对身份信息进行合规性审核和合理性审核，对不符合身份信息编码逻辑或超出自然人生命年限等异常身份信息不予审核通过，在数据上确保个人消费者身份信息真实。跨境电商零售企业应通过电话抽查个人消费者，核实身份信息，对提供虚假身份信息的，列入禁止购买人员黑名单，避免继续购买累积大量身份信息虚假的交易，违反跨境电商零售商品应由个人消费者购买的监管规定。

跨境电商零售企业应确保跨境交易真实性。跨境电商零售企业应拥有商品所有权，确保在交易中商品全部所有权如实跨境转移到消费者手中，不再部分保留商品所有权，实现商品所有权从境外转移到境内；确保收到消费者跨境支付的价款，不在境内留存价款，实现全额价款从境内转移到境外，确保商品与价款跨境等价交换。如果跨境电商零售企业组织境内消费者通过跨境电商平台购买境外商品，将境外商品运输进入境内，收集起来再次销售，实际上在境内仍拥有对商品所有权的支配权，只是通过跨境电商交易渠道将自有商品所有权从境外转移到境内，消费者并没有真正获得商品所有权，则整体交易不属于跨境电商零售企业与消费者之间的交易，不属于真正的跨境电商零售。

跨境电商零售企业应确保商品与价款交换的真实性。跨境电商零售企业应根据市场供需关系确定商品销售价格，确保消费者支付价款后能获得全部商品所有权，价款与商品交换符合市场交易实际；不应偏离市场实际降低商品销售价格，导致商品价格与实际价值明显不符；不应通过与消费者建立其他利益输送关系，例如收费成为特定会员，降低商品实际交易价格，导致商品所有权实际被分开交换价款，分为平台交易价格和其他利益输送部分，交易价款未包含全部实际支付价款，不属于商品所有权全部价款。跨境电商零售企业对包邮费、含保险费、单独优惠等包含其他费用的交易价款，应能有可靠依据准确剔除，确定商品单独交易价款，在后续通关申报环节准确申报价格。

5.2.4 跨境电商零售企业应承担商品质量安全商业主体责任

跨境电商零售企业应确保商品上架质量安全责任。跨境电商零售企业应从商品生产采购源头上，了解商品质量安全情况，评估商品质量安全风险，特别是危害人体健康、生态环境、社会安全、伦理道德等风险，主动告知个人消费者商品安全隐患，不销售存在质量安全问题的商品。跨境电商零售企业应建立商品质量监督机制，经常抽取在售商品进行质量检测，验证商品是否符合原定质量要求，不交付不符合质量要求的商品，主动下架存在质量问题的商品，确保实际销售商品质量安全。跨境电商零售企业应根据消费者所在地进口监管规定，准确评估商品向消费者所在地销售的合法性，核定商品进入消费者所在地的违法风险，告知消费者存在的违法进口风险，或者采取对特定国家地区禁止销售的系统控制方式，避免消费者未经许可购买所在地管制进口商品的违法行为。

跨境电商零售企业应确保商品使用质量安全。跨境电商零售企业应根据商品质量特性和保管要求，选择安全的包装方式和物流渠道，在确保商品质量安全前提下，及时将商品配送给个人消费者，避免配送过程中商品变质或损坏。跨境电商零售企业应提供商品安全使用指引，通过醒目方式告知个人消费者要特别注意的使用安全要求，通过售后客服及时解答消费者使用疑问和需求，确保个人消费者安全使用商品，避免使用不当产生危害。

跨境电商零售企业应承担商品售后质量安全责任。跨境电商零售企业应建立健全商品溯源机制，记录商品生产、采购、打包、运输、收货等全流程信息，实时对容易影响商品质量安全的流程环节提醒注意事项，避免错误操作影响商品质量。跨境电商零售企业发现相关商品存在质量安全风险或发生质量安全问题时，应能快速准确定位发生环节和时间，立即停止在途商品配送，避免商品被使用产生危害；立即停止销售商品，召回已销售商品并妥善处理，防止再次流入市场；及时将相关情况如实告知消费者，做好退货、换货、退款、赔付等后续处理，主动消除社会危害和不良影响；及时将召回和处理情况向海关等监管部门报告，配合监管部门对尚未销售的货物实施监管，依法追究相关经营主体责任。

5.2.5 跨境电商零售企业应主动对消费者承担责任

跨境电商零售企业应履行对消费者的提醒告知义务。根据监管规定，跨境电商零售企业应会同跨境电商平台在商品订购网页或其他醒目位置向消费者提供风险告知书，消费者确认同意后方可下单购买。告知书应至少包含以下内容：相关商品符合原产地有关质量、安全、卫生、环保、标识等标准或技术规范要求，但可能与我国标准存在差异，直接购自境外，可能无中文标签，消费者可通过网站查看商品中文电子标签，自行承担相关风险。即消费者应知道商品不一定符合我国标准，自行承担购买使用境外商品的风险；消费者购买的商品仅限个人自用，不得再次销售，即确保跨境交易属于零售交易。

跨境电商零售企业应对消费者及时全面公开信息。跨境电商零售企业是销售信息发布者，最了解商品信息，对信息发布具有决定权，应从消费者知情权角度出发，将涉及消费者的商品信息完整准确及时公开发布，特别醒目标明涉及安全使用的信息，让消费者能准确全面了解商品，选择切实符合自身需求的商品。跨境电商零售企业是商品交易方式设计者，最全面了解商品订购、支付、配送等全流程，应梳理总结可能导致无法订购、错误支付、延误配送等影响交易的风险点，在相应操作环节提醒消费者，协助消费者顺利完成操作，降低消费者操作难度和延误风险。跨境电商零售企业应准确全面了解进口地商品进口通关监管规定，提醒消费者进口通关涉及的义务和责任，对可能被禁止或限制进口的商品，特别提醒消费者商品可能无法通关以及应承担的后果，避免商品无法顺利通关导致消费者遭受损失。

跨境电商零售企业应公正、公平、合理服务消费者。跨境电商零售是跨越关境的商品交易，涉及不同关境的进出口监管规定。跨境电商零售企业应严格遵守进出口地监管规定，为消费者提供符合出口地和进口地监管规定的合法服务，确保消费者得到守法公正的服务。跨境电商零售服务全球市场，涉及不同国家的消费市场。跨境电商零售企业应对所有消费者一视同仁，对相同诉求采取相同的解决方案，确保消费者得到公平的服务，避免对不同市场采取迥然不同的解决方案，对部分消费者采取歧视措施。跨境电商零售服务全球消费者，涉及个性不同的消费者。跨境电商零售企业应以消费者满意为目标，考虑单独消费者实际情况和个性诉求，尽量满足消费者合理诉求，耐心做好解释宣传，避免伤害消费者感情，影响市场口碑。

跨境电商零售企业应对消费者承担保密责任。消费者购买商品用于满足自身日常消费需求，提供身份证件信息、手机号码、收货地址等身份信息，体现兴趣爱好、生活方式、消费能力、经济收入等个人信息。跨境电商零售企业应认识到每次交易都涉及消费者个人,应对交易信息承担保密责任,严格遵守国家法律法规,采取安全信息系统措施,保护好消费者身份信息和交易信息,不公开、不擅自对外提供涉及消费者的信息,确保信息安全保密。跨境电商零售企业需要使用消费者信息时,应清楚全面向消费者说明信息内容、用途、范围、用法和风险,经消费者同意授权后才能使用,对非法定要求提供的信息,不能以不同意就不能交易等方式强迫消费者同意授权。

5.2.6 | 跨境电商零售企业应承担通关整体协调责任

跨境电商零售企业与消费者是跨境电商零售交易主体。跨境电商零售交易是全球化交易,商品在不同关境之间流通,涉及出口地和进口地商品进出口通关监管规定,不同国家监管规定差异较大,违法违规风险不同,处罚标准和尺度不同,需要全程专业法律法规知识作为支持;商品通过多种运输方式全球运输,不同运输方式或者运输工具的行业要求不同,监管要求不同,对商品承运条件要求不同,需要全程运输专业知识作为支持;商品通过不同口岸出口或进口,不同口岸在具体通关操作上存在差异,需要口岸本地化操作经验作为支持。消费者遍布全球各地,知识水平、法律意识、学习能力等都差异很大,无法全面准确掌握商品进口通关和运输的专业知识,没有时间、精力和资金到实际通关口岸办理手续,如果要求消费者亲自办理商品进口通关手续,将导致商品长期积压在口岸无法快速配送,甚至不符合通关规定而无法配送,这将严重影响消费者购买体验满意度,让消费者不敢放心购买跨境电商零售商品,缩小跨境电商零售消费群体,影响跨境电商零售壮大发展。

跨境电商零售进口企业属于境外注册企业,应委托一家在境内办理工商登记的企业,由它在海关办理注册登记,承担如实申报责任,依法接受相关部门监管,并承担民事连带责任。跨境电商零售企业可自行或委托代理人向海关申报清单,并承担相应责任。跨境电商零售企业与被委托企业在消费者眼中是一体的,当商品不能顺利通关时,不管原因和责任属于哪个企业,都会直接影响个人消费者对交易的满意度和对跨境电商零售企业的信任度,对跨境电商零售企业市场口碑产生负面影响，最终损害跨境电商零售企业自身利益。跨境电商零售企业应积极配合监管部门，督促被委托企业，尽快妥善解决发生的问题，确保商品顺利快速通关，赢得个人消费者好评，树立良好市场口碑。

跨境电商零售企业是交易最大受益者之一，存在整体协调保证交易顺利完成的主观需求。跨境电商零售企业销售商品，获得价款，去除销售费用，赚取销售利润，是交易主要获利者；通过跨境电商平台将商品向全球消费者销售，将国内市场拓展为全球市场，扩大销售数量和金额，增加营业收入，是经济全球化直接获利者。如果交易发生问题，商品未成功销售，跨境电商零售企业将没有销售收入，赚取不了利润，无法长久生存经营；或者给个人消费者造成麻烦或损失，跨境电商零售企业将失去良好市场口碑，流失市场份额，难以发展壮大。所以，跨境电商零售企业存在整体协调保证交易顺利完成的主观需求，需要努力妥善解决交易全流程环节发生的问题，提供让消费者满意的购买体验。

跨境电商零售企业是交易中心角色，存在整体协调的现实能力。在跨境电商零售交易中，通过跨境电商平台，个人消费者根据销售信息下达购买订单，支付企业根据订单收取价款，物流企业根据订单配送商品，报关企业根据委托办理通关手续，都只承担交易过程中的部分操作，相互之间没有直接联系，也没有直接联系渠道，只能解决自身涉及的部分问题，无法承担整体协调工作。跨境电商零售企业与个人消费者形成交易订单，与支付企业收支价款，向物流企业寄递商品，委托报关企业办理通关手续，涉及交易全部相关主体，处在交易主体联系中心，能在发生问题时直接联系相关主体；通过跨境电商平台沟通渠道，收集汇总交易全流程的主要信息，掌握交易整体情况，属于交易信息汇集中心，能在发生问题时直接全面评估原因、确定解决方法；跨境电商零售企业从个人消费者获得价款，向支付企业、物流企业、平台企业、报关企业等相关主体支付服务费用，属于交易款项收支中心，对个人消费者退款或补贴诉求有决定权，对付费购买服务主体具有选择权，能在发生问题时决定处理费用金额、来源和用途，要求相关服务主体配合，确保通过经济手段快速圆满解决问题。综上，跨境电商零售企业客观上拥有中心角色的支配能力，应承担通关整体协调责任，确保商品顺利通关，获得预期销售收益。

5.2.7 跨境电商零售企业应符合海关监管要求

跨境电商零售企业应是销售企业。跨境电商零售进出口通关渠道创造了商品进出境新渠道，让跨境电商零售企业在传统进出境渠道之外有了更优惠的选择，特别适合海量包裹商品快速进出境。跨境电商零售企业应该是通关跨境电商平台向境外消费者销售商品的企业，应属于商品的货权所有人；企业未销售商品，或者不属于已销售商品的货权所有人，都不属于跨境电商零售企业。个别企业未正确理解跨境电商零售进出口通关监管规定，专门收集非本企业销售或者将未实际销售等不属于跨境电商零售的商品，通过跨境电商零售渠道通关，导致名义上的跨境电商零售企业不属于真正的销售企业，不符合海关监管要求，将要承担违法后果。

跨境电商零售进口企业应委托办理备案。海关规定：境外跨境电商零售企业应委托境内代理人向该代理人所在地海关办理备案。跨境电商零售进口企业属于境外企业，不直接受境内法律规定约束，不直接接受境内监管，需要委托境内代理人，代为办理进出境通关手续，间接接受境内法律规定约束，承担法律责任，保障消费者合法权益。海关信息化系统全国联网，企业备案信息全国海关可用，即企业在所在地海关办理备案后，全国海关都可以使用企业备案数据，不需要企业重复备案，能满足跨境电商零售企业在全国口岸通关的灵活调整需求。

跨境电商零售出口企业应办理信息登记或备案。海关规定：跨境电商零售出口企业应当向所在地海关办理信息登记；如需办理报关业务，向所在地海关办理备案。跨境电商零售出口企业属于境内企业，受到境内法律规定约束，受到境内监管，应直接向海关办理登记或备案手续，直接承担法律责任，从源头保证商品通关合法合规，权责明晰，违法责任可追究。跨境电商零售出口企业办理信息登记，获得海关企业编码，具备可传输交易电子信息资格，可委托报关企业代为办理报关业务，此时需要报关企业自行办理海关备案，获得代理报关资格；如自行办理报关业务，要自行办理海关备案，获得自理报关资格。

5.2.8 跨境电商零售企业应承担的通关责任

跨境电商零售企业应如实传输电子信息。海关规定：跨境电商零售出口商品申报前，跨境电商零售企业或其代理人应当向海关传输交易电子信息，并对数据真实性承担相应法律责任。在跨境电商零售出口交易中，境内跨境电商零售企业向境外消费者销售商品，应获得实际交易电子信息，如果拥有自己的技术团队，可自行向海关传输交易电子信息，或者通过其代理人向海关传输交易电子信息。海关规定：跨境电商零售进口商品申报前，跨境电商平台企业或跨境电商零售企业境内代理人应当向海关传输交易电子信息，并对数据真实性承担相应责任；直购进口模式下，邮政企业、进出境快件运营人可以接受跨境电商平台企业或跨境电商零售企业境内代理人的委托，在承诺承担相应法律责任的前提下，向海关传输交易、支付等电子信息。跨境电商零售进口交易中，境外跨境电商零售企业向境内消费者销售商品，获得实际交易电子信息，无须直接从境外向海关传输交易电子信息，可由跨境电商平台企业或跨境电商零售企业境内代理人传输，或在直购进口模式中委托邮政企业、进出境快件运营人传输。

跨境电商零售企业应办理报关手续。海关规定：跨境电商零售商品出口时，跨境电商零售企业或其代理人应提交《申报清单》，办理报关手续。申报属于进出口通关法定环节，需要企业提前在海关备案，逐票完成核定商品海关编号、确定申报要素、填制电子单证等操作。境内跨境电商零售出口企业可利用自有报关人员，或委托报关企业，向海关提交《申报清单》，办理后续报关手续。海关规定：跨境电商零售商品进口时，跨境电商零售企业境内代理人或其委托的报关企业应提交《申报清单》，办理报关手续。跨境电商零售进口企业通常不熟悉境内报关业务，则委托跨境电商零售企业境内代理人或报关企业，由熟悉境内报关业务的代理人或报关企业提交《申报清单》，办理后续报关手续。

跨境电商零售企业应承担商品质量安全通关主体责任。海关规定：跨境电商零售企业及其代理人应建立商品质量安全等风险防控机制，加强对商品质量安全及虚假交易、二次销售等非正常交易行为的监控，并采取相应处置措施；跨境电商零售企业不得进出口涉及危害口岸公共卫生安全、生物安全、进出口食品和商品安全、侵犯知识产权的商品以及其他禁限商品，同时应当建立健全商品溯源机制并承担质量安全主体责任。跨境电商零售企业应对商品质量实施风险防控，不得进出口国家禁止和限制的商品，不得销售质量有问题危害消费者的商品；应对商品交易实施监控，发现虚假交易、二次销售等非正常交易行为，及时终止交易；应对商品实施溯源管控，对发现有问题的商品，尽快确定供货源头，终止销售，并承担相应赔偿和法律责任。

跨境电商零售企业应配合海关打击违法行为。海关规定：跨境电商零售企业或其代理人发现涉嫌违规或走私行为的，应当及时主动告知海关。跨境电商零售企业是交易源头，发生违规或走私行为时，是所涉及商品的提供者，将遭受金钱和声誉损失。跨境电商零售企业发现涉嫌违规或走私行为的，应及时主动告知海关，协助海关调查，避免遭受更大损失或承担连带责任。海关规定：涉嫌走私或违反海关监管规定的参与跨境电商业务的企业，应配合海关调查，开放交易生产数据或原始记录数据。跨境电商零售企业自身涉嫌走私或违反海关监管规定，应立即终止相关行为，留存交易记录数据，根据海关要求提供所有数据，配合海关调查，尽快查清事实完成处理后恢复正常经营，确保长期合法经营。

跨境电商零售企业应接受海关后续管理。海关规定：参与跨境电商零售进出口业务并在海关备案的企业，纳入海关信用管理，海关根据信用等级实施差异化的通关管理措施；在海关备案的跨境电商零售企业应当接受海关稽核查。海关信用等级评定、稽核查用于海关备案企业，会按照诚信守法便利、失信违法惩戒原则，通过分析企业通关记录、事后稽查或核查等方式，评估企业通关信用情况，分别适用相应的管理措施，促进企业诚信守法经营。跨境电商零售企业应要求各参与主体严格遵守进出口监管规定，主动监督商品通关守法状况，确保商品通关诚信守法，享受通关便利。

5.3 消费者

5.3.1 消费者是跨境电商零售重要参与主体

跨境电商零售主要为消费者创新购买渠道。随着境内经济发展和人民收入水平提高，境内消费者对境外商品具备消费能力；伴随着经济全球化和商品全球流动，境内消费市场需求更多元化，跨境电商零售进口顺势而生。随着中国制造商品质量提升和成本降低，境外消费者逐渐认可消费中国商品，境内企业敏锐地抓住互联网信息技术发展机遇，催生了跨境电商零售出口的发展。跨境电商零售联结全球各地消费者，将商品销售信息直接推送到消费者面前，为消费者创造互联网购买新渠道，让消费者能足不出户购买到全球商品，形成跨境交易的新消费市场。

跨境电商零售是需求占主导地位的交易。跨境电商零售属于商品与价款的交易，销售方是跨境电商零售企业，购买方是个人消费者，商品由个人消费者直接购买用以满足个人日常生活需求，价款由个人消费者直接支付，不同于跨境传统交易买卖双方都是企业主体，商品由境内企业从境外销售方购买后再零售给个人消费者。在市场供求关系中，需求方通常占主导地位，是供给方想方设法准确定位匹配获取的关键资源。无论跨境电商零售企业还是跨境传统贸易企业，生产了品质再好、价格再实惠的商品，售后服务再周到，如果没有找到商品真实需求，无法将商品销售出去获得收益，也就毫无商业价值；反而言之，如果企业发现了商品真实需求，挖掘到了商品潜在市场，就可聚集资金、技术、人员、厂房等资源，开发生产商品并销售出去获得收益。跨境电商零售聚集具有真实需求的消费者，让消费者主动浏览并选购商品，是需求占主导地位的跨境交易。

跨境电商零售是消费者直接参与的跨境交易。跨境传统贸易中，境外销售方将商品销售给境内消费地企业，通过跨境物流运输到消费地，消费地境内企业将商品办结进口通关手续后，销售给境内消费者，即消费者通过境内交易购买到来自境外的商品，没有直接参与跨境交易。跨境电商零售建立起境内消费者与境外销售方的跨境交易渠道，境内消费者通过跨境电商平台直接选购境外商品下达订单，直接跨境支付价款，直接通过跨境物流收到境外商品，实现与境外销售方直接进行跨境交易购买境外商品。跨境电商零售由消费者直接与跨境电商零售企业交易，不再经过其他交易主体，是一种完全不同于境内交易的新渠道。

5.3.2 消费者应清楚跨境电商零售交易不同于境内交易

跨境电商零售涉及法律规定更多。境内交易是境内销售企业与消费者的交易，仅涉及消费者所在地的一种法律规定，发生交易纠纷时，在消费者所在地同一个法律体系内解决。跨境电商零售是商品跨境交易，跨境电商零售企业向全球消费者公开销售商品，应首先遵守销售地的法律规定，不得销售不符合销售地法律规定的商品；消费者跨境购买商品，应遵守销售地和消费地的法律规定，不得购买不符合消费地法律规定的商品；物流企业承运商品从销售地经过国际物流运输到消费地，要符合销售地、消费地、国际物流的法律规定；支付机构收付价款，要遵守销售地、消费地、国际金融的法律规定。消费者应认识到跨境电商零售涉及的法律规定比境内交易更多，要小心谨慎遵守所有法律规定，如果违反任何一项法律规定，都可能导致交易无法完成，甚至要承担违法后果。当发生交易纠纷时，应根据发生地域、业务、环节等相应的法律规定依法处理，没有全流程适用的单一法律规定。

跨境电商零售涉及参与主体更多。在境内交易中，消费者从销售方选购商品，通过支付机构付款后，自行提取商品或通过物流企业配送商品，涉及消费者、销售企业、支付机构、物流企业等主要参与主体。跨境电商零售中，消费者在跨境电商平台下达购买订单付款后由物流企业跨境配送，涉及消费者、跨境电商平台、跨境电商零售企业、支付机构、物流企业，还有进出口环节的报关企业、场所企业、海关、外汇管理部门、税收管理部门等更多参与主体，甚至物流企业还细分销售地境内物流企业、跨境运输物流企业、消费地物流企业等更多独立参与主体。消费者应认识跨境电商零售涉及参与主体更多，需要所有参与主体都守法履约，互相协调配合，才能确保交易及时顺利完成。

跨境电商零售涉及流程环节更多。境内交易主要包括消费者选购商品、支付价款、自行提取商品或物流企业直接配送等环节，流程直观简单。跨境电商零售主要包括消费者浏览商品、下达电子订单、支付价款、收取验核商品，跨境电商零售企业分拣打包商品、移交包裹给物流企业，物流企业收取包裹、销售地境内运输、代理出口报关、跨境运输、代理进口报关、消费地境内运输投递，支付机构消费地结算、跨境结算、销售地结算，等等，流程比较长，大部分环节对于消费者来说透明无感。消费者应认识到跨境电商零售流程环节比境内交易更多，环节衔接更多且复杂，意外发生概率更高，应客观面对意外情况，主动配合相关参与主体，推动整体流程顺畅运作；理性看待跨境电商零售跨境配送效率，保持对跨境配送耗时的合理期望值，及时了解环节状态，耐心等待跨境物流配送到手，共同支持跨境电商零售健康发展。

跨境电商零售涉及费用选择更多。境内交易消费者在实体店购买商品，通常一次性支付全部价款；在境内电商平台上购买商品，通常一次性选择所需要的配套服务，支付全部价款，能准确知道自己获得商品需要支付的全部费用。消费者通过跨境电商平台从全球跨境电商零售企业购买商品，相同商品对于不同零售企业而言价格可能不同，甚至同一零售企业的相同商品因产地不同也可能价格不同，消费者面临的商品价格选择更多。消费者购买境外商品进境，需要缴纳商品进境关税和代征税等进口税费，受到海关计税价格和税率影响，通常在购买时无法准确核定进口税费，要提前支付大概税费金额，在商品实际进口后根据实际征税结果多退少补。消费者直接购买从销售地发货的境外商品，需要支付较高的配送费用，选择具体的跨境配送方式后才能确定相应配送费用，面对不同配送方式，承受相应配送效率和风险，面临配送费用的选择也不同。消费者应了解跨境电商零售交易费用种类和金额，准确评估所需要的全部费用，在确保商品质量符合自身要求前提下，实现性价比最高的交易；对法定应该缴纳的进口税费，应提前支付足额金额，确保商品通关时一次性缴纳进口税费，避免因税费不够或缴纳不及时延误商品通关，影响交易整体效率。

跨境电商零售面临的风险变化更多。境内交易消费者从实体店购买商品，能现场体验试用商品，确认商品品质可靠、符合需求，付款后现场提货，能现场排除交易风险；通过线上购买商品后，商品境内运输配送时间短，整体风险预期可控；购买后发现不符合购买需求，可以现场退换货或便捷地线上退换货，及时化解错买商品的风险。跨境电商零售消费者从境外购买商品，通常凭商品销售信息、市场反应或历史体验推测商品交易风险，无法现场体验试用商品，存在片面相信宣传信息购买错误商品的风险；商品跨境运输配送环节多、路途远、时间长，要求全部参与主体在全程全部环节都要符合要求，消费者很难准确预期运输配送风险；消费者拿到商品发现不符合购买需求时，退货将要再次面临跨境运输风险，不退货则因无法正常使用商品而导致自身利益受损，面临错买商品的更大风险。消费者应认识到跨境电商零售比境内交易更复杂，潜在风险变化更多，主动全面了解各个环节的潜在风险和可能后果，做好应对心理准备和经济准备；全面了解跨境电商平台和跨境电商零售企业的历史交易和诚信度、不同物流配送方式的安全可靠性，选择诚信可靠的企业和配送方式，降低跨境电商零售交易整体风险。

5.3.3 消费者应自行承担商品使用消费后果

跨境电商零售商品有明显区别于跨境传统交易商品的特点，需要满足境内消费者便捷实惠的跨境购买消费需求，难以适用跨境传统贸易商品质量监管。

消费者对购买使用消费商品有主动权和决定权。消费者为了自身日常使用消费需求，通过跨境电商零售渠道直接购买境外商品，在全球商品和销售方中精心比较筛选，经过选购、交易、支付等大量参与环节，耐心等待跨境物流配送，对购买商品具有主动权和决定权。消费者收到跨境电商零售商品后，可立即使用消费商品，获得对商品质量最快速直接的体验，评估商品质量与自身需求符合程度，自行决定留下、退货或弃用商品，具备对商品质量认定权，对使用消费商品具有主动权和决定权。消费者主动决定不在境内市场购买进口商品，应对自己的主动决定行为负责，承担商品使用消费的主要后果。

消费者应主动避免商品使用消费危害。跨境电商零售商品被允许在销售地境内市场销售，符合境外销售地生产销售使用要求，由于消费者需求个性化、多样化、差异大，导致商品来源于全球各地、种类繁多、品质各异。消费者应全面比较销售地和消费地商品质量要求，特别是长期使用可能产生重大影响的因素，避免未完整清楚了解商品而导致错误购买使用商品；在下达订单前应完整阅读商品风险信息和销售企业免责条款，预判购买使用消费商品可能产生的影响和后果，准确掌握商品售后服务主体、条件、流程和时效，确保商品质量有所保障；消费者拿到商品后，应尽快使用消费商品，对不符合自身要求的，特别是存在使用消费安全风险的，及时退回商品，避免商品被使用消费产生实质性危害。

5.3.4 消费者应支持跨境电商零售合法发展

跨境电商零售满足消费者的实际需求。跨境电商零售联结全球销售企业，展示销售全球商品，提供多元化商品供给，让消费者能选购全球商品，有更多交易选择，满足自身个性化需求。跨境电商零售让企业直接向消费者销售商品，甚至取消传统总代、分销、批发等环节，节省相关环节企业的经营费用和利润，降低整体销售费用，进一步降低商品销售价格，为消费者提供更便宜实惠的商品，满足更价廉物美的消费需求。跨境电商零售利用互联网信息技术，整合线上交易、支付和线下物流配送，创造全新跨境零售交易模式，让消费者足不出户能轻松购买全球商品，节省时间和精力，满足更简单轻松的消费需求。跨境电商零售在互联网记录所有操作数据，能比较快捷完整调取历史数据，复盘历史操作，了解历史真相，更客观评估交易真实性和企业诚信度，淘汰诚信度差的企业，为消费者提供更诚信可靠的企业选择，满足安全可靠的消费需求。消费者应清楚认识跨境电商零售与消费者的密切联系，支持跨境电商零售合法生存发展，更好满足自身多层次个性化需求，继续享受跨境电商零售新业态红利。

消费者是交易最大受益者之一。消费者通过跨境电商零售交易获得商品全部交易价值，消费商品实现商品最大使用价值，满足自身日常消费实际需求，获得满足自身愿望的消费体验，是交易最大受益者之一。同时，消费者通过交易支付价款，使跨境电商零售企业获得商品销售价款，跨境电商平台获得销售提成，支付机构获得支付手续费，物流企业获得物流配送费用，其他参与主体获得部分收益，维持其他参与主体生存发展，又是交易最大付出者之一。当交易发生问题时，可能商品质量受损让消费者得不到预期消费满足，配送延迟让消费者长时间等待，费用增加让消费者付出更多价款，甚至交易完全失败。消费者应清醒认识到自己才是交易最大利益相关者，确保交易顺利如约完成，支付符合自己愿望的价款，获得符合自己要求的商品，保护自己的最大利益。

消费者是交易守法主动者。消费者在跨境电商平台上选购商品，通过搜索快速定位商品，通过了解历史交易评估确定企业诚信度，通过阅读商品信息准确了解商品，通过价格比较选择更实惠商品，通过下达订单触发后续流程全部环节，通过支付价款维护其他全部参与主体收益生存，属于交易主动发起者，发现交易存在违法风险时，可不发起交易，让后续流程不发生，避免交易违法行为。消费者登录使用跨境电商平台，与跨境电商零售企业沟通交易，与支付机构收支价款，与物流企业配合完成商品配送，参与流程主要环节，联系所有类型的参与主体，了解整体交易主要信息，是唯一全程参与者，是交易信息实时掌握者，发现交易存在违法风险时，可中止交易，让后续流程不继续发生，避免交易违法行为。消费者拿到商品后，试用体验实际商品品质，评估商品是否符合预期需求，在日常生活中使用消费商品，属于商品消费决定者，当发现商品存在问题时，可退货或者放弃使用，让商品危害不发生或不再发生，避免交易伤害。消费者应清醒认识到自己是交易主动者，对交易行为具有决定权，及时评估交易违法风险，主动决断，采取行动，避免交易违法行为。

消费者应主动守护法律底线。跨境电商零售专门服务消费者，跨境电商零售企业注重消费者交易满意度，努力创造更好的交易服务，以赢取市场口碑，吸引更多消费者流量，当交易发生问题时，为了让消费者满意或者消除抵触情绪、留住现有消费者流量，通常宁愿承受一定经济损失，也会主动解决问题，不会让问题触及法律。消费者应理性认识到法律是保护交易的底线，守法是企业诚信经营底线，应主动遵守法律，监督企业遵守法律，确保交易符合法律底线要求，让自身权益得到法律保护。

5.3.5 消费者应主动确保交易真实性

消费者应确保商品真实合法。跨境电商零售是通过跨境电商平台的线上交易，商品在平台上仅有品质描述信息，没有商品实体让消费者体验确认符合自身需求，让传统市场监管部门现场检查符合法律要求，无法实时现场监督商品真实合法性，但会记录存档所有参与主体和全部流程环节数据，包括跨境电商零售企业采购商品要求、采购交易记录，物流企业配送要求、配送方式、安全记录，进出口监管部门执法监管记录，甚至前推到生产企业原材料、生产工艺、生产设备、销售等记录，事后能通过信息化手段快速提取存档数据，还原商品实际流程状态，甄别商品真实合法性。消费者应确保自身需求真实合法，立足自身日常生活消费水平，合理设定自身消费目标，确定消费商品品质需求，特别注意所在地法律规定差异，消除违法交易，确保自身需求符合所在地消费法律，从消费需求源头上杜绝违反法律规定的商品，确保商品消费需求真实合法。消费者应通过收集跨境电商零售企业销售资质、诚信口碑和商品描述、已购买者使用反馈信息等信息，评估商品信息真实合法性，选择较真实合法的商品，从交易源头上杜绝违法假冒商品。消费者拿到商品实物后，应尽快使用检验商品实际品质，评估商品是否符合购买需求、符合法律规定，对不符合的商品，可通过退货甚至弃用方式，避免商品实物产生实质的负面影响或危害，避免自身承担不利后果或法律责任。

消费者应确保支付真实合法。跨境电商零售促进线上小额支付方式普及繁荣，让消费者能轻松便捷支付价款，没有收银员确认价款真实符合市场要求，但价款经消费者线上支付进入支付机构账户后，要接受金融监管部门和外汇管理部门严格严密监管，防范非法转移资金、洗钱等虚假支付风险，避免产生违反金融外汇法律规定的严重后果。消费者应准确了解商品品质等级，客观理性评估销售价格，确保符合市场实际，警惕偏离市场实际过高或过低的价格，从支付需求上避免虚假支付风险。消费者应根据交易约定金额，通过跨境电商零售支付渠道如实支付价款，避免采用非跨境电商零售支付渠道分批支付脱离监管风险，在支付方式上避免虚假支付风险。消费者应确保支付自主性，为获得自身需求商品自主支付对等价款，不应贪图蝇头小利参与有组织的虚假支付，不应成为破坏金融外汇监管体系的帮凶，避免承担参与跨境虚假支付的违法后果。

消费者应确保交易反馈评价信息真实。跨境电商零售通过互联网信息技术联结全球消费者，接受全球消费者交易反馈评价，形成全球市场口碑。当消费者交易反馈评价赞誉有加时，商品会逐渐形成跨境电商零售良好的市场口碑，吸引更多其他消费者，促进商品销售；当消费者交易反馈评价批评不断时，会快速形成跨境电商零售不佳的市场口碑，让其他消费者购买顾虑重重，影响商品销售。所以，消费者交易反馈信息对于跨境电商零售至关重要。消费者应认识到交易反馈信息是自己在互联网信息系统留下的交易体验评价，会反映自己作为社会公民的文明素质和诚信程度，需要承担反馈信息真假的社会责任和后果，应以诚信守法、实事求是的态度，如实填写自己交易的反馈信息，理性表达满意和不满，建设性提出意见和建议，客观反映企业诚信守法状况和交易利弊，为服务好的企业形成好的市场口碑，为服务差的企业形成差的市场口碑，为后来消费者提供真实准确的经验借鉴，促进跨境电商零售健康发展。消费者故意夸大或虚构交易体验，甚至参与有组织刷单提交大量虚假好评或差评，形成与事实不符的市场口碑，误导其他消费者或者损害企业声誉，情节严重的，可能会被受害企业采取法律行动追究法律责任。消费者发表交易反馈信息是实体公民在互联网信息系统中公开发表自己的言论，应与在实体公民社会中一样，确保交易反馈信息真实符合实际体验。

5.3.6 消费者应避免再次销售商品

跨境电商零售面向全球消费者公开，但因消费者不懂外语、未注册、临时紧急需求等个人原因，或者商品紧俏缺货、企业限制购买等市场原因，可能导致部分消费者无法通过跨境电商零售公开渠道买到商品，从而向通过跨境电商零售公开渠道买到商品的消费者加价购买所需商品。

跨境电商零售是终端销售。跨境传统贸易是消费地境内企业从销售地批量购买进口商品到消费地，再销售给消费地消费者，存在批量交易和零售交易两个独立过程，涉及销售地出口企业、消费地进口企业和消费者三个独立主体；跨境电商零售是销售地境内企业从销售地将商品直接销售给消费地境内消费者，仅有零售交易一个过程，涉及销售地出口企业和消费地消费者两个独立主体。跨境电商零售面向终端消费者，商品进口后直接由终端消费者使用消费，如果再次被销售，将属于跨境传统贸易商品，不适用跨境电商零售法律规定。

消费者应避免故意再次销售商品。跨境电商零售本质上与跨境传统贸易同为商品和价款跨境交易，商品从销售地出口运输进口到消费地，价款从消费地支付进入销售地，应严格遵守销售地和消费地跨境电商零售法律法规，承担法律责任。为了促进跨境电商零售健康发展，我国制定了大量不同于跨境传统贸易的便利措施，要求商品符合跨境电商零售商品定义，符合跨境电商零售监管要求，才能享受跨境电商零售便利措施。消费者通过跨境电商零售渠道购买商品，直接参与跨境交易，属于重要参与主体，应遵守跨境电商零售法律法规和商业规定，承担相应义务和责任。消费者故意通过跨境电商零售渠道购买商品，拿到商品后再次销售给其他主体，实际交易不属于跨境电商零售，实际商品不符合跨境电商零售监管要求，将跨境传统贸易商品通过跨境电商零售渠道进口，错误适用跨境电商零售法律法规，享受跨境电商零售特有的便利措施，可能产生商品监管属性错误、逃避监管、偷逃税款、售后没有保证等问题，需要消费者承担法律责任。消费者应清醒认识跨境电商零售是直接满足终端消费者日常消费需求，有别于进口商品再次被销售的跨境传统贸易，不能再次销售商品，避免承担违法后果。

消费者应避免加价再次销售商品。我国为促进跨境电商零售快速发展，出台了大量便利措施，例如，跨境电商零售出口商品增值税和消费税退免税政策，进口关税零税率、增值税和消费税按货物税率70%征收，让跨境电商零售商品享受更优惠的税收政策。消费者加价再次销售商品，商品进口申报价格没有包括加价金额，比终端销售价格低，导致进口征收税款的基础价格漏计加价金额，计税价格比实际价格低，漏征或少征进口税费，需要承担故意偷漏进口税费的法律责任。消费者加价再次销售商品，在已知购买价格上增加金额，将商品销售给其他消费者，获取增加收益，在跨境电商零售完整丰富的数据辅助下，很容易被认定为主观故意，难逃被追究法律责任的后果。

消费者应避免有组织再次销售商品。跨境电商零售销售地生产销售商品，获得价款增加外汇储备，让境内劳动价值获得实际收益，增加整体财富；消费地购买消费商品，付出价款减少外汇储备，让境内劳动价值转移到境外，减少整体财富。本质上与跨境传统贸易对经济影响作用相同，但为了满足消费者多元化需求，考虑到消费者自行购买商品数量较少，对整体经济影响较小，国家允许并适度促进跨境电商零售发展。消费者参与有组织的再次销售商品，将大量通过跨境电商零售渠道购买的商品在境内再次销售，导致原来要接受一般贸易货物监管的商品逃避法定监管，大量商品偷漏进口税款、漏交监管证件、偷逃品质检验、错误分类统计，将严重破坏正常进出口贸易秩序，让国家进口监管体系失效，影响国家税收财政、产业发展、经济平衡和贸易管制，可能要被追究刑事责任，承担刑罚后果。消费者应认识到有组织再次销售跨境电商零售渠道进口商品可能导致危害规模扩大，让个人承担更大法律责任，避免盲从大流参与有组织再次销售商品。

5.3.7 消费者应确保身份信息真实

身份信息真实是消费者守法的体现。消费者身份信息是个人在信息化社会的重要数据标识，是个人在信息化系统的主要标识。消费者通常都能认识到身份信息的重要性，知道通过身份信息可关联其他信息化系统，获得个人详细信息、交易消费记录、行为活动轨迹等更多隐私信息，更全面完整反映消费者在现实社会的真实状况；能准确定位个人实体，准确核定行为主体，甄别行为主体责任，追究违法违规主体责任。消费者意识到即将发生的行为可能违法违规或产生不利后果时，可能会隐瞒身份信息或提供虚假身份信息，让事后无法准确核定责任主体，逃避追责和惩罚。消费者真实提供身份信息，即信任获取身份信息的主体，预期相关行为合法道德，愿承担参与行为的责任和后果，是守法诚信的体现。

身份信息真实是跨境电商零售生存的基础。跨境电商零售是针对消费者的交易，一个消费者身份信息在跨境电商平台就代表一名消费者，一个消费者登录跨境电商平台注册为一个用户，跨境电商平台就增加一个消费者身份信息，增加一个用户，身份信息越多，用户越多，潜在购买者越多，潜在消费市场越大，越有利跨境电商零售推广销售商品。跨境电商平台广告做得再多，销售的商品价格再便宜，如果没有消费者登录平台，没有消费者身份信息注册为用户，就不可能有消费者选购商品，实现跨境电商零售交易，所以，身份信息标志了消费者在平台真实存在，是跨境电商零售的生存基础。有些企业故意收集消费者身份信息，甚至虚构消费者身份信息，注册为用户，制造拥有庞大用户的假象，欺骗投资者和市场，破坏跨境电商零售赖以生存的基础。

身份信息真实是跨境电商零售监管基础。为了支持促进跨境电商零售新业态健康发展，满足消费者多元化消费需求，我国对跨境电商零售专门制定支持措施，例如跨境电商零售出口商品增值税和消费税退免税政策、跨境电商零售进口商品关税零税率、增值税和消费税按70%征收，通过降低商品进出口成本，减少商品监管环节，取消交验部分监管证件，让消费者获得更实惠的境外商品，让企业能便利完成跨境电商零售交易。跨境电商零售是消费者在跨境电商平台购买商品的交易，通过身份信息确定购买者为消费者，如果身份信息虚假无效，购买者将不属于真实消费者，所产生的交易都将虚假无效，不属于真实的跨境电商零售交易，不适用跨境电商零售便利措施，不适用跨境电商零售监管政策，所以，身份信息真实是跨境电商零售监管的基础。个别企业故意收集消费者身份信息，注册用户从跨境电商平台购买商品，制造虚假跨境电商零售交易，通过跨境电商零售渠道进出口本来不属于跨境电商零售的商品，偷逃税款或监管证件，扰乱跨境电商零售监管秩序，破坏跨境电商零售监管基础。

消费者应安全使用身份信息。消费者应关注身份信息变更状态，特别在涉及自身权益的应用中，应即时更新身份信息，确保身份信息有效准确，避免因身份信息失效错误，限制或丧失合法应享有的权益，甚至承担法律后果。消费者应注意身份信息使用安全，需要提供个人身份信息的，应理性评估必要性和安全风险，不要贪图小利随意提供身份信息，的确要提供身份信息的，应注意声明使用范围和免责条款，做好使用记录，万一发生被意外盗用情况，能提供证据避免承担后果。消费者应关注身份信息日常风险，对提供过身份信息的主体，应关注主体日常守法诚信状况，特别是信息化系统安全和数据泄露风险，发现身份信息使用异常时，尽快联系相关主体确认处理，必要时采取法律维权行动，避免产生实质性危害。身份信息是消费者在信息时代的标识，代表实体消费者在信息系统中行使权利、履行义务、承担责任，应得到消费者最高重视关注和安全使用。

5.3.8 消费者应发挥互联网信息作用

消费者应发挥互联网信息沟通作用。跨境电商零售是基于互联网信息技术的终端销售渠道，本质上仍是商品和价款交换。每一个商品销售方都是一个市场实体，都要遵守销售地和互联网的交易要求，都要承担交易法律责任和后果，都会为了实现销售获利而确保交易安全可靠完成。跨境电商平台利用互联网信息技术连接全球销售企业和消费者，通过高速网络实时传输信息，提供互联网实时沟通交易工具，克服全球交易空间距离和时间差异，实现快速沟通交易。消费者应全面了解互联网信息沟通方式，熟练使用跨境电商零售交易信息沟通工具，及时了解商品变更和交易进展情况，即时求证自己的疑问，评估交易风险，消除交易疑虑，督促解决交易问题，必要时可中止交易后续流程，确保交易在自己掌控之中，避免危害损失产生或扩大。跨境电商平台连通跨境电商零售企业、支付机构、物流企业等参与主体，承担交易沟通枢纽角色，发挥监督交易整体状况的作用。消费者应发挥跨境电商平台的枢纽媒介作用，通过跨境电商平台沟通工具与其他参与主体联系沟通，通过跨境电商平台专门沟通渠道协调推动其他参与主体解决问题，避免自己单枪匹马去应对众多参与主体，利用互联网信息沟通方式提高多方沟通效能。

消费者应发挥互联网信息爆发作用。互联网技术将全球参与者连通为一体，形成数量巨大的信息来源。消费者应认识到互联网信息爆发海量特点，尽可能收集最多信息，重点关注跨境电商零售相关信息，例如跨境电商平台安全、跨境电商零售企业诚信、意向商品品质市场信息等。互联网信息来源于全球各地参与主体，直接受制于不同参与主体个性利益倾向，还受到不同法制意识、风俗习惯、社会传统、道德信仰等众多迥异因素影响。消费者应认识到互联网信息无法避免地受到参与主体个性利益影响，努力以客观中立的态度剔除参与主体情绪化和利益化的内容，冷静辩证地发现信息真实内容，辅助自己做出正确选择。互联网是个开放平台，信息发布出来后会被不断转发传播，被大量信息化系统记录保存副本，即使源信息被删除了，也无法完全清除互联网全部信息副本，无法完全消除已产生的危害。消费者应认识到互联网信息不可清零的特点，以自身交易实际完整体验为依据，实事求是在互联网发布信息，对存在疑问或无法证实的，加以特别注释说明提醒，避免发布的信息在互联网爆发，造成无法消除的危害和后果，甚至要承担法律责任。

消费者应发挥互联网信息比较作用。跨境电商零售蓬勃发展，产生大量跨境电商平台，让一个跨境电商零售企业可以在多个平台开展业务，让一种商品可以在多个平台上销售。消费者应擅于跨平台比较信息，对跨境电商零售企业在不同平台的销售商品和交易模式进行比较，可发现跨境电商零售企业经营重点和诚信风险；对同一种商品在不同平台的品质参数进行比较，可更全面了解商品真实品质。一种商品通过跨境电商平台长时间销售不同版本的商品，在互联网上留下每个版本的详细信息。消费者应擅于跨版本比较商品信息，收集比较同种商品不同版本的互联网信息，能准确了解商品品质变化，评估分析商品使用消费风险变更，更准确选择符合自己需求的商品。跨境电商零售交易涉及跨境电商平台、跨境电商零售企业、支付机构、物流企业等多种类、多数量的企业，每个企业都会以自身核心利益为重，都不会轻易为其他企业违反自己行业的规矩。消费者应擅于跨行业比较，汇总交易中不同行业的互联网信息，比较不同行业对同一信息的处理结果，例如跨境电商零售企业描述商品不属于易燃易爆商品，而物流企业实际运输将商品标识为易燃易爆物品，跨境电商零售企业将商品标识为新型号，而生产企业没有该商品新型号，通过比较可以准确发现商品真实品质属性。商品在跨境电商平台上销售，没有实物让消费者使用体验，会提供尽可能详细的描述信息。消费者应擅于将互联网线上商品信息与线下实体店商品进行比较，甚至使用体验实体店的商品，发现线上商品信息与商品实体的品质差别；通过线上价格与线下价格进行比较，选择更便宜实惠的商品。

消费者应发挥互联网信息证据作用。消费者参与跨境电商零售交易，涉及商品和价款的商业权益交换，存在发生交易纠纷的风险，应用好互联网信息作为证据保护自身权益。跨境电商平台清楚交易信息是平台生存基础，会投入大量资金和人员，购置稳定可靠的设备资源，确保交易信息安全不丢失，会立足互联网信息服务商基础角色和核心利益，不会为了个别企业或消费者修改交易信息，确保信息可信任。消费者应认识到跨境电商平台是比较安全可靠的信息记录渠道，使用平台认可的信息沟通工具，确保交易信息证据得到安全记录保管，避免使用平台之外的信息沟通工具，事后无法获取交易证据。跨境电商零售交易参与主体都是具体交易行为的责任主体，在互联网中有唯一身份标识，需要承担身份标识在互联网交易行为的法律责任。消费者应认识到互联网信息身份标识不是虚构主体，应根据交易权责关系找准责任主体，与责任主体身份标识进行信息沟通，获得来源准确可靠的信息，避免信息来自非法责任主体，以致信息证据无效。

5.3.9 消费者应承担通关责任

消费者应主动遵守跨境电商零售法律规定。消费者应认识到跨境电商零售属于跨境交易，不同于境内交易只涉及所在地的法律规定，而是涉及跨境交易相关多个国家或地区的法律规定，比日常境内交易更多、更复杂，需要接受不同国家监管，符合国际交易规定，切实理解跨境电商零售守法严肃性，明白自身属于跨境电商零售参与主体，应主动遵守相关法律规定，承担法律责任和后果。消费者应认识到不同国家法律规定差异性，了解销售地与自己所在地的法律规定差异之处，特别是不同国家对商品销售有不同管制要求，有些商品在销售地可以销售但在消费者所在地不允许销售，消费者购买后将无法进境，甚至要承担法律后果，需要从源头上避免购买违法商品。消费者应认识到跨境电商零售是商品和价款跨境转移，直接涉及出口地和进口地的进出口监管部门，例如海关和外汇管理部门，需要接受国家监管，应主动了解监管规定，配合监管部门执法，确保商品交易守法，避免承担法律责任和后果。消费者如果不了解并违反跨境电商零售相关法律规定，可能导致交易无法完成，遭受价款或商品的损失，甚至要承担法律责任和违法后果。

消费者应确保进口商品属于自用、数量合理。我国对跨境电商零售进口商品按个人自用进境物品监管，即按照自用、合理数量原则实施监管，经海关核定不属自用的、超出合理数量范围的商品，不适用跨境电商零售商品监管。"自用"指本人自用或馈赠亲友，而非为出售或出租；"合理数量"指海关根据旅客旅行目的和居留时间所规定的正常数量。消费者应立足自己日常消费实际需求，通过跨境电商零售渠道购买适量境外商品，避免为了长期囤货或大量馈赠亲友甚至出售或出租获利，集中购买大量境外商品，导致商品不符合跨境电商零售监管条件，无法享受跨境电商零售通关便利，从而需要个人办理退货或按一般贸易进口等更复杂通关手续，影响自己正常通过跨境电商零售购买境外商品满足自身合理消费需求。

消费者应确保进口商品符合交易限值。跨境电子商务零售进口商品的单次交易限值是人民币5000元，个人年度交易限值是人民币26000元。完税价格超过单次交易限值但低于年度交易限值，且订单下仅一件商品时，可以自跨境电商零售渠道进口，按照货物税率全额征收关税和进口环节增值税、消费税，交易额计入年度交易总额，但年度交易总额超过年度交易限值的，应按一般贸易管理。消费者应注意完税价格是商品实际交易价格，包括商品零售价格、运费和保险费，不等同于商品零售价格，可能小于零售价格，例如交易价格预付税费的商品，也可能大于零售价格，例如境内到付运费的商品；应注意交易限值包括单次交易限值和个人年度交易限值，在交易前确认个人年度历史交易总金额是多少，剩余多少金额，确保商品完税价格符合限值要求；应注意按一般贸易管理不仅包含按一般贸易征收税费，还包括检疫、交验监管证件、检验等一般贸易管理措施，需要消费者处理更多通关事务，承担更多通关责任。

消费者应承担纳税义务。跨境电子商务零售进口商品消费者为纳税义务人；

在海关注册登记的跨境电子商务平台企业、物流企业或申报企业作为税款的代收代缴义务人，代为履行纳税义务，并承担相应的补税义务及相关法律责任。消费者在通过传统邮件寄递物品时，有时会收到海关缴款通知，要到指定海关办理缴纳税费手续，就是履行进口关税纳税义务。为了避免大量消费者到海关现场办理纳税，我国明确跨境电商零售商品税款代收代缴制度，由相关企业代消费者履行纳税义务，在商品实际通关口岸办理纳税手续，并承担相应的补税义务及相关法律责任。消费者应清醒认识到自己是法定纳税义务人，应监督协助代收代缴义务人如实、准确、按时、足额缴纳税款，确保商品快速通关，享受到跨境电商零售合法权益。

5.4 跨境电商平台企业

跨境电商平台企业是指在境内办理工商登记，为交易双方（消费者和跨境电商零售企业）提供网页空间、虚拟经营场所、交易规则、信息发布等服务，设立供交易双方独立开展交易活动的信息网络系统的经营者。

5.4.1 跨境电商平台企业是境内注册登记企业

跨境电商平台是跨境电商零售主要媒介，在交易商品许可、销售方许可、消费者注册、价款收支、物流渠道、售后服务等方面发挥独特重要的作用，提供跨境电商零售不可或缺的基础条件，必须严格遵守境内工商、税务、海关等相关监管规定。如果跨境电商平台企业属于境外企业，不受境内监管规定约束，不承担境内监管责任，则可能仅遵守所在地法律规定，无视境内监管要求，放任商品向境内违法销售，将导致无法监管的严重后果。跨境电商零售属于全球化交易，为了方便消费者购买商品或提供本地化服务，跨境电商平台可能部分或全部部署在关境外，在主要市场关境内建立分站，但只要跨境电商平台企业属于境内企业，就要接受境内监管部门的依法监管，受到境内监管规定约束。跨境电商平台企业应在境内办理工商登记，并按相关规定在海关办理注册登记，接受相关部门监管，配合开展后续管理和执法工作。

跨境电商平台企业不是跨境电商零售企业。跨境电商平台企业是境内企业，跨境电商零售企业是境外企业，两者注册地互不兼容，不能为同一个企业。跨境电商平台企业可能只服务关联的跨境电商零售企业，即自营电商，通常跨境电商平台企业与跨境电商零售企业属于同一投资方，是从属服务的商业关系，不为其他跨境电商零售企业服务；跨境电商平台企业可能只服务非关联的跨境电商零售企业，即平台电商，通常跨境电商平台企业与跨境电商零售企业分属不同投资方，是平等合作的商业关系；跨境电商平台企业可能同时服务关联的跨境电商零售企业和非关联的跨境电商零售企业，即有自营业务也提供第三方平台服务。自营电商商品通过跨境电商平台销售给境内消费者，让消费者感觉似乎就是从平台购买，没有感觉到另有跨境电商零售企业的销售行为，其实订单销售方是境外跨境电商零售企业。

5.4.2 跨境电商平台企业是交易规则的建立者、守护者和监督者

跨境电商平台企业是交易规则建立者。跨境电商平台是跨境电商交易媒介，允许跨境电商零售企业入驻上架销售商品，接受消费者浏览选购商品，与支付企业对接收支价款，与物流企业对接完成商品配送，承载着全部交易操作，涉及所有参与主体利益，联结全球跨境电商零售企业和消费者，是跨境电商交易操作实际控制者。跨境电商平台企业创建整体商业模式，确定业务范围、交易流程和操作要求，建立整体交易规则；明确跨境电商零售企业入驻平台的条件、程序、义务和责任等要求，建立跨境电商零售企业准入规则；明确上架商品范围、品质保证、信息描述、广告展示、合法合规性等要求，建立平台商品销售规则；明确用户注册登录、浏览信息、订购商品、交易付款、售后反馈等操作要求，明确购买交易规则；明确价款支付币制、方式、费用、账期等要求，建立价款支付规则；明确物流渠道、运输方式、包装装卸、时限费用等要求，建立物流配送规则，成为跨境电商交易规则实际制定者。

跨境电商平台企业是交易规则守护者。跨境电商平台联结全球参与主体，汇总接收所有交易信息，直接承担所有交易后果，最直接快速受到交易负面影响的危害，是参与主体违反交易规则的最直接受害者。跨境电商平台企业建立信息化系统，固化系统操作统一业务流程，固化内容展示统一信息公开，固化声明确认统一义务责任，固化费率费用统一成本收益，固化环节时限统一操作效率，将交易规则嵌入到信息化系统中，要求参与主体严格遵守规则。跨境电商平台企业通过验核跨境电商零售企业资质条件，审批跨境电商零售企业入驻平台的资格，签订入驻平台的商业合同，确保跨境电商零售企业知悉平台规则和遵守平台的义务和责任；通过与支付企业、物流企业等服务企业逐个商业谈判，签订商业合作合同，确保服务企业达到平台所需的服务标准和要求；通过制定用户注册须知事项，告知用户参与交易的规则要求，强制用户必须阅知确认并记录确认操作，要求消费者应遵守交易规则，承担违反交易规则的后果。

跨境电商平台企业是交易规则监督者。跨境电商平台是所有参与主体不可缺少的媒介，汇集全部交易操作、数据和利益，对所有参与主体都具有实际影响。跨境电商平台企业建立数据分析工具，制定数据异常监控指标，对数据进行全面风险分析，监控数据异常情况并报警（发现存在不符合交易规则的数据，发现违反交易规则的行为和主体），监督参与主体、上架商品、价款收支、物流配送等，及时掌握平台交易规则遵守状况，准确定位违反交易规则的环节和主体。跨境电商平台企业掌握平台实际控制权，发现违反交易规则时，可对跨境电商零售企业执行警告整改、降低等级、禁止销售商品、暂扣价款、暂停或取消入驻资格、采取法律途径等处罚措施，对消费者采取取消交易、降低等级、暂停或取消用户资格等处罚措施，对支付机构、物流企业等服务企业采取提高服务费用、减少服务数量、暂停或中止合作、暂扣服务费用、采取法律途径等处罚措施，将对相关主体进行有效的处罚，确保交易规则得到严格遵守。

5.4.3 跨境电商平台企业是守法的监督者、执法的协助者

跨境电商平台企业是守法与否后果的直接承担者。跨境电商平台直接聚集全

部参与主体，是消费者的直接购买渠道，是跨境电商零售企业的直接销售渠道，是服务企业的直接对接渠道，需要坚持长期守法运营，保持市场定位，扩大市场影响，赢得更多市场份额，也将长期面对社会监督和执法监管，承受交易守法与否的影响。当所有参与主体都主动守法，切实承担法定义务和责任，将为跨境电商平台树立守法良好口碑，赢得监管部门和市场的信任，吸引更多参与主体壮大市场影响和份额。当发生违法行为时，监管部门将首先直接联系跨境电商平台企业开展调查，市场将首先直接传播跨境电商平台企业涉嫌违法的消息，消费者将首先降低跨境电商平台企业守法可信度，最直接迅速给跨境电商平台造成负面影响，即使最后澄清跨境电商平台没有违法，但对跨境电商平台的实质危害已经发生，需要跨境电商平台企业耗费时间和资源，消除负面影响，重建市场信心，挽回意外损失，承受最直接的连带责任。跨境电商平台是全部交易行为守法与否后果的直接汇聚点，导致跨境电商平台企业必然是守法与否后果的直接承担者。

跨境电商平台企业是守法监督者。跨境电商平台企业为确保平台长期安全发展，会主动严格遵守法律规定，特别在多个国家（地区）设置分站点涉及多个国家（地区）法律体系时，会研究不同所在地的法律规定，明确自身法定职责和义务，在企业服务合同或用户购买声明中划分清楚参与主体的法定职责和义务；把法律规定细化到具体业务操作要求，融入信息化系统操作中，强制要求涉及主体承担相应的法定职责和义务，确保跨境电商平台交易操作守法。跨境电商平台企业更重视对参与主体的守法监督，要求跨境电商零售企业和购买方遵守销售地和消费地的法律规定，支付机构遵守跨境支付金融监管规定，物流企业遵守发货地和收货地的法律规定；对涉嫌违法的行为，通常采取暂停业务、扣压价款、取消资格等比较严厉的处罚手段，提高参与主体违法成本，降低参与主体违法意愿和可能，确保平台整体守法。

跨境电商平台企业是执法协助者。跨境电商平台面向全球市场，涉及参与主体非常多，不会因失去一个主体而严重影响整体业务，能承受个别主体离开的损失。跨境电商平台企业作为守法与否后果的直接承担者，涉嫌违法的负面影响持续越久，承受的损失越大，它们会最迫切地配合监管部门，尽快查清违法事实，消除违法影响。跨境电商平台企业掌握所有参与主体的详细注册信息，能迅速向监管部门提供涉事主体的必要信息，协助监管部门定位具体涉事主体，控制涉事主体相关人员，固定财务票据、合同协议、资金财产等实物证据；掌握所有参与主体的平台交易操作数据，能迅速向监管部门提供涉事主体的历史数据记录，协助监管部门评估涉事主体违法严重程度，描述商品情况、沟通过程、价款来往、实货交接等电子数据证据；掌握涉事主体的商品、价款和参与资格，能通过暂停销售、扣留价款、暂停发货、暂停参与资格等方式，督促涉事主体积极配合监管部门，甚至根据监管部门执法结果要求，处置商品，减少违法危害和损失，将价款作为违法罚款或受害赔偿，协助监管部门执法处置更高效，行政成本更低廉。

5.4.4 跨境电商平台企业应维护消费者合理权益

消费者是跨境电商平台的生存基础。跨境电商平台通过互联网信息技术联结跨境电商零售企业和消费者，提供足不出户跨越时间和空间的全球购销渠道，让全球跨境电商零售企业接触全球消费者，减少传统商品多次人工销售环节，让全球消费者可在更多跨境电商零售企业之间选择购买商品，本质上仍然是提供销售方销售商品收款、购买方购买商品付款的交易服务，受制于市场供求关系影响。跨境电商零售跨越空间距离，只要市场有商品就能销售给购买者，让市场供给更充裕快捷，凸显出供求关系中的需求方地位更为重要。跨境电商平台商品再多、再便宜，如果没有消费者购买商品支付价款，未实现商品交易，企业将获取不到收益，难以长期维持生存。跨境电商平台会想方设法吸引消费者，采用电视、广播、报纸、传单、明星代言等传统推广方式，也采用站点引流、搜索广告、用户推荐等互联网方式，吸引消费者登录注册，为商品交易建立需求方基础；经常通过推出爆品、降价、打折、赠品、送券等方式，推动消费者购买商品，获得价款收益，支持企业生存壮大。综上，消费者是跨境电商零售交易的需求来源，是跨境电商平台的生存基础。

跨境电商平台企业应将市场口碑摆在中心位置。互联网信息技术为跨境电商平台提供聚集全球消费者的手段，也为消费者提供聚集散播全球信息的工具。跨境电商零售是买卖双方不见面的交易，没有推销员向消费者介绍宣传商品，没有实体商品让消费者购买前接触使用体验商品，没有市场调查员向消费者了解商品使用感受，主要依靠消费者购买商品使用后反馈信息，特别是标准化好差评记录，经过长时间积累形成跨境电商平台市场口碑。消费者通常把对平台、交易、商品等的亲身体验感受，通过互联网信息渠道发布并传播开来，可能到达任何一个能接收信息的地方，可能影响任何一个能获取信息的个人，将对跨境电商平台市场口碑产生直接影响。消费者在跨境电商平台选购商品时，无法接触试用实体商品获得直接体验，通常会查阅已经购买商品的消费者的亲身体验感受和评价记录等历史反馈信息，评估跨境电商平台市场口碑和销售方服务品质，决定是否购买商品。跨境电商平台企业应将消费者口碑摆在中心位置，努力在消费者中形成良好口碑，为商品销售奠定广泛的市场基础。

跨境电商平台企业应侧重维护消费者关系。跨境电商零售企业和消费者是跨境电商零售交易不可或缺的两个参与主体，是跨境电商平台企业需要重点维护的主体。跨境电商零售企业在跨境电商平台投入较大成本，追求长期收益，当个别交易不成功或损失时，可以在后续交易中赚回来，不会受到长期影响；销售商品通常不是唯一品种型号，当个别品种型号的商品被暂停销售，可以继续销售其他品种型号的商品获利，整体不会受到严重影响；当个别跨境电商零售企业被取消入驻资格时，同一领域的其他跨境电商零售企业可以弥补商品空缺，对跨境电商平台不会产生根本性影响，所以，跨境电商零售企业处于从属地位。跨境电商平台聚集了更多跨境电商零售企业和商品，没有消费者付款购买商品，也是毫无价值，所以消费者处于主要地位。消费者对跨境电商平台的认可是感性的，一票交易可能决定消费者对跨境电商平台产生信任可靠的感觉，一次交易不满意可能导致跨境电商平台彻底失去一名潜在购买方，甚至负面情绪会传播给其他消费者，导致跨境电商平台失去更多潜在购买方，逐步危及跨境电商平台的生存基础。跨境电商平台应侧重维护好消费者关系，保护好自身赖以生存的购买方基础资源。

跨境电商平台应维护消费者合理权益。消费者是单独生活遍布全球的个体，具有不同性格爱好和消费需求，根据个人信任喜爱程度选择跨境电商平台、购买商品，决定了跨境电商零售是个性化交易，将受到消费者独立个性影响。合法权益是法律赋予、受法律保护的权益，合理权益是社会公认、受到社会维护的权益，合情权益是个体特需、受到个体称赞的权益。跨境电商平台必须严格遵守法律规定，保证消费者享受到法律赋予的权益，维护消费者合法权益，为消费者守住权益底线，达到维护消费者权益的基本要求，避免消费者产生抵触抗拒心理，不拒绝继续使用跨境电商平台；应根据消费者所在地社会公认的交易习俗，让消费者享受到社会维护的权益，体验到符合消费者社会习惯的交易服务，维护消费者合理权益，让消费者产生自然舒适的感觉，乐于继续使用跨境电商平台；应努力满足消费者的个性化需求，让消费者享受到舒适满意的交易服务，维护消费者的合法权益，促进消费者主动向别人推介跨境电商平台。跨境电商平台要让全部消费者享受到个性化的合情权益，要针对消费者量身定制服务措施，将耗费大量资源，由于消费者差异较大，实际效果难评估，应在维护消费者合法权益基础上，维护好消费者合理权益，确保消费者能继续安心购买商品，保护好已有消费者基础资源。

5.4.5 跨境电商平台企业应承担通关责任

跨境电商平台企业应办理海关备案。跨境电商平台企业属于参与跨境电商零售进口业务的企业，应当依据海关报关单位备案管理相关规定，向所在地海关办理备案登记手续；当备案相关信息发生改变时，应办理备案变更手续；当发生丧失主体资格依法应当注销的情形时，应办理备案注销手续。跨境电商平台企业办理备案登记后，将在海关信息化系统中建立唯一主体标识，参与后续商品进出口通关事务，接受海关监管，形成进出口通关监管底账。海关会将跨境电商平台企业纳入海关信用管理，根据跨境电商平台企业涉及的进出口通关记录，评定跨境电商平台企业信用等级，根据信用等级实施差异化的通关管理措施，让守法企业享受通关便利、违法企业接受严格监管。

跨境电商平台企业应如实传输交易电子信息。跨境电商零售进口商品申报前，跨境电商平台企业应当向海关传输交易电子信息，并对数据真实性承担相应责任；直购进口模式下，邮政企业、进出境快件运营人可以接受跨境电商平台企业的委托，在承诺承担相应法律责任的前提下，向海关实时传输交易电子信息；开放物流实时跟踪等信息共享接口，加强对海关风险防控方面的信息和数据支持，配合海关进行有效管理。跨境电商平台企业是跨境电商零售电子信息的实际控制者，应实时向海关传输电子信息，对向其他跨境电商零售企业提供交易平台服务的，应根据跨境电商零售企业交易如实传输交易电子信息，确保电子信息准确性和及时性，不能配合跨境电商零售企业造假并传输电子信息，避免承担连带法律责任。

跨境电商平台企业应确保交易真实性。跨境电商平台企业应建立商品质量安全等风险防控机制，加强对商品质量安全以及虚假交易、二次销售等非正常交易行为的监控，并采取相应处置措施。跨境电商平台企业应对交易真实性和消费者身份信息真实性进行审核，并承担相应责任；身份信息未经国家主管部门或其授权的机构认证的，订购人与支付人应当为同一人。跨境电商平台企业是跨境电商平台商业模式和规则建立者，应从交易模式上确保跨境电商零售交易真实可靠，避免存在虚假交易、二次销售等非正常交易的模式漏洞。跨境电商平台企业可在用户注册时通过国家主管部门或其授权的机构认证消费者身份信息，或者在每次交易时进行认证，确保消费者身份信息真实准确，避免消费者身份信息虚假失效危及交易真实性。

跨境电商平台企业应承担税款代收代缴责任。跨境电商平台企业可作为税款的代收代缴义务人，代消费者履行纳税义务，并承担相应的补税义务及相关法律责任。跨境电商平台企业应在跨境电商平台实现进出口税款代收代缴功能，在商品交易前告知消费者为纳税义务人应缴纳进出口税款，在消费者支付价款时预估进出口税款并收取价款，在商品通关时从预收价款中向海关缴纳税款，从跨境电商平台交易模式上确保承担好税款代收代缴责任。

跨境电商平台企业应配合海关监管。跨境电商平台企业发现涉嫌违规或走私行为的，应当及时主动告知海关；涉嫌走私或违反海关监管规定的参与跨境电商业务的企业，应配合海关调查，开放交易生产数据或原始记录数据；应当接受海关稽核查。跨境电商平台企业应全面掌握海关监管规定，知道涉嫌违规或走私行为的依据和标准，实时监控跨境电商平台交易情况，评估跨境电商零售企业守法程度和违法风险，发现涉嫌违规或走私行为的，应当及时主动告知海关，配合海关调查和处理，清除害群之马；作为境内涉及报关业务的企业，应配合海关稽核查，阶段性接受海关风险评估，及时堵塞存在的涉嫌违反海关监管规定的漏洞，确保跨境电商平台长期守法经营、健康发展。

5.5 物流企业

物流企业指在境内办理工商登记，接受跨境电商平台企业、跨境电商企业或其代理人委托为其提供跨境电商零售进出口物流服务的企业。

跨境电商零售商品从销售方转移到消费者，经历分拣打包、销售地境内运输、销售地出口通关、跨境运输、消费地进口通关、消费地境内运输等大量环节，涉及包括进出口物流服务的大量物流服务，物流企业广义上应包括全部提供物流服务的企业。

5.5.1 物流企业是交易的重要实现者

物流企业实现跨境电商零售商品物流配送。消费者在实体店选择商品，支付价款后直接带走商品，自行现场完成选购、支付、配送三个不可或缺的流程。消费者在跨境电商平台上选择商品下达订单完成选购流程，通过线上支付方式完成支付流程，无法自行完成配送流程，无法马上获取自身交易的目标商品，无法连续完成交易全部流程。跨境电商零售企业收到消费者购买订单后，委托物流企业承运商品跨境运输投递。物流企业接收跨境电商零售企业的商品配送需求，通过多个企业的国际合作，经过销售地境内运输、销售地出口清关、跨境运输、消费地进口清关、消费地境内投递等大量物流环节，将商品跨境送达消费者，完成跨境电商零售的物流配送流程，让跨境电商零售商品交易得以最终实现，是跨境电商零售的重要实现者。

物流企业扩展业务容量满足跨境电商零售飞速发展。跨境电商零售让全球企业和消费者不必面对面交易，不受空间和时间限制，让消费者购买商品更轻松方便，随时随地产生交易商品配送需求；让庞大的消费者群体个体能独自根据个性化需求购买日常消费商品，产生数量庞大的小额交易，产生数量庞大的商品小包装配送需求，需要有相应物流配送容量完成商品配送。2013年至2021年，我国快递业务总量迅速增长，一直保持在20%以上的增长速度；2021年，全国快递服务企业业务量累计完成1083.0亿件，同比增长29.9%。2020年全球快递包裹业务量为1500亿件，同比增长超过25%。物流企业顺应跨境电商零售发展大势，同步提升物流配送容量，实现快递包裹量快速增长且数量巨大，满足跨境电商零售海量商品配送需求，支持跨境电商零售飞速发展。

5.5.2 物流企业是真实交易的见证者

物流企业是商品交收的见证者。消费者在实体店付款后直接提取商品离开，销售方将商品交付给消费者，消费者接收商品，销售方与消费者当场即时完成商品权益交接。跨境电商零售企业与消费者通过跨境电商平台非面对面交易，消费者购买商品付款后，商品由跨境电商零售企业打包发运，交付给销售地收件物流企业，由收件企业或与多个物流企业合作运输到消费地，由投件物流企业投递给消费者，商品交付和接收是两个不同时间、不同空间的独立环节，不是销售方与购买方面对面当场同时完成的。收件物流企业收取了跨境电商零售企业寄出的商品，见证了跨境电商零售企业交付商品，交付了商品权益，履行了销售方义务；投件物流企业将商品投递给消费者，见证了消费者接收商品，接受了商品权益，享受了购买方权利。当跨境电商零售企业与消费者之间发生商品交接纠纷时，可直接查看物流企业收取和投递商品记录，确认销售方交付了商品、购买方接收了商品，发挥物流企业对商品交接的见证作用。

物流企业是商品品质状态的见证者。消费者在实体店选购商品，确认商品完好无损，认为品质符合自身需求，才付款购买商品，是商品品质现场见证者。消费者在跨境电商平台选购商品，看到了丰富完整的商品信息，阅读了大量历史购买者的体验反馈，初步了解评估商品品质，得到跨境电商零售企业的品质承诺，但不与跨境电商零售企业面对面交易商品，无法直接使用验证商品品质，对商品没有任何亲身体验，对商品一切认知都仅是头脑里的信息和印象。消费者购买商品付款后，跨境电商零售企业把商品交付收件物流企业时，收件物流企业会当场确认商品完整无损，见证商品交付时的品质状态，当商品存在明显损坏时，需要跨境电商零售企业确认商品状况，记录商品收件时的实际状态；根据商品运输要求加上包装封好，在后续运输过程中保护商品安全无损，运输过程中商品被损坏的，需要承担赔付责任。投件物流企业将商品包裹投递给消费者，需要消费者签收确认，见证商品投递时的品质状态，当商品存在明显损坏时，消费者可拒收商品，需要物流企业承担后果。物流企业要确保商品经过跨境运输仍完好如初，见证商品交付、途中运输、收取等全流程的商品品质状态。

物流企业是商品安全的守护者。物流企业的基本目标是将商品安全送达消费者，确保商品全程完好如初，通常为了节约成本将大量商品集中批量运输，如果一个商品因安全问题发生自燃自爆、有害物质泄漏等安全事故，导致同批商品丢失或损坏，就要赔付更多损失，损害自身市场安全形象。物流企业通常与其他物流企业合作完成商品跨境运输，遵守统一的物流行业安全标准，如果采取错误运输方式，例如使用干货柜长时间常温运输冷冻食品，可能导致商品被损坏，后续承运的物流企业为了避免自身承担前程运输的损失，通常不会接收商品，将导致物流无法如期完成，影响企业的行业安全信誉。为了确保商品及其运输安全，物流企业会在收件时认真客观验核商品属性，评估商品运输安全风险，确定安全运输方式，在包装保护、卸装搬运、存放条件等方面采取安全措施，在安全时间内完成物流配送，确保商品完好如初。

物流企业的核心利益是大量运输获利。物流企业为跨境电商零售商品提供跨境物流配送服务，收取服务费用，即销售物流服务，不会明显受到所运输商品的品质和价格的影响；物流费用主要受到运输方式、包装方式、体积总量、运输距离、途中耗时等决定效率的因素影响，通常物流服务越安全快速，让消费者收到商品越快，费用就越高。物流企业建立和维持物流配送渠道需要耗费资金资源，要收回成本并赚取稳定收益，就需要长期大量稳定货源，确保物流配送渠道高效运作，短期大量商品或长期少量商品都会导致物流配送渠道运力未充分利用，让物流企业无法赚取最大收益。物流企业以销售物流服务赚取收益，运输商品数量越多，销售的物流服务越多，赚取收益就越多。

物流企业会主动遵守法律和行规。法律是企业守法诚信的底线，行规是企业立足行业的基础。物流企业不遵守法律法规，破坏法律监督下的正常经营秩序，危害法律保护底线，会受到监管部门严惩，承担经济损失，损害企业守法诚信形象，甚至被取消经营许可，彻底丧失从事物流业务的资格，相比较违法获得的小利，得不偿失。物流企业不遵守法律和行规，可能造成超常规严重的损失，要对丢失或损坏的商品承担赔付责任，相比较商品物流所得费用，将要赔付更大金额，也得不偿失。物流企业经常要与其他物流企业合作，分别负责最有竞争力的承运过程，以求获取最大收益，如果不遵守统一的法律和行规，商品交接时不符合统一的交接标准，接货物流企业需要自行承担潜在的新风险，如导致没有企业接手商品后续物流，影响物流企业自身业务正常开展。物流企业应严格遵守法律和行规，聚焦自身核心业务和利益，不应为了个别跨境电商零售企业，突破守法诚信底线，最终损害自己的核心利益，得不偿失。

物流企业应如实反映物流实际状况。跨境电商零售在降低了商品销售难度和成本，让更多企业能参与交易的同时，也出现跨境电商零售企业销售水平参差不齐的情况。有些跨境电商零售企业不了解商品全部属性，不知道寄递交付运输要求，采用错误的运输包装措施，可能损坏商品品质，或者存在途中安全隐患。物流企业应立足自身专业领域，从商品品质、运输安全、时效需求、守法通关等物流配送要求，为跨境电商零售企业提供符合交易实际需求的物流服务，确保商品安全如期送达消费者手中。物流企业参与了商品全流程运输以及交付投递，应准确记录商品全流程信息，特别涉及商品安全和运输时效的信息，如实反映运输实际状况，及时准确公开运输状态信息，让跨境电商零售企业和消费者能了解商品运输过程中的真实状态。物流企业作为收取运输费用提供物流服务的交易参与者，应主动配合监管部门，如实提供商品和物流信息，及时控制处置商品，让监管执法更高效。

5.5.3 物流企业促进物流提速降费和跨境电商零售快速发展

跨境电商零售物流企业集成优化跨境传统进出境物流渠道。传统进出境物流渠道分为货运渠道和邮快递渠道：货运渠道主要针对大批量商品，通过国际物流企业将商品从境外运输到境内口岸，由境内收货企业负责办理进口通关手续，境内物流企业将商品从口岸运输给收货企业，主要运输方式是海运、铁路或汽车运输，运输时间较长，但商品分摊费用较低；邮快递渠道主要针对包裹和小批量商品，通过邮政快递企业将商品从境外运输到境内口岸，由境内邮政或快递企业代为办理进口通关手续，并将商品运输投递给收件人，主要运输方式是航空、汽车运输，运输时间较短，但商品分摊费用较高。跨境电商零售物流企业集成优化跨境传统货运渠道和邮快递渠道：在消费地境内，通过邮政快递渠道把包裹投递给消费者；在进境环节主要采取"化零为整"，对向消费地批量销售的商品，在消费地境内建立仓库，先将商品大批量通过货运渠道运输进境，消费者购买商品后在仓库分拣打包商品投递给消费者，将跨境电商零售物流时效缩短为消费地境内运输，降低商品跨境运输分摊费用；对在销售地已经打包的商品，在销售地境内建立仓库，收集商品包裹根据消费者收货地址分类，拼装通过邮政快递渠道或航空货运渠道运输进境，在消费地分拆投递给消费者，降低商品包裹单独跨境运输费用。跨境电商零售物流企业根据跨境电商零售商品跨境配送需求和进出境特点，利用国际货运渠道集中跨境运输大量商品或包裹，利用邮快递渠道投递小包裹商品，提高跨境电商零售商品跨境物流配送效率，降低整体跨境物流配送费用。

在境内配送环节，根据国家邮政局消息，快递平均单价从2012年的18.5元降低到2020年的10.6元，降低43%。物流费用降低促进跨境电商零售商品整体交易成本降低，吸引更多消费者通过跨境电商零售购买更便宜的商品，创造更广大的消费市场基础，促进跨境电商零售快速发展。

5.5.4 物流企业应确保进出口通关合法

进出口通关合法是法律要求。海关法规定：进口货物自进境起到办结海关手续止，出口货物自向海关申报起到出境止，应当接受海关监管。商品进出口通关需要接受法定的海关监管，包括申报法定单证、接受检疫检验、提交监管证件、缴纳税费等法定环节，需要企业承担相应法律义务和责任，如果逃避海关监管或存在违反监管规定的行为，企业将要承担法律后果，接受法律惩处。商品进出口通关接受海关监管验证是否符合国家进出口监管要求，对不符合要求的，将不准进出口，对符合要求的，才允许进出口，即进出口通关是验证商品合法性的法定环节，未经进出口通关验证通过的商品将不符合国家进出口监管要求，可能存在质量安全隐患，被使用消费后危害人体健康或社会安全。熟悉跨境电商零售通关业务的消费者有时会要求跨境电商零售企业提供商品进口税费缴纳凭证或者申报单证，确认商品经过海关监管放行进出境，属于合法通关的境外商品。

物流企业承担进出口通关主要责任。跨境电商零售企业通常委托物流企业办理进出口通关手续。物流企业接受跨境电商零售企业委托授权，以自己名义开展通关业务，例如进出境申报、运输、结关等环节，作为法定通关参与主体，在海关备案登记，接受海关企业通关信用管理，履行法定义务，承担法定责任，如果发生违法违规情事，将直接承担后果，直接影响自身海关通关信用状况，甚至被下调企业信用等级，影响未来享受通关便利。物流企业不以自己名义开展通关业务，例如核定商品进出口合规性、进出口监管要求、进出境运输状态等辅助通关环节，接受跨境电商零售企业商业委托，负责具体实际操作，对商品进出口通关产生实质性影响，要承担主要商业责任，如果发生不符合监管要求的情事，商品无法如期顺利通关，需要跨境电商零售企业承担直接通关责任，物流企业也要承担相应商业责任。物流企业应清楚认识到自身承担进出口通关法定责任和商业责任，认真负责客观处理涉及进出口通关的事务，为商品进出口通关提供准确可靠的物流服务。

物流企业应确保商品合法。商品进出口通关是跨越不同关境，要符合两个关境的监管法律规定，接受不同海关监管；跨境电商零售企业和消费者来自全球各地，产生涉及大量不同关境的交易，要求商品符合各个交易中不同关境的监管法律规定。物流企业应发挥跨境运输商品专业知识，根据不同关境监管法律规定，协助跨境电商零售企业设定商品销售范围，杜绝销售目的关境监管法律规定不允许运输进出境的商品，避免消费者购买后商品无法通关甚至要承担违法后果，提前防范商品违法进出境风险。物流企业向跨境电商零售企业收取商品包裹时，应检查商品属性状况，确认属于可进出境商品，对监管法律规定不允许运输进出境的商品，应拒绝收件承运；运输过程中发现商品属于不可进出境的，应立即停止承运，防范商品违法进出境风险。商品实际进出口通关时，物流企业应根据途中运输情况，评估商品品质和安全状况，发现商品属于不可进出境的或产生新的安全隐患，应立即向海关报告，将商品交给海关处理，避免发生违反关境监管法律规定的事实。物流企业在运输过程中最真切接触商品，最全面了解商品运输状况，应及时发现并制止违法商品进出境，避免承担协助商品非法进出境的法律责任。

物流企业应确保数据合法。进出口通关是跨境电商零售物流过程中一个环节，与物流其他环节存在前后连接关系，涉及的通关单证数据来源于物流相关环节。物流企业应确保自身业务经营合法，产生的物流数据合法，确保进出口通关数据来源合法，如果违法开展物流业务，所提供的通关数据也不合法，源头上导致通关数据不合法。物流企业将商品从一个关境运输进入另一个关境，应确保数据同时符合出境关境法律和进境关境法律，不能向一个海关提供一套数据，向另一个海关提供完全不同内容的数据，导致同一商品存在不同通关数据，无法印证商品真实性。物流企业根据物流业务运作产生物流数据，符合物流行业内容和格式要求，不一定符合通关数据要求，应根据通关数据内容和格式要求，从物流数据中获取通关数据内容，转换为符合通关格式的数据，在保证通关数据内容真实可靠基础上，确保通关数据格式合法统一。物流企业应认识到大量通关数据来源于自己的物流数据，应在源头上确保通关数据合法，为商品进出口通关奠定合法数据基础。

物流企业应确保流程合法。商品进出口通关接受海关监管是法律要求，需要按照规定流程逐步完成监管操作，每一个环节都对应部分法定监管要求，前后衔接紧密，不能颠倒顺序，需要企业按照规定流程，逐环节履行相应法定义务，承担相应法定责任。物流企业应立足自身长期从事进出口通关业务的经验和教训，使跨境电商零售企业认识到通关流程属于法定程序，应严格按照规定流程办理通关手续，更不能协助跨境电商零售企业随意颠倒环节顺序，违反海关监管规定。物流企业在商品进出口通关中实际控制商品流转，应清醒认识到商品在进出口通关环节属于海关监管对象，没有海关指令不得擅自搬移处置商品，特别是没有海关放行指令，不能提离商品脱离海关监管；应清楚掌握跨境电商零售通关流程，准确掌握环节通关要求、开始条件和完成标志，严格遵照监管流程运输流转商品，避免未经海关同意擅自处置商品，导致商品违法脱离海关监管，要自己承担违反监管规定的后果。

5.5.5 物流企业应确保商品送达消费者

跨境电商零售商品应送达消费者。跨境电商零售受到我国大力支持鼓励，享受进出口通关便利政策，特别享受大幅税收优惠，适用专用通关模式和信息化系统，其关键判定依据是消费者购买商品自用，在物流上应送达消费者。商品不送达消费者，不属于消费者自用，就不符合跨境电商零售定义要求，不属于跨境电商零售商品，不应按照跨境电商零售商品通关，不能享受便利政策。跨境电商零售商品需要企业向海关传输交易、物流、支付等电子信息，对电子信息真实性承担相应责任，所有电子信息都记录购买方是消费者，应送达电子信息记录的消费者；不送达电子信息记录的消费者，实际物流与电子信息不一致，即企业向海关传输虚假电子信息，违反跨境电商零售监管规定，要承担相应法律后果。商品按照交易记录送达消费者，才符合跨境电商零售通关条件，确保企业传输电子信息真实合法。

物流企业应履行送达消费者的法定义务。海关规定：物流企业应严格按照交易环节所制发的物流信息开展跨境电商零售进口商品的国内派送业务；对于发现国内实际派送与通关环节所申报物流信息（包括收件人和地址）不一致的，应终止相关派送业务，并及时向海关报告。境内电商交易商品不限定必须由终端消费者使用消费，未要求交易信息记录的收件人必须是实际消费者，被签收即视为派送完成。消费者与跨境电商零售企业达成商品交易形成交易订单，支付后形成物流配送信息，确定了商品的最终收件人，明确了商品的最终使用消费对象，限定了商品属于跨境电商零售商品。物流企业按照来源于交易信息的物流信息将商品派送给指定收件人，完成跨境电商零售交易实物交付重要流程，让线上交易得以最终实现；派送时应验核收件人地址和身份信息，确认收件人实际信息与物流信息一致，才将商品交付给收件人。物流企业未验核收件人实际信息与物流信息是否一致就派送商品，未履行法定义务，导致商品不被交易指定的消费者使用消费，让虚假交易得以实现，协助非法分子让非跨境电商零售商品偷逃应该接受的海关监管，突破跨境电商零售监管底线，将要承担法律后果。物流企业验核收件人实际信息与物流信息不一致的，应不派送商品，认真履行法定义务，让虚假交易无法实现，协助海关守住跨境电商零售监管底线，维护跨境电商零售合法发展。

物流企业不应为购买方再次销售商品提供便利。购买方再次销售指境内购买方故意收集个人身份信息，通过跨境电商零售购买商品，在境内将商品再次销售，逃避正常海关监管或获取差额利润，属于购买方主动行为，主要物流特征是填写同一收件地址或少数收件地址，方便集中收取商品。物流企业在商品进出境申报前获取了物流派送信息，可根据收件地址判断包裹派送集中度，如果大量包裹集中在一个或少数几个地址，存在购买方再次销售商品嫌疑，提醒派送人员要核实收件人实际信息与物流信息是否一致；在实际派送时，如果发现收件人实际信息与物流信息不一致，应中止派送并报告海关，协助海关处理，避免购买方再次销售商品行为得逞；可汇总全国口岸分支机构派送包裹物流信息，分析大量购买商品的人员身份信息和收件地址，对存在购买方再次销售商品嫌疑的，向海关报告并协助监管。物流企业应在交易终端派送环节，努力发现集中收件行为，及时中止派送，让非法购买方无法收到商品，让再次销售行为无法得逞。

物流企业不应为销售方再次销售商品提供便利。销售方再次销售指境外销售方故意收集个人身份信息，通过跨境电商零售购买商品，在境内将商品再次销售，逃避正常海关监管或获取差额利润，属于销售方主动行为，主要物流特征是商品批量生成发送物流信息，进境后运输到指定收件地址，一次性集中收件，通常需要物流企业参与配合。物流企业应认识到商品再次销售属于跨境电商零售严禁行为，将严重影响国家进出口秩序，属于监管部门重点打击的违法行为，参与方需要承担法律责任和后果，提高对销售方再次销售商品的防范意识；全面具体了解跨境电商零售企业的销售模式和商品进出境方式，特别是包裹派送路线和收件地址，甄别销售方再次销售商品的违法风险，避免不了解实际情况参与销售方再次销售商品的违法行为，成为销售方再次销售商品的物流渠道；严格管控海关备案车辆，避免个别人员擅自使用海关备案车辆，盗用物流企业承运跨境电商零售商品的资格，承运再次销售商品离开海关监管场所，帮助销售方获得再次销售的商品。物流企业应在物流派送源头，主动消除参与销售方再次销售商品的违法行为的隐患，让非法销售方无法提离商品，让再次销售无法得逞，避免成为再次销售商品的帮凶。

5.5.6 物流企业应提高进出口通关效率

进出口通关效率关系物流整体效率。商品从开始接受海关监管到最终解除海关监管存在时间跨度，解除海关监管后，才能被合法投递给消费者；解除海关监管前，未经海关同意，不能被随意处置，更不能被企业擅自投递给消费者，即进出口通关耗费物流配送时间，通关速度越快，耗费时间越少，物流配送时间越短，物流配送效率越高，消费者物流配送体验越快捷。商品要接受海关实货查验，要求物流企业负责卸货、查找、开拆包装、协助检查、重封包装、装载等协助查验操作，只有经海关核实实货与申报相符，才能放行离场，受到企业协助查验效率影响。商品不符合法定进出口监管规定，需要企业配合提供证明或修改申报数据，待海关进一步核实清楚才能放行，将导致商品进出境通关长时间延迟，影响物流整体效率。进出口通关属于整体物流不可缺少的一部分，快则提升物流整体效率，慢则减缓物流整体效率，停则中止物流整体运作，必然影响物流整体效率。

物流企业应选择高效通关口岸。地区经济发展情况、进出口商品种类、口岸国际航线、海关监管经验等差异，让每一个通关口岸形成自身通关特点，具备独特通关优势，满足本口岸商品进出口通关需要。物流企业应评估各口岸业务通关状况，通常业务量种类多、数量大的口岸，通关环境比较成熟，通关效率比较高，异常处理流程比较顺畅，特别指定口岸在专门指定的业务方面具有专用设备设施和监管队伍，积累了丰富的监管实践经验，能提供比较高效的通关服务。为了促进本地跨境电商零售新业态发展，地方政府通常提供扶持资金和政策，促进建设跨境电商零售进出口通关配套设施，形成各地不同的通关基础环境，为跨境电商零售进出口通关提供差异化口岸选择。物流企业应根据跨境电商零售进出口通关需求，评估各地不同支持措施的优势和劣势，选择更适合、更高效的通关口岸，避免为了短期地方补贴选择了实际不适合的通关口岸，影响跨境电商零售商品顺利进出口通关。

物流企业应选择高效通关模式。跨境电商零售物流通常可分为集货模式和备货模式。集货指商品在境外分拣形成包裹，进境后直接通关配送给消费者，通关时要验核商品是否准许进口并办理全部进口通关手续，整体通关效率比较高；备货指商品批量进境保税存储，被购买后分拣形成包裹配送给消费者，通关时主要办理保税进口通关手续，整体通关效率最高。物流企业应根据跨境电商零售物流方式选择通关模式，享受不同通关模式的高效便利；应考虑商品进境运输方式，特别是集货包裹进境效率受到跨境运输方式较大影响，例如通常航空运输进境最快速、船舶运输进境较慢，根据不同进境运输方式确定商品进境后境内运输路线、承运条件、通关环节、监管要求等具体通关事项，进一步优化商品通关流程和操作，确定更高效通关模式。

物流企业应高效配合海关监管。商品进出口通关接受海关监管，依照海关监管规定办理通关手续，最终目标是快速放行、高效通关。海关为了支持跨境电商零售商品高效通关，专门制定发布新的监管规定，增设新的海关监管方式，设计新的申报单证，建设新的通关信息化系统，度身定做专用通关监管模式，减少跨境电商零售商品口岸停留时间，满足跨境电商零售商品海量包裹的高效通关需求。物流企业应认识到高效通关是海关与企业共同追求的目标，应主动学习熟悉跨境电商零售通关监管措施和模式，按照通关流程调整业务岗位和操作规范，在日常通关工作中配合海关监管，减少常识性疑问和错误，避免不了解监管要求延误商品通关，确保大部分商品高效通关；当发生通关问题时，应立即检讨自身操作，主动向现场海关了解具体原因和要求，联系跨境电商零售企业和消费者，核实反馈情况，按照海关监管要求办理后续手续，规范快速解决问题，避免说情找人企图绕过监管规范逃避问题，把简单通关问题复杂化，延误通关问题规范解决。商品进出口通关需要海关与企业共同协作完成，需要直接面对海关的物流企业主动配合海关监管，高效解决通关问题，共同提升通关效率。

5.5.7 物流企业应降低进出口通关成本

海关监管不收取费用。海关作为国家进出境监管机关，依法履行法定进出境监管职责，由国家财政保证福利开支，为企业提供进出口监管服务，在商品进出口通关监管过程中不会收取企业任何费用。物流企业应清醒认识到海关监管属于国家政府履职尽责，所有监管规定都为了明确统一通关要求，所有海关工作都为了履行法定职责，所有通关操作都为了高效通关，所有协助配合都是为了合法通关，应主动掌握监管新变化，了解新变化的必要性，提前调整适应新变化，确保商品顺畅通关，降低常规通关作业成本。物流企业应认识到海关坚持打造廉洁干净的干部队伍，对腐败行为"零容忍"，对腐败分子不姑息，当发生通关问题时，应通过正规渠道了解情况，配合现场海关处理，不会花费额外费用；要杜绝花钱找人解决问题的错误思想，特别警惕贴着海关发财的人员，夸口与海关私人关系好，只要企业肯花钱就能解决任何问题，导致简单问题复杂化，浪费额外费用成本。

物流企业应努力降低固定成本。跨境电商零售商品进出口通关需要在符合海关监管条件的场地完成，需要企业购置或租赁有足够空间的场地，建设围网卡口等基础监管设施，购置安装自动分拣线等监管设备，承担安保、管理、清洁、维护等日常运营成本。物流企业应根据自身业务体量，选择场地建设使用方式，评估固定成本投入；业务体量足够大，需要独立自用场地的，可以自行建设完全独立的场地，需要单独承担建设和运营成本；对业务量较小或不想独立建设运营场地的，可考虑与其他物流企业共享场地，共用监管设备，分摊场地建设和运营成本；对业务量较大的，可以在场地内自行建设跨境电商零售海关监管专用设施设备，供企业自有业务使用，与其他物流企业分摊运营成本。物流企业应区分清楚固定成本类型，根据自身业务需要，合理承担必要费用，努力降低固定成本。

物流企业应努力降低弹性成本。商品进出口通关流程比较长，涉及人员比较多，操作比较多，影响因素比较多，弹性成本潜在变化也大。物流企业应加强人员业务培训，尽量使用实践经验丰富的人员，采取简便有效的方法完成操作，避免对业务陌生的人员错误操作，增加意外弹性成本，例如熟悉路线的司机可减少商品在途配送时间，避免不熟线路可能导致绕路延误或意外事故。物流企业应合理装载海量商品包裹，将包裹分类分箱打板，做好外包装显著外观标识，制作与托盘、包装箱、包裹关联对应的装箱清单，在海关需要检查时，能快速准确定位找到商品包裹，避免因找货困难需要增派人手协助，降低现场分货找货的成本。物流企业应根据商品包裹数量和配送区域合理安排进出境车辆，包裹数量小时，安排数量较少的车辆承运，减少商品通关次数；包裹数量大时，可安排合理数量车辆承运，直接将包裹运送到配送点，减少再次分拣的成本。物流企业应在遵守进出口通关监管规定、符合通关监管要求的前提下，努力降低弹性通关成本。

5.5.8 物流企业应实现智能通关

跨境电商零售海量商品对物流通关产生巨大挑战。在一般贸易货物进出口通关中，一批货物无论数量大小，只要货物种类不超过报关单最大项数，通常可申报为一份报关单，按一票货物处理，办理一遍通关手续。跨境电商零售商品满足消费者个性化需求，以小包裹形式进出境，每票交易商品对应一个包裹，将产生海量进出境包裹，需要物流企业为每个包裹办理一遍通关手续，累计要处理海量申报单证，办理海量通关事务，通关工作量巨大。跨境电商零售通关申报单证来源于传统报关单，申报数据项和要求与传统报关单类似，由于每个消费者购买商品存在差异，每个包裹申报单证内容都存在较大差异，需要准确核定每个商品申报数据，逐个包裹填制申报单证，保证全部申报单证准确无误的要求很高。跨境电商零售商品通关数量大、要求高，是跨境电商零售物流企业不得不正视面对的巨大挑战。

物流企业应实现智能归类。对每一个进出境商品，物流企业都应归类核定对应海关商品编号，从而确定禁止或限制类别、监管证件和税率等关键监管要求，评估商品进出境许可、成本和违法风险，属于非常关键的进出境环节。如果人工逐个进行商品归类，面对海量不同商品，将产生巨大工作量，由于人工归类水平存在差异，归类准确率也很难得到保证。物流企业应采用信息化手段，模拟人工归类流程，应用归类总规则，以《商品名称及编码协调制度》（以下简称《协调制度》）、《进出口税则》、海关通关系统《商品综合分类表》等归类依据为基础，实现信息系统归类核定商品编号，提高归类速度。物流企业应采用信息化手段，对历史进出口通关数据、海关归类决定、行政裁定、预裁定决定书等归类案例进行实时分析，提炼商品归类新依据和新方法，及时调整归类思路，提高归类准确性。物流企业应在商品上架前归类核定商品编号，提前估算进出口税费和成本，准备商品通关数据和监管证件，并人工抽核系统归类结果，评估系统归类准确性，纠正容易出现的归类错误，避免商品通关时出现归类错误滞留口岸，提高归类效能。物流企业实现信息化智能归类，快速准确核定每个商品的编号，将从归类源头上解决海量商品通关难题。

物流企业应实现智能申报。对每一个进出境商品，物流企业都应填制《申报清单》，需要准确确定输入约60个数据项，快速申报全部海量包裹，将面临巨大工作量。物流企业应根据数据来源类型快速获取数据：对跨境电商平台、跨境电商零售企业、物流企业等长期使用的固定数据，可提前设置为参数；对订购人、净重、总价等与具体交易相关的交易数据，可实时从源头企业获取；对商品名称、规格型号、法定单位等进出口专用的通关数据，可提前核定输入系统备用；商品申报时，由系统自动提取预存数据，合成申报清单向海关发送，提高申报速度。物流企业应使用信息化手段，根据商品编号对照《中华人民共和国海关进出口商品规范申报目录》要求，识别出商品交易信息中的申报要素内容，快速规范填报商品申报要素，提高申报效率。物流企业应关注交易数据和申报数据的格式差异，可设置固定公式转换格式实现，例如设置单个商品重量，把个数转换为千克，或实时获取参数转换格式实现，例如实时获取汇率，把价格从外币金额转换为人民币，把交易数据准确转换为申报数据，提高申报准确性。物流企业实现信息化智能申报，快速准确完成海量商品通关申报，将从申报入口上解决海量商品通关难题。

　　物流企业应实现智能分拣。跨境电商零售商品通关时，海关会即时挑选商品开拆检查，履行法定监管职责，此时需要物流企业从大量商品中快速分拣找到需要检查的商品，如果单靠人工分拣，效率比较低下。为了提高跨境电商零售商品分拣效率，物流企业应借鉴传统邮件快件的分拣模式，使用自动分拣流水线系统分拣商品，根据海关检查要求快速选出所需商品，流转到海关检查出口。物流企业应让分拣系统具备智能分流能力，将分拣系统与申报系统连通，让分拣系统获取申报数据风险等级，或根据历史检查记录，评估商品被海关检查的概率，自动将概率高的商品流转到离海关检查出口较近的分拣线，当海关需要检查时能快速流转到海关检查出口，提高商品流转速度。物流企业应让分拣系统具备智能调整能力，让分拣系统能实时监控全部设备运行状况，实时调整商品分拣操作，例如发现某个称重设备突然误差较大，立即将重量较轻的商品调整到称重设备误差正常的其他分拣线，避免重量误差比重过大引发异常，提高整体运作效能。物流企业应让分拣系统具备智能发现能力，加装X光机智能识别设备发现图像与申报信息明显不符的商品，加装红外线探测设备发现温度异常商品，加装核生化爆检测设备发现非法物品，等等，提高异常查发效能。物流企业实现信息化智能分拣，快速准确完成海量商品通关检查，将从实货通关上解决海量商品通关难题。

5.5.9 物流企业应符合海关监管要求

　　跨境电商零售商品需要境内企业提供进出口物流服务。跨境电商零售商品根据交易订单分拣包装，以包裹形式配送给消费者，进出口时种类多、体积小、数量大，通关时需要快速挑查，保管空间要求较大，防丢失损坏要求高，需要专门场地提供配套服务。一线口岸主要提供商品进出口通道流转服务，通常没有空间建设专门场地，所以，跨境电商零售商品通常在与一线口岸有一定物理距离的内陆场地办理通关手续，需要将进口商品从一线口岸运输到内陆场地，将出口商品从内陆场地运输到一线口岸，在一线口岸与内陆场地之间运输属于境内物流，不可能让境外企业负责，需要境内企业提供相应物流服务。对于大量进出口包裹，通常在内陆场地办理申报、征税、查验等主要通关手续，通过一线口岸快速进出境，为了避免在不同企业之间再次交接耗费操作时间和增加经营成本，通常由同一企业完成一线口岸与内陆场地之间、一线口岸入境或离境的运输，需要境内企业提供一线口岸进出口物流服务。

进出口物流服务包括将商品投递给消费者。跨境传统贸易出口货物海关放行，实际离境后需要传输离境舱单信息，确认商品已经离境，通常海关不再管货物在境外的最终去向；跨境电商零售出口商品需要物流企业传输商品境外配送物流电子信息，确认商品配送投递给了终端消费者，即增加对境外投递给消费者环节实施监管。跨境传统贸易进口货物海关放行后，已办结进口手续，通常海关不再管货物在境内的最终去向；跨境电商零售进口商品海关放行后，海关需要物流企业传输商品境内配送物流电子信息，确认商品配送投递给了终端消费者，增加对境内投递给消费者环节实施监管，增加了对提供境内配送投递服务的企业实施监管。

物流企业在境内办理备案登记。在跨境传统贸易海关监管中，通常对提供进出境服务的物流企业办理备案登记手续，例如进出境船舶舱单传输人应当向其经营业务所在地直属海关或者经授权的隶属海关备案，应当在规定时限向海关传输进境运输工具载有货物、物品的原始舱单主要数据，但对提供境内与海关监管场所之间物流服务的企业没有备案登记要求，例如承运出口商品进入海运口岸的企业不必备案登记，承运进口商品离开海运口岸的企业不必备案登记。跨境电商零售海关监管涉及物流服务与跨境传统贸易相似，要求提供进出境服务的物流企业办理备案登记手续；在进口监管中，增加境内投递给消费者环节，还要求相应境内企业办理备案登记手续，纳入海关企业监管范围。

物流企业备案登记要求。跨境电商零售进口物流企业应当依据海关报关单位备案管理相关规定，向所在地海关办理备案。跨境电商零售出口物流企业应当向所在地海关办理信息登记；如需办理报关业务，向所在地海关办理备案。物流企业应获得国家邮政管理部门颁发的快递业务经营许可证，即不管参与进口或出口业务，都属于国家邮政管理部门管辖的境内企业。直购进口模式下，物流企业应为邮政企业或者已向海关办理代理报关登记手续的进出境快件运营人。直购进口商品通常以包裹形式通过邮政快件渠道进口，传统邮政快件企业长期提供包裹进口服务，能为跨境电商零售商品提供合法稳定通关服务，支持跨境电商零售安全稳定发展。

5.5.10 跨境电商零售物流企业应承担的主要通关责任

跨境电商零售物流企业应如实传输电子信息。海关规定：跨境电商零售商品进口、出口申报前，物流企业应当向海关传输物流电子信息，并对数据真实性承担相应责任。物流企业应按照消费者购买时提交的派送信息，传输物流电子信息，在后续派送环节，将商品派送到订购地址处的收件人，确保物流电子信息与实际派送一致。海关规定：直购进口模式下，邮政企业、进出境快件运营人可以接受跨境电商平台企业或跨境电商零售企业境内代理人、支付企业的委托，在承诺承担相应法律责任的前提下，向海关传输交易、支付等电子信息。跨境电商零售企业面向全球消费者，销售商品种类比较多，派送范围比较分散，为了节省日常经营费用，通常不会在境内设立专门团队负责通关事务，会通过直购进口模式将商品派送给境内消费者，可委托邮政企业、进出境快件运营人等物流企业向海关传输交易、支付等电子信息，确保商品通关电子信息完整，满足海关监管要求。海关规定：物流企业应向海关开放物流实时跟踪等信息共享接口，加强对海关风险防控方面的信息和数据支持，配合海关进行有效管理。海关非常关注商品包裹的最终派送结果，通过信息共享接口主动获取物流实时跟踪信息，了解包裹实时派送状态，开展风险分析评估，记录固定商品派送证据，必要时迅速控制在途商品，验证物流电子信息的真实性，打击未如实派送的违法行为。

跨境电商零售物流企业可作为税款的代收代缴义务人。海关规定：跨境电商零售进口商品消费者（订购人）为纳税义务人；在海关备案登记的物流企业可作为税款的代收代缴义务人，代为履行纳税义务，并承担相应的补税义务及相关法律责任。物流企业在海关备案登记后属于报关单位，可作为税款的代收代缴义务人，特别是在直购进口模式下，境外跨境电商零售企业通常委托物流企业负责全程物流操作，办理全部通关手续，包括作为税款代收代缴义务人，代为履行纳税义务。物流企业应认识到缴纳税款属于重要敏感的进出口通关业务，涉及国家财政收入，是长期以来进出口违法行为高发环节，是海关监管重点，应严格认真履行纳税义务，及时足额缴纳税费，发现错缴漏缴税费时，应立即报告海关，主动完成补税手续，承担相关法律责任。

跨境电商零售物流企业应配合海关打击通关违法行为。海关规定：物流企业发现涉嫌违规或走私行为的，应当及时主动告知海关；物流企业涉嫌走私或违反海关监管规定的，应配合海关调查，开放交易生产数据或原始记录数据。与境内物流派送业务不同，跨境电商零售商品派送属于进出口通关监管范围，应按照海关监管规定如实派送，并接受海关监管。物流企业属于境内企业，应遵守境内法律法规，特别是参与跨境电商零售进出口业务时间短、经验少时，更应主动学习掌握并严格遵守海关监管规定；应不能仅在乎商业利益，罔顾海关监管规定要求，放任或忽视违规或走私行为，导致国家进出口秩序遭到破坏，影响境内经济正常发展；在物流派送中发现存在涉嫌违规或走私行为的，应立即停止派送，固定证据，告知海关并配合处理；应清醒认识到自己属于进出口通关参与主体，需要接受海关监管，承担法律责任，涉嫌走私或违反海关监管规定时，应全力配合海关调查处理，提供海关需要的数据和资料，力求从轻处罚，减少损失。

物流企业应接受海关后续管理。海关规定：参与跨境电商零售进出口业务并在海关备案的企业，纳入海关信用管理，海关根据信用等级实施差异化的通关管理措施；在海关备案登记的物流企业应当接受海关稽核查。跨境电商零售进口物流企业应当办理报关单位备案；跨境电商零售出口物流企业应当向所在地海关办理信息登记,如需办理报关业务,向所在地海关办理备案,即进口物流企业都属于海关备案登记企业,需办理报关业务的出口物流企业属于海关备案登记企业,不需办理报关业务的出口物流企业不属于海关备案登记企业,属于海关信息登记企业。海关对备案登记企业实施信用管理,根据企业进出口业务经营守法诚信状况,评定企业通关信用等级,实施相应等级差异化通关管理措施,可对企业实施稽查和核查,监督其进出口活动的真实性和合法性。

5.6 支付企业

支付企业指在境内办理工商登记,接受跨境电商平台企业或跨境电商企业境内代理人委托为其提供跨境电商零售进口支付服务的银行、非银行支付机构及银联等。

5.6.1 支付企业提供线上支付服务实现交易

支付企业提供线上支付服务。消费者在实体店购买实物商品,现场用现金或电子方式支付价款;实体店安排专人负责收银,确认消费者支付完成后,允许消费者提货离开。一手交钱一手交货的现场交易方式需要人员到场支付,覆盖范围限于走路或短途开车等可到达的人群,限制了商品销售范围。商品交易分为订购交易、价款支付、商品交付等三个主要流程,交易订单表明消费者有购买意向,在价款支付之前仅属于电子信息记录,对实物商品销售无实质意义,当消费者完成价款支付后,表明消费者真正需要商品,为商品付出了交换代价,实质性推动后续商品交付流程,让商品交易最终得以实现,所以,支付属于交易的核心环节。支付企业通过互联网信息技术,创新跨境支付结算方式,打通跨境支付体系壁垒,将传统现场线下支付创新为远程线上支付,让销售企业和消费者能够实现跨境电商零售交易。消费者在跨境电商平台选购好商品,提交订单后,进入线上支付环节,通过支付验证,核对支付信息,确认支付操作,即时完成价款支付,不再需要现场支付。消费者可通过连接互联网的电脑或手机在线支付，甚至可通过不联网的手机等支付工具离线支付，随时随地完成支付，让跨境电商零售交易通达全球。

支付企业提供快速支付服务。消费者在实体店现金支付时，需要了解购买商品总价，拿出现金清点确认无误，交给收银员；收银员拿到现金清点确认无误，计算需要找回的零钱金额，拿出零钱清点确认无误后，交给消费者；消费者拿到零钱清点无误后收存。实体店现金支付共需要人工清点现金多次。消费者在实体店银行卡支付时，需要了解购买商品总价，然后拿出银行卡，交给收银员；收银员拿到银行卡，输入应收金额后刷卡；消费者输入支付密码，支付金额；收银员打印出支付凭证，交给消费者；消费者收到支付凭证，签字后还给收银员；收银员收回凭证留存。实体店银行卡支付共要消费者与收银员交互操作多次。支付企业提供线上支付后，消费者在跨境电商平台选购好商品，提交订单后，平台自动计算出需要支付的金额，消费者核对支付金额，选择支付方式，输入支付密码，确认后完成支付操作，没有现金支付的多次人工清点现金，没有银行卡支付的多次人员交互操作，支付耗时缩短到一分钟之内，显著提升了支付速度。快速支付让消费者更简单轻松地完成支付流程，更快速地完成整体交易，更容易接受跨境电商零售交易新业态。

支付企业提供廉价支付服务。在实体店交易购买商品，无论现金支付或银行卡支付，消费者需要现场支付，提前将购买商品安排为专门事项，耗费来回路程时间，路途远的还需要支出交通费用。现场支付需要实体店配置收银员和收款设备，银行卡支付还需要购置网络设备，搭建网络连接支付机构，所有花费最终从向消费者收取的价款里支出，属于消费者在购买商品时分摊的支付费用。线上支付让消费者用电脑或手机等移动终端随时随地可以完成支付操作，不需要到现场，节省来回的时间和费用；线上支付使用全球统一标准的互联网，让实体店不需要建设专用银行卡支付网络，不需要配置专门收银员，节省建设成本和日常员工支出，间接降低消费者分摊的支付费用；在线支付促进跨境电商零售快速发展，让跨境电商零售企业快速收到大量价款，能与支付企业磋商降低支付手续费，直接降低消费者每笔交易的支付费用，让消费者享受到更廉价的支付服务。

5.6.2 支付企业提供安全的支付服务

支付企业提供双方信任的支付服务。现场支付需要消费者与收银员面对面相互信任，消费者信任收银员，才将现金或银行卡交给对方，认可接受对方的商品清点、计价、找零等行为结果；收银员信任消费者，才接收对方的现金或银行卡，认可接受对方的商品购买、支付、签名等行为结果。跨境电商零售企业与消费者间接通过跨境电商平台建立信任关系：零售企业对平台是信任的，提前设置商品单价、运费、保险费、税费等费用，消费者购买商品后，同意由平台自动计算收取交易总价款，按销售企业提前确定的方式完成支付；消费者对平台也是信任的，在平台上自由选择商品及配套服务，实时看到商品单价和其他费用，计算交易总价，了解支付方式，随时完成支付操作；平台所有支付操作都提前固化流程，效果实时可见，消费者更改不了销售企业预设的项目，保证销售企业的收入和权益，也能实时看到销售企业更改后的结果，知悉自己的支出和权益。支付企业提供实时支付服务，平等保障了销售企业和消费者双方权益，受到了双方共同信任。

支付企业提供防伪防盗的支付服务。现金支付存在使用伪钞、盗窃、清点错误等，银行卡支付存在伪造、盗取银行卡、窃取银行卡密码等，都可能导致意外经济损失，属于消费者和收银员都重点防范并力求避免、支付企业努力根除的难题。支付企业提供线上支付，通过手机或电脑支付，不需要使用现金或银行卡，避免现金或银行卡伪造被盗产生损失；由消费者确认支付金额无误后，直接完成支付操作，不再需要收银员接触现金或银行卡，避免现金清点或输入金额可能造成的人为错误；消费者支付时系统自动关联预设账号，输入预设密码或动态密码，通过身份验证完成支付，降低账号被盗、密码被窃取的风险；支付企业深知支付防伪防盗的重要性，了解互联网作为开放网络的安全隐患，想方设法确保支付端、网络连接、后台数据等全流程安全，避免支付信息泄露、被盗取、被伪造等安全问题，提供全面防伪防盗的支付服务。

支付企业提供方便止损的支付服务。消费者在实体店支付后提货离场，立即完成了交易流程，如果发现商品不满意，需要取消或变更交易，避免或减少损失，除非现场立即操作，否则离场之后就要按照售后流程办理退换货退款等手续，承担相应后果和损失。跨境电商平台利用互联网信息技术，连通跨境电商零售企业、消费者、支付企业、物流企业等参与主体，即时传输交易变化信息，推动相关主体立即做出回应和调整，让整体交易损失降到最低。消费者支付价款后，商品未发货之前，可以随时取消订单；商品在途时可以发出拒收指令，中止物流配送；收到商品后，可以在限定时限内免费退货；通常可以即时获得返还的价款，最大损失可能是支付退货运费，没有其他大额金钱损失。线上支付让消费者可随时取消交易，即时收到退款，有效避免更大金钱损失，保障了消费者的财富安全，增强了消费者对跨境电商零售交易的信心。

支付企业提供方便追溯的支付服务。支付企业利用互联网信息技术，连接了大量参与主体，会严格遵守支付监管规定，记录尽可能详细的操作信息，便于准确回溯确定主体责任。跨境电商平台会记录商品单价、折扣、税费等基本费用项目，记录每一次金额调整数量、操作主体和时间等调整信息；消费者下达订单后，平台会按照预设计价公式计算交易总金额，记录各子项目单价和数量；消费者支付价款后，支付企业会记录价款支付各环节操作信息；跨境电商零售企业提取资金时，支付企业记录提款主体、金额、币种、流向等详细信息。跨境电商零售电子信息是自动记录的，特别是涉及金钱收支的支付信息都会被尽可能详细准确记录下来，可通过订单号等唯一交易标识，快速调取历史支付记录，完整回溯支付过程，为交易纠纷提供可靠支付证据。

5.6.3 支付企业应符合海关监管要求

支付企业应在境内办理工商登记。支付业务涉及社会财富流转，属于所有国家都重点监管的业务，通常由消费者所在地企业提供：跨境电商零售出口商品由境外消费者购买，在境外完成支付，由消费者所在地境外支付企业提供支付服务；跨境电商零售进口商品由境内消费者购买，在境内完成支付，由境内支付企业提供支付服务。支付企业属于境内企业，应在境内办理工商登记，接受境内工商部门监管，消除了初期提出的境外企业能否作为支付企业的疑惑。海关规定：

支付企业为银行机构的，应具备中国银行保险监督管理委员会或者原中国银行监督管理委员会颁发的金融许可证；支付企业为非银行支付机构的，应具备中国人民银行颁发的支付业务许可证，支付业务范围应当包括"互联网支付"。支付企业需要取得境内支付业务许可证，遵守境内支付监管规定，接受境内支付主管部门监管，应确保跨境电商零售支付符合境内监管要求，保证消费者合法权益。

支付企业要接受跨境电商平台企业或跨境电商零售企业境内代理人委托。跨境电商平台企业为了保证入驻零售企业获得具有市场竞争力的支付服务，会引入尽可能多的支付企业，提供覆盖面尽可能广的支付方式，满足尽可能多的消费者的支付需求，会与境内支付企业建立委托关系，避免入驻零售企业分头寻找支付企业。跨境电商零售进口企业属于境外企业，可通过境内代理人，与境内支付企业建立委托关系。支付企业通过获得委托授权，负责跨境电商零售交易相关的支付服务，承担商业支付相关的义务和责任，也增加进出口通关涉及的支付服务，取得了合法参与跨境电商零售进出口通关的资格，承担进出口通关支付相关的义务和责任。由于支付服务专业性特别强，支付企业应以对委托人负责任的态度，认真履行被委托人的义务和责任，特别要熟悉进出口通关涉及支付的监管规定，确保所有支付操作都符合监管规定。

支付企业要为委托人提供跨境电商零售进口支付服务。在跨境电商零售进出口通关中，支付企业要如实向海关传输支付电子信息，从实际支付证实交易价款真实可靠。支付企业知道支付信息反映企业或消费者资金收支等高度敏感的隐私信息，属于支付企业赖以生存的核心资源，极为重视支付信息保管保密，不轻易对外提供支付信息；向海关传输支付电子信息，接受海关监管，表明对自己经营合法性足够自信，愿意承担支付电子信息与实际支付相符的法律责任，为跨境电商零售商品通关提供支付保证。个别跨境电商零售企业为了满足跨境电商零售进出口通关传输支付电子信息要求，让未提供支付服务的其他支付企业向海关传输支付电子信息，使支付电子信息完全脱离实际支付，即传输支付电子信息的支付企业未提供支付服务，这不符合海关监管规定，将要承担虚假传输支付电子信息的法律后果。

支付企业应为银行、非银行支付机构以及银联等。银行指经营存款、贷款、汇兑、储蓄等业务，充当信用中介和支付中介的金融机构。非银行支付机构是指在我国境内依法设立并取得支付业务许可证，从事部分或者全部支付业务的有限责任公司或者股份有限公司。中国银联是经国务院同意，中国人民银行批准设立的中国银行卡联合组织。银行本来就是支付中介，具备提供支付服务的资格；非银行支付机构依法获得支付业务许可证，获得授权提供支付服务；银联是银行之间跨行交易清算系统，实现了银行系统之间互联互通，接收银行之间传输的付款和收款等支付信息，中立客观地见证了交易实际状况。支付企业应具备支付从业资格，熟悉跨境支付监管规定，了解跨境支付业态状况，擅于防范支付风险，确保跨境支付符合监管规定，配合海关做好跨境电商零售进出口监管。

5.6.4 支付企业应如实提供支付电子信息

支付电子信息是通关基础数据。支付电子信息记录消费者向跨境电商零售企业付款，证明交易属于消费者购买的零售交易，不是企业之间的贸易；记录消费者为获得商品支付了实际价款金额，证明交易属于购买行为，不是赠品礼品移送等非交易行为；记录价款从境内消费者流转给境外跨境电商零售企业，证明交易属于跨境支付交易，不是非进出口的境内交易；支付电子信息在资金流转上证明商品属于跨境零售商品，属于应办理进出口通关手续的商品。如果支付企业未传输支付（收款）电子信息，海关信息化系统将不允许申报，商品将无法进入海关通关监管流程，无法完成通关作业。

支付电子信息是征税重要佐证。海关对跨境电商零售商品税费采取从价计征方式，根据消费者为了获取商品而实付、应付的金额计算应缴税费。支付电子信息记录消费者为支付主体，佐证消费者是纳税义务人，为海关征税确定税收纳税义务主体；支付电子信息记录支付金额，佐证消费者实付金额，为海关征税提供主要参考金额依据；支付电子信息记录币制和支付时间，佐证跨境支付金额转换为人民币的时间和汇率，为海关征税提供核定汇率的依据；支付信息反映实际支付与交易金额的差额，佐证折扣、优惠券、代金券等特殊支付方式，为海关征税提供完整计核价格的依据；支付信息反映具体支付企业和环节等详细信息，佐证支付过程真实性、可靠性，为海关征税奠定客观信任基础。跨境传统贸易商品单批票数少、货值高，涉及税款金额大，海关有时会让企业提供纸质跨境支付凭证，印证企业申报价格和费用；但跨境电商零售商品单批票数多，单个货值小，海关通常不会让企业提供纸质跨境支付凭证，而通过信息化系统使用支付电子信息比对印证申报价格，快速评估申报价格风险，准确完整税款计征操作。

支付企业应如实提供支付电子信息。消费者提交订单后，通过支付验证，将价款支付给跨境电商零售企业，完成支付操作。在实际操作顺序上，提交订单在前，支付价款在后，支付操作直接来源于提交订单，支付企业应根据实际操作流程如实提供支付电子信息，不能没有发生支付操作就提交支付电子信息，避免没有实际支付的支付电子信息。支付电子信息在提交订单后生成，包含实际支付账号、金额、币制等专用于支付的信息，不等同于订单的商品价款信息，支付企业应如实根据实际支付结果提供支付电子信息，不能脱离实际支付提交支付电子信息，避免与实际支付不符的支付电子信息。支付信息由支付信息化系统实时产生，通常独立于跨境电商平台，支付企业应直接由信息化系统生成发送符合海关监管要求的支付电子信息，不能人工干预生成支付电子信息，避免人为差错产生与实际支付不符的支付电子信息。

5.6.5　支付企业应承担的通关责任

进口支付企业应办理海关备案登记。海关规定：跨境电商支付企业等参与跨境电商零售进口业务的企业，应当依据海关报关单位备案管理相关规定，向所在地海关办理备案。跨境电商零售进口商品由境内消费者购买，经境内支付企业完成支付主要操作，相关支付操作应严格符合境内监管规定。支付企业如果参与进口通关业务，应在境内海关办理备案手续，接受境内海关监管；相比较而言，跨境电商零售出口商品由境外消费者购买，经境外支付企业完成支付主要操作，就难以要求境外支付企业必须在境内海关备案。支付企业在交易中根据订单支付指令提供支付服务，在进出口通关环节主要提供支付电子信息，属于配合完成交易的从属角色；在海关办理备案后，支付企业拥有了唯一的海关备案编码，获得了向海关传输支付电子信息的资格，同时被纳入了海关监管范围，应遵守报关单位海关监管规定，配合海关监管。

支付企业应依法传输支付电子信息。海关规定：跨境电商零售进口商品申报前，支付企业应当向海关传输支付电子信息，并对数据真实性承担相应责任；直购进口模式下，邮政企业、进出境快件运营人可以接受支付企业的委托，在承诺承担相应法律责任的前提下，向海关传输支付电子信息。在跨境电商进口交易中，消费者如果在境内交易平台购买商品支付价款，由境内支付企业提供支付服务，可由支付企业直接向海关传输支付电子信息；在直购进口模式下，支付企业面向全球消费者时，很难做到所有购买商品的消费者所在地都设立分支机构，这种情况下，就可以委托邮政企业、进出境快件运营人向海关传输支付电子信息，确保商品通关信息完整。海关规定：跨境电商零售出口商品申报前，跨境电商零售企业或其代理人应当向海关传输收款等电子信息，并对数据真实性承担相应法律责任。在支付操作中，消费者支出价款，跨境电商零售企业收取价款，支付与收款应该是严格对应的，跨境电商零售出口交易中，境外支付企业提供支付服务，难以在境内办理通关手续，跨境电商零售企业或其代理人可向海关传输收款等电子信息，佐证消费者支付信息，确保商品通关电子信息齐全完整，降低支付电子信息传输难度，促进跨境电商零售出口发展。

▶ 5.7 境内代理人

跨境电商零售企业境内代理人指开展跨境电商零售进口业务的境外注册企业所委托的境内代理企业，在海关办理备案，承担如实申报责任，依法接受相关部门监管，并承担民事责任。

5.7.1 | 通关责任主体促进跨境电商零售发展

国家监管确保跨境电商零售合法发展。跨境电商零售属于互联网新业态，与跨境传统贸易有很大不同，例如商品为日常消费品、满足终端消费者需求、通过互联网不见面交易、以包裹形式派送给消费者等，顺应市场和互联网不断创新变化，对经济、民生、贸易、资金等影响尚未完全明朗，国家需要审慎有度监管，摸索建立适应业态发展的监管模式，支持业态合法稳步发展，符合国家整体利益，避免业态无序发展，甚至脱离监管产生重大社会危害，最终危及业态发展甚至生存。消费者直接与跨境电商零售企业交易，凭靠个人有限的经验和能力，选购意向商品，评估交易风险，承担交易后果，与跨境电商零售企业比较，通常处在劣势地位，发生交易纠纷时难维护自身合法权益，国家将跨境电商零售业务纳入监管，制定监管规定，明确通关申报、传输电子信息、税款代收代缴、退货等通关责任主体，以及主体法律义务和责任，要求责任企业建立健全商品溯源机制并承担质量安全主体责任，维护消费者合法权益。跨境电商平台企业、零售企业、物流企业、支付企业属于互联网信息经济的弄潮儿，在整体交易中处于不同角色地位，发挥不同作用，彼此存在商业利益关系，甚至存在支配和被支配、制约和被制约等不平等关系，国家将跨境电商零售相关企业纳入监管范围，明确不同类型企业的通关要求、义务和责任，为企业守法通关提供监管指引，构建企业守法合作的监管环境，促进跨境电商零售企业守法合作发展。

明确通关责任主体促进跨境电商零售长远发展。消费者在境内实体店购买商品，实体店就是直接销售责任主体，需要承担售后义务和责任；当发现商品有质量问题，消费者可以直接找实体店解决，监管部门也可以直接到实体店核查处理，维护消费者合法权益。消费者通过跨境电商平台购买商品，交易的零售企业可能是全球任何一个销售企业，当发现商品有质量问题，需要有确定的责任主体负责售后服务保障，维护消费者自身合法权益；否则消费者将找不到准确的责任主体，得不到售后服务保障，经历多次合法权益受损后，逐步对跨境电商零售新业态丧失信心，避免通过跨境电商零售购买商品，导致跨境电商零售市场接受度降低，潜在购买者减少，最终危害跨境电商零售长远发展。跨境电商零售出口企业作为出口通关责任主体，跨境电商零售进口企业委托境内代理人作为进口通关责任主体，在商品通关或售后发生问题时，依法承担相应义务和责任，妥善处理消费者诉求，接受监管部门监督处理，承担相应后果和赔偿，提供跨境电商零售完整交易服务，促进跨境电商零售长远发展。

5.7.2 境内代理人应确保通关守法便利

境内代理人是进口通关责任主体。跨境电商零售进口企业通过跨境电商平台向全球消费者销售商品，涉及大量消费者所在地，可能单个区域业务量不大、销售收入不多，没有必要也没有资金专门在全部消费者所在地成立分支机构承担通关责任，可委托消费者所在地境内代理人，代为办理通关业务，降低经营成本。面对互联网经济迅猛发展，跨境电商零售进口企业集中主要精力在市场拓展增加销售上，无法准确掌握不同关境差异较大的监管规定，无法面面俱到直接参与通关事务，可委托消费者境内代理人，发挥代理人熟悉当地监管规定和通关流程的优势，降低经营难度和违规风险，当发生通关问题时，委托境内代理人作为法定明确责任主体，及时跟进处理，承担法律责任和处理后果。境内代理人是适应跨境电商零售进口企业分布全球各地的特点，经过跨境电商零售进口企业授权，承担通关责任的法定主体。

境内代理人应协助境外企业守法。跨境电商零售进口企业面对全球消费者，无法熟悉全部国家的法律法规，特别是通关环节属于进出口流程中的一个环节，涉及法律规定比较专业，更无法快速准确掌握进出口通关规定要求。境内代理人应给境外企业进行普法教育，让境外企业认识到我国是一个法治国家，建立了适合我国国情的完整法治体系，依法严惩违法行为，应自觉尊重遵守我国法律，从意识源头上消除钻法律空子的念头；应给境外企业普及我国社会守法诚信状况，让境外企业认识到境内消费者主动守法意识越来越强，很重视跨境电商零售商品合法通关记录，以证实商品真实来源境外，如果商品违法通关，将让消费者感觉来源不可靠，损害企业市场口碑，动摇企业诚信基础；应给境外企业普及通关监管规定，让境外企业认识到海关监管是主权国家行为；应主动遵守通关监管规定，接受海关监管，在实际通关上消除逃避监管的企图。境外企业是境内代理人委托人，提供业务和营业收入，对通关结果具有决定权，需要在境内代理人协助下遵守我国法律规定，从企业源头上确保商品守法便利通关。

境内代理人应主动严格自律守法。境内代理人应本着对国家负责的态度，严格遵守进出口监管规定，按照监管要求办理进出口通关手续，确保境外商品守法便利通关，不应伪报瞒报走私商品进境，扰乱国家进出口秩序，甚至危害国家安全和社会稳定；境内代理人应坚持对消费者负责的态度，严格以生命安全健康为本，提供安全放心的进出口通关服务，确保购买商品守法便利通关，不应进口存在质量问题或潜在危险的商品，危害消费者生命安全；境内代理人应坚持对境外跨境电商零售企业负责的态度，严格在委托授权范围之内，按照委托要求办理进出口通关手续，确保委托人的商品守法便利通关，不应利用委托人不熟悉本地情况，故意制造事端牟取非法利益；境内代理人坚持对自己负责的态度，严格遵守诚信经营规矩，提供品质优良、价格合理的进出口通关服务，确保代理商品守法便利通关，不应贪图小利丧失诚信底线，危害自身长远发展。境内代理人应将代理业务当成自己的业务，严格自律遵守监管规定，树立良好市场口碑，赢得更广大的代理市场。

5.7.3 境内代理人应符合海关监管要求

境内代理人接受跨境电商零售进口企业委托。跨境电商零售进口企业在跨境电商平台向境内消费者销售商品，可委托境内企业代为办理进口通关手续，确保境外商品顺利进口派送给境内消费者。境内企业应获得跨境电商零售进口企业的授权委托书，明确代理的通关事项和权限、有效期限和委托日期，划分清楚双方责任，由被代理人签名或盖章，满足代理人和被代理人商业需求，建立正式委托关系。境内代理人应向海关提供授权委托书，在授权委托有效期内办理通关业务，承担通关责任；当发生委托代理事项和权限、有效期限等影响通关业务的变更时，应及时向海关提交新的授权委托书，增加新委托代理事项获得办理新通关业务资格，取消不再委托代理事项避免以继续承担通关责任。境内代理人接受跨境电商零售进口企业委托，是商业委托关系，也是通关委托关系，应确保同步一致。

境内代理人办理海关备案。海关法规定：进出口货物收发货人、报关企业办理报关手续，必须依法经海关备案；未依法经海关备案，不得从事报关业务。境内代理人接受境外跨境电商零售企业委托，向海关办理备案后，就具备了从事报关业务的资格，可为境外跨境电商零售企业办理商品进出口通关业务，要自行承担作为海关备案企业的责任，不由境外跨境电商零售企业承担责任，要认真负责办理报关业务，避免违反监管规定自己承担后果。

5.7.4 境内代理人应承担的通关责任

境内代理人传输电子信息。海关规定：跨境电商零售进口商品申报前，跨境电商平台企业或跨境电商零售企业境内代理人应当向海关传输交易电子信息，并对数据真实性承担相应责任；直购进口模式下，邮政企业、进出境快件运营人可以接受跨境电商平台企业或跨境电商零售企业境内代理人的委托，在承诺承担相应法律责任的前提下，向海关传输交易电子信息。交易电子信息是跨境电商零售通关的重要电子信息，是商品正常通关不可或缺的佐证数据，由跨境电商平台企业或跨境电商零售企业境内代理人亲自传输，或委托邮政企业、进出境快件运营人传输，应来源于跨境电商零售真实交易，由跨境电商零售企业通过境内代理人监督，确保如实传输给海关。

境内代理人承担如实申报责任。海关规定：跨境电商零售商品进口时，跨境电商零售企业境内代理人或其委托的报关企业应提交《申报清单》；跨境电商零售企业境内代理人应对交易真实性和消费者（订购人）身份信息真实性进行审核，并承担相应责任；在跨境电商零售进口模式下，允许跨境电商零售企业境内代理人或其委托的报关企业申请退货。跨境电商零售进口业务中，跨境电商零售企业境内代理人属于法定申报主体，可自行或委托报关企业提交《申报清单》，拥有办理退货的权利，应当依法如实向海关申报，对申报内容的真实性、准确性、完整性和规范性承担法律责任；应对交易真实性和消费者（订购人）身份信息真实性负责，确保申报信息属于真实发生的跨境电商零售交易，消费者身份信息属于境内真实存在的消费者。

境内代理人承担民事责任。民事责任是指民事主体不履行或者不完全履行民事义务应当依法承担的不利后果，属于平等主体的自然人、法人间及非法人组织之间的人身关系和财产关系范畴，承担方式主要包括：停止侵害、继续履行、赔偿损失、支付违约金、消除影响、恢复名誉、赔礼道歉等。境内代理人参与商品进出口通关事务，应依法接受相关部门监管，对涉嫌走私或违规的，由海关依法处理；构成犯罪的，依法追究刑事责任。境内代理人受境外跨境电商零售进口企业委托办理进出口通关事务，应依照法律规定或者按照双方约定，履行民事义务，承担民事责任；不履行或者不完全履行义务，造成被代理人损害的，应当承担民事责任。境内代理人应认识到无论接受海关监管还是履行代理职责，都应该遵守法律规定和委托约定，承担相应责任，确保自身守法长远发展。

第6章
Chapter 6

跨境电商零售通关商品管理

◇ **综述**

跨境电商零售商品直接面向消费者，由消费者按照自身能力消费使用，承担购买使用风险和后果。跨境电商零售商品通过互联网平台便捷快速交易，如果商品无条件地大批量进口，大范围消费使用，可能会影响贸易平衡、社会稳定、产业发展、环境安全等国家大局。因此，海关在对跨境传统货物实施自由贸易、限制贸易和禁止贸易分类监管基础上，对跨境电商零售进口商品实施正面清单管理，对符合清单条件要求的商品，允许适用相应通关模式便捷通关，满足跨境电商零售合理通关需求。跨境电商零售进口通关参与主体应全面了解商品，确定商品符合清单条件要求，特别要准确核定商品归类，避免进境正面清单之外的商品，确保商品顺利通关配送，完成跨境电商零售交易整体流程。

6.1 跨境传统进出口货物禁限管制

6.1.1 禁限管制分类

6.1.1.1 自由贸易

我国准许货物自由进出口。但是，法律、行政法规另有规定的除外。

我国鼓励在国际市场上有竞争力的境内商品销出去，促进境内产业发展，获取外汇收入，增强国家经济实力；支持优质安全的境外商品买进来，促进境内产业升级，丰富境内消费市场。我国不断放宽自由贸易货物范围，一般性生产资料和消费品都可以自由进口或出口。我国不断扩展自由贸易试验区范围，试验更多更便利贸易的监管、服务、管理等新措施，探索更自由的对外贸易秩序，继续推进货物自由贸易。

不属于限制贸易或禁止贸易的货物，通常都属于自由进出口范围。国务院对外贸易主管部门基于监测进出口情况的需要，可以对部分自由进出口的货物实行进出口自动许可并公布其目录。实行自动许可的进出口货物，收货人、发货人在办理海关报关手续前提出自动许可申请的，国务院对外贸易主管部门或者其委托的机构应当予以许可；未办理自动许可手续的，海关不予放行。

6.1.1.2 限制贸易

我国可以限制货物进口或出口，主要针对可能存在危害但切实需要进出口的货物。

国家之间在政治体制、经济模式和发展程度、社会风俗习惯、伦理道德、意识形态、自然环境保护等方面存在差异，国家需要对部分货物实施限制贸易。我国采取限制贸易的措施，主要目的是维护国家安全、社会公共利益或者公共道德，保护人的健康或者安全，保护动物、植物的生命或者健康，保护环境，加快产业发展，或者遵守我国缔结或参加的国际条约、协定的规定。

国务院对外贸易主管部门会同国务院其他有关部门，制定、调整并公布限制进出口的货物目录。国务院对外贸易主管部门或者由其会同国务院其他有关部门，经国务院批准，可以临时决定限制规定目录以外的特定货物的进口或者出口。

我国对限制进口或者出口的货物，实行配额、许可证等方式管理。实行配额、许可证管理的货物，应当按照国务院规定经国务院对外贸易主管部门或者经其会同国务院其他有关部门许可，方可进口或者出口。我国对部分进口货物可以实行关税配额管理。进出口货物配额、关税配额，由国务院对外贸易主管部门或者国务院其他有关部门在各自的职责范围内，按照公开、公平、公正和效益的原则进行分配。

6.1.1.3 禁止贸易

我国可以禁止货物进口或出口，主要针对存在危害较大的货物。

我国长期支持稀缺资源和先进生产工具等急需货物进口，支持境内产业发展。对影响生态环境或属于产业基础的稀缺资源，我国通常根据经济发展程度采取禁止出口措施。随着我国科研水平不断提高，科技实力不断增强，经济产业创新发展，逐渐出现了国际领先的产品，需要通过禁止出口确保我国关键核心技术不被窃取。

国务院对外贸易主管部门会同国务院其他有关部门，制定、调整并公布禁止进出口的货物目录。国务院对外贸易主管部门或者由其会同国务院其他有关部门，经国务院批准，可以临时决定禁止规定目录以外的特定货物的进口或者出口。

6.1.2 责任主体

进口货物的收货人、出口货物的发货人应当向海关如实申报，交验进出口许可证件和有关单证。

禁限管制政策通常有明显目的指向，对货物进口或出口后的用途有明确限制，以避免货物被非法使用或超范围使用，从而导致禁限管制政策实际失效，因此，对许可进出口的企业进行严格管理，要求收发货人交验进出口许可证件。

6.1.3 证件要求

限制进出口的货物，没有进出口许可证件的，不予放行。

禁限管制属于进出口政策管理措施，属于进出口许可。对于禁限管制的货物，必须获得进出口许可，经海关验核许可证件后，才能放行，不能担保放行。

6.1.4 法律责任

违反海关法及有关法律、行政法规，逃避海关监管，逃避国家有关进出境的禁止性或者限制性管理，运输、携带、邮寄国家禁止或者限制进出境货物、物品进出境的，未经海关许可并且未缴纳应纳税款、交验有关许可证件，擅自将保税货物、特定减免税货物以及其他海关监管货物、物品、进境的境外运输工具，在境内销售的，是走私行为。

在内海、领海、界河、界湖，船舶及所载人员运输、收购、贩卖运输、收购、贩卖国家禁止或者限制进出境的货物、物品，没有合法证明的，按走私行为论处。

上述行为尚不构成犯罪的，由海关没收走私货物、物品及违法所得，可以并处罚款；构成犯罪的，依法追究刑事责任。

6.1.5 确定货物管制要求

6.1.5.1 根据商品编号确定管制要求

海关设置了货物在进出口时所需申领的监管证件代码，汇总为《监管证件代码表》。例如，代码"1"指货物进口需要申领提交进口许可证，代码"4"指货物出口需要申领提交出口许可证，代码"9"指货物属于禁止进口商品，代码"8"指货物属于禁止出口商品。

根据货物商品编号，在海关通关系统《商品综合分类表》中找到相应条目，查看"监管条件"栏目。如果栏目为空，货物属于自由进出口货物；如果栏目有代码，根据《监管证件代码表》确定货物禁限管制要求，确定需要申领的监管证件。

例如，棉制男式羽绒服，商品编号6201301000，"监管条件"栏目为空，属于自由贸易货物，进出口不需要申领提交监管证件。

6.1.5.2 根据性能参数确定管制要求

商品编号为10编码，属于数量有限的数字组合，无法穷尽全部商品，无法囊括未来不断涌现的新商品，无法及时全面对货物实施管制覆盖。对工程机械、机器设备、运输工具等专业器械，通过设定关键性能参数，确定商品范围条件，实施禁限管制。

根据货物性能参数，对照禁限商品的性能参数，在性能参数范围内的，货物就属于禁限范围商品。

例如，铝合金，根据《两用物项和技术进出口许可证管理目录》，极限抗拉强度为$0.46 \times 10^9 N/m^2$（67000psi）或更高的铝合金列入《核出口管制清单》所列物项和技术，出口时需要申领提交两用物项和技术出口许可证。

6.1.5.3 根据成分含量确定管制要求

对矿产资源、化工产品、混合物质等商品，通过设定成分含量参数，确定商品范围条件，实施禁限管制。

根据货物全部物质成分含量，对照禁限商品的成分含量参数，在成分含量参数范围内的，货物就属于禁限范围商品。

例如，易制毒化学品混合物，根据中华人民共和国商务部公告2007年第23号规定，含甲苯、丙酮、丁酮、硫酸4种易制毒化学品之一且比例高于40%（不含）的货物以及含盐酸比例高于10%（不含）的货物（含易制毒化学品的复方药品制剂除外），属于《易制毒化学品进出口管理规定》第七条所称的"混合物"；经营者进出口上述混合物，应当按照《易制毒化学品进出口管理规定》申请许可。含甲苯、丙酮、丁酮、硫酸、盐酸等5种易制毒化学品之一且比例低于上述规定含量的货物，不属于《易制毒化学品进出口管理规定》第七条所称的"混合物"；经营者进出口上述货物，无须按照《易制毒化学品进出口管理规定》申请许可。

货物禁限管制要求是国家在特定条件下对货物贸易的管控需求，反映国家对相应货物的最严格使用原则。在进出口贸易中，还应结合货物监管方式、用途、特批等情况，综合确定货物适用的管制要求。

6.2 进出境物品管制

进出境物品指个人携带进出境的行李物品、邮寄进出境的物品，可分为以下三类：

禁止进出境物品，指属于《中华人民共和国禁止进出境物品表》内的物品。

限制进出境物品，指属于《中华人民共和国限制进出境物品表》内的物品。

自由进出境物品，指准许自由进出境的物品，即除禁止进出境物品和限制进出境物品外的物品。

6.3 跨境电商零售进口范畴

6.3.1 商业范畴

通常跨境电商零售进口是指境内个人消费者通过跨境电子商务交易平台实现交易，购买境外商品用于个人使用消费的行为。

6.3.2 税收政策适用范围

《财政部　海关总署　国家税务总局关于跨境电子商务零售进口税收政策的通知》（财关税〔2016〕18号）规定，跨境电子商务零售进口税收政策适用于从其他国家或地区进口的、《跨境电子商务零售进口商品清单》范围内的以下商品：

（一）所有通过与海关联网的电子商务交易平台交易，能够实现交易、支付、物流电子信息"三单"比对的跨境电子商务零售进口商品；

（二）未通过与海关联网的电子商务交易平台交易，但快递、邮政企业能够统一提供交易、支付、物流等电子信息，并承诺承担相应法律责任进境的跨境电子商务零售进口商品。

不属于跨境电子商务零售进口的个人物品以及无法提供交易、支付、物流等电子信息的跨境电子商务零售进口商品，按现行规定执行。

6.3.3 监管范畴

《商务部　发展改革委　财政部　海关总署　国家税务总局　市场监管总局关于完善跨境电子商务零售进口监管有关工作的通知》（商财发〔2018〕486号）规定："本通知所称跨境电商零售进口，是指中国境内消费者通过跨境电商第三方平台经营者自境外购买商品，并通过'网购保税进口'（海关监管方式代码1210）或'直购进口'（海关监管方式代码9610）运递进境的消费行为。"上述商品应符合以下条件：

（一）属于《跨境电子商务零售进口商品清单》内、限于个人自用并满足跨境电商零售进口税收政策规定的条件。

（二）通过与海关联网的电子商务交易平台交易，能够实现交易、支付、物流电子信息"三单"比对。

（三）未通过与海关联网的电子商务交易平台交易，但进出境快件运营人、邮政企业能够接受相关电商企业、支付企业的委托，承诺承担相应法律责任，向海关传输交易、支付等电子信息。

6.4 跨境电商零售进口商品实施清单管理

2016年3月24日，《财政部 海关总署 国家税务总局关于跨境电子商务零售进口税收政策的通知》（财关税〔2016〕18号）发布，规定跨境电商零售进口税收政策适用于《跨境电子商务零售进口商品清单》范围内并符合相关规定条件的商品，《跨境电子商务零售进口商品清单》由财政部会同有关部门公布，明确了跨境电商零售进口商品实施正面清单管理。

6.4.1 《跨境电子商务零售进口商品清单》调整情况

《跨境电子商务零售进口商品清单》自2016年首次公布以来，共调整了4次。具体如下：

2016年4月6日，第一批《跨境电子商务零售进口商品清单》发布，共1142个8位税则号列，包括食品饮料、服装鞋帽、家用电器、化妆品、纸尿裤、儿童玩具等；4月15日，第二批《跨境电子商务零售进口商品清单》发布，涉及151个8位税则号列，包括生鲜、保健品、蜂蜜、粮食、医疗器械等。

2018年11月20日，《跨境电子商务零售进口商品清单（2018年版）》发布，共1321个8位税则号列，增加健身器材等商品。

2019年12月24日，《跨境电子商务零售进口商品清单（2019年版）》发布，共1413个8位税则号列，增加了冷冻水产品、酒类、家用电器等商品。

2022年1月28日,《跨境电子商务零售进口商品清单调整表》发布,优化调整《跨境电子商务零售进口商品清单(2019年版)》,共涉及1476个8位税则号列,增加了滑雪用具、家用洗碟机、番茄汁等商品,删除刀剑等1项商品。

6.4.2 跨境电商零售进口商品满足境内消费需求

清单商品可用。清单商品主要是制成品,例如激光打印机、平板电脑、智能手机等,已经具备最终使用消费全部或主要功能,不是生产材料或设备机械,不再需要加工制造或复杂装配,可以被消费者直接开箱使用,满足日常消费需求。

清单商品易用。清单商品主要是易用品,例如电磁炉、洗衣机、自行车等,属于消费者个人能了解商品属性功能作用,利用个人经验评估使用风险,简单学习掌握使用方法技巧,在日常生活条件下可使用的商品,不需要特别专业知识能力或特殊使用条件,能容易满足消费者日常消费需求。

清单商品能用。清单商品主要是普通品,例如首饰、手表等,属于消费价格能被境内普通消费者承担,或者长期分摊消费金额较低,不是价格特别昂贵的商品,不需要消费者耗费大量金钱,能合理满足消费者日常消费需求。

清单商品常用。清单商品主要是常用品,例如纸巾、干果、奶乳制品等,属于消费者日常生活经常使用,或长期重复消耗的商品,不是功能罕见或用途独特的商品,能真实满足消费者日常消费需求。

清单商品好用。清单商品主要是好用品,例如婴儿尿布尿裤、化妆品、奶粉等,属于大量消费者在跨境电商零售渠道中喜好购买的商品,或者想要购买的商品,不是数量少、受众窄的商品,能广泛满足消费者日常消费需求。

6.4.3 跨境电商零售进口商品满足业态发展需求

正式清单让企业定心。在跨境电商零售进口监管初期,许多地方先行先试,探索监管模式和监管措施,没有明确商品清单,有些地方参照跨境传统货物实施监管,有些地方参照个人物品实施监管,有些地方兼顾跨境传统货物和个人物品实施监管,允许进口商品范围各不相同;当一个地方发现监管风险时,其他地方闻风而动，立即采取本地化措施，限制或禁止相关商品进口，让跨境电商零售进口企业措手不及，不敢规划长期大批量商品销售和进口，缺乏长远发展的安定感。正式清单明确跨境电商零售进口商品范围和监管要求，消除各地个性化允许进口商品范围，统一全国允许进口商品范围标准；以部门联合发文形式公布，消除各监管部门差异监管想法，统一各监管部门的尺度和要求；清单调整需要联合发文部门一致同意，避免单个部门自行调整，统一清单更新方式和流程；清单调整要按照公文规定程序经过相关部门同意，避免临时或过于频繁调整，统一清单调整时间和频次。企业看到了统一明确长期稳定的商品清单，就像吃了定心丸，知道只要按照清单商品范围，符合清单监管要求，在全国任何一个地方都能顺利通关，能安心开展长远业务规划部署和投资经营，保持自身业务稳定和长久收益。

大众清单让企业欢心。境内消费者通过跨境电商平台从境外购买商品的主要品类是服饰鞋包、美妆个护、母婴用品等，也是跨境电商零售进口企业主要销售品类，集中耗费企业大量资源。商品清单中属于服饰鞋包的税号约300个，占总数量约20%，属于税号最多的品类；商品清单几乎包含了全部美妆个护商品税则号列，包括精油、香膏、香水、花露水、唇用化妆品、眼用化妆品、指（趾）甲化妆品、牙膏、牙线、漱口水等；商品清单一直包含婴幼儿奶粉、辅食、尿布及尿裤等。商品清单包含了跨境电商零售进口主要商品品类，即原有主营商品可以继续进口通关，实现商业品类与通关品类的无缝衔接。企业不必大范围调整商品品类，能继续集中资源在市场热销主要商品品类，保持已有稳定顺畅的采购渠道，发力销售已经熟悉的商品，保护了历史投入和已有收益，又能快速适应商品清单调整，确保商品顺利通关，继续欢心开展跨境电商零售业务。

迭代清单让企业有信心。商品清单自公布以来调整了多次，少时涉及8个部门，多时涉及13个部门，经过大量部门研究跨境电商零售进口新业态，了解与跨境传统贸易的异同，共同沟通协调确定监管重点和要求，形成部门共同支持跨境电商零售健康发展的共识，成为企业长远发展的坚强后盾，让企业对监管稳定性充满信心。商品清单自2016年以来调整了4次，2018年增加健身器材，2019年增加冷冻水产品、酒类、家用电器等商品，2022年增加滑雪用具、家用洗碟机、番茄汁等商品，从1142个8位税则号列增加到1476个，反映了监管部门一直密切关注跨境电商零售进口业态发展，及时评估业界需求和监管要求，快速调整发布商品清单，将新商品纳入监管，保证企业新业务合法落地运营，为企业探索创新提供动态监管支持，成为企业创新发展的坚强后盾，让企业对监管时效性充满信心。

6.4.4 跨境电商零售进口商品适合跨境物流

不同商品要求不同运输条件。干货适合长途运输不变质，例如服装、靴鞋、家用电器等，不含大量水分，保质期较长，保质条件要求不高，长时间运输储存不容易腐烂变质，能适应跨境电商零售商品跨境长途运输条件，保证商品品质稳定安全。湿货主要限制网购保税进口模式，例如干果、冻海鲜、牛肉罐头等，含有大量水分，保质期较短，干燥保温要求较高，应提前按跨境传统贸易货物方式批量运输进境，尽快在境内仓库妥善储存保管，线上交易后从境内仓库快速派送给消费者，甚至采用全程冷链派送，确保商品品质稳定安全。

商品零售状态适应长途运输。商品零售包装保护长途运输安全，例如化妆品、保健品、奶粉等，已经按照零售要求包装好，装进瓶子或盒子或其他容器里，具备专门保护包装，避免商品在装卸搬运过程中碰撞损坏，保护商品品质稳定安全；商品已完成生产制造流程，达到了终端使用消费品质，满足上架销售长期保质要求，确保商品在保质期内不变质，能适应跨境电商零售商品跨境长途运输条件，保证商品品质稳定安全。

不同运输方式适合不同商品。轻便商品适合快速运输，例如眼镜、首饰、手表等，重量轻，体积小，适合快件、航空等快速物流运输方式，能最短时间内派送给消费者，提升消费者对交易时效的满意度。大件商品适合物流运输，例如电视机、洗衣机、自行车等，重量大，体积大，适合船舶、汽车等货运物流运输方式，能以较低运费派送给消费者，提升消费者对交易成本的满意度。

6.5 一份清单包含两种监管要求

6.5.1 一份清单

《跨境电子商务零售进口商品清单》中商品按《商务部 发展改革委 财政部 海关总署 国家税务总局 市场监管总局关于完善跨境电子商务零售进口监管有关工作的通知》(商财发〔2018〕486号,以下简称《通知》)中规定的监管要求执行,包括进境检疫应符合有关法律法规的要求等。属于《通知》适用范围以外的,按以下要求执行:

(1)《跨境电子商务零售进口商品清单》中商品免于向海关提交许可证件;网购保税商品"一线"进区时需按货物监管要求执行,"二线"出区时参照个人物品监管要求执行。

(2)依法需要执行首次进口许可批件、注册或备案要求的化妆品、婴幼儿配方奶粉、药品、医疗器械、特殊食品(包括保健食品、特殊医学用途配方食品等)等,按照国家相关法律法规的规定执行。

商品清单适用于全部跨境电商零售进口商品,包括《通知》适用范围以内的或《通知》适用范围以外的商品,凡要适用跨境电商零售进口税收政策的商品都要符合清单要求,没有第二份商品清单,实现了全国一份商品清单,统一监管商品范围,消除了部门之间监管商品差异,消除了地方允许进口商品范围差异,为跨境电商零售进口全国顺利通关奠定基础,有利于商品全国进口通关,方便企业的全国业务布局。企业应认识到商品清单统一全国进口商品范围,凡是在清单范围内的商品都可以在任何一个口岸进口,消除了企业对进口商品范围的疑虑,保障跨境电商零售进口长久稳定发展,应自觉维护清单权威性,不应漠视或曲解清单内容,影响清单统一全国进口商品范围的作用;应全面准确了解并执行商品清单要求,根据自身业务经营范围,核定商品是否属于清单内的商品,如实进口清单范围内的商品,避免错误进口不属于清单范围内的商品,遭受监管部门处罚,损害企业社会信用。

6.5.2 两种监管要求

清单明确区分了两种监管要求的商品:《通知》适用范围以内的商品和《通知》适用范围以外的商品。

商品在清单内,并严格符合《通知》规定其他条件,才属于《通知》适用范围以内的商品。商品不在清单内,或未符合规定其他条件,属于《通知》适用范围以外的商品。特别要注意商品海关监管方式的区别,跨境电商零售进口海关监管方式只有3种,即"保税电商"(海关监管方式代码"1210")、"直购进口"(海关监管方式代码"9610")、"保税电商A"(海关监管方式代码"1239")。"保税电商"和"直购进口"的商品可属于《通知》适用范围以内,"保税电商A"的商品不属于《通知》适用范围以内;"保税电商"和"直购进口"的商品如果不符合《通知》规定的其他条件,也不属于《通知》适用范围以内。

在监管要求上,《通知》适用范围以内的商品按个人自用进境物品监管,即网购保税商品和直购进口商品全流程按个人自用进境物品监管;《通知》适用范围以外的商品,网购保税商品"一线"进区时需按货物监管要求执行,"二线"出区时参照个人物品监管要求执行,即网购保税商品"一线"和"二线"执行不同监管要求。《通知》适用范围以内的商品和以外的商品都免于向海关提交许可证件。

《通知》适用范围以内的商品不执行有关商品首次进口许可批件、注册或备案要求。《通知》适用范围以外的商品,依法需要执行首次进口许可批件、注册或备案要求的化妆品、婴幼儿配方奶粉、药品、医疗器械、特殊食品(包括保健食品、特殊医学用途配方食品等)等,按照国家相关法律法规的规定执行,即继续执行有关商品首次进口许可批件、注册或备案要求。

企业应客观理解不同监管要求是针对不同通关模式的差异化监管措施,属于监管部门长期以来分类管理的成熟做法,商品进口执行何种监管要求取决于企业自身选择,不是对企业选择的唯一强制性要求;应准确了解各地方允许采用的海关监管方式,结合自身商品进口特点,准确选择商品进口口岸,实施合适的通关模式，避免投入大量资源后，发现通关模式选择错误，商品无法通关，严重影响整体业务正常开展；应严格落实监管要求，在商品销售前核定通关要求，实际进口前做好商品通关准备，进口过程中配合海关监管，确保商品顺利快速通关，避免违反监管要求遭受处罚，影响商品通关效率和企业海关信用。

6.5.3 清单外的进口商品

跨境电商零售进口商品种类繁多。跨境电商零售联结全球零售企业和消费者，建立全球商品交易渠道，让原来封闭在个别市场内的商品向其他市场扩散，加速全球商品流通，大量增加了跨境进口商品种类；建立全球需求实现渠道，任何购买需求可能促成相应商品的设计生产销售，个性化定制生产更能满足更多小众消费需求，大量新增了全球市场商品种类，相应增加了跨境进口商品种类。为了更好地满足境内消费者需求，我国一直支持跨境传统进口发展，不断放宽境外商品进口监管要求，降低进口关税和通关成本，促进境外商品有序增量进口，增加了跨境进口商品种类。跨境电商零售进口建立在跨境传统进口业务上，随着跨境进口商品种类增加，可销售商品种类增加，使得进口商品种类繁多。

跨境电商进口商品通关多样。跨境电商零售进口随着互联网信息技术发展而出现成长，在尚未被国家纳入清单管理之前，一直利用已有进境通关渠道，实现商品进口派送，完成整体交易。我国公布《跨境电子商务零售进口商品清单》，明确监管规定后，有些企业无法传输交易、支付、物流电子信息，或者有些商品不属于清单商品或者不满足跨境电商零售进口税收政策规定适用条件，或者个别企业出于商业利益考虑，导致商品未适用跨境电商零售进口通关渠道，继续利用原有进境通关渠道。跨境电商零售进口商品通常是小件包裹，可利用邮件快件进境通关渠道，按照货物类办理通关手续，进境后直接通过邮政快递渠道派送给消费者。如果利用人体携带、车辆捎带、货物夹藏等非正常通关渠道，把境外商品运输进境，则存在违反监管规定风险。

6.6 跨境电商零售进口商品归类

进出口商品归类是指在《协调制度》商品分类目录体系下，以《进出口税则》为基础，按照《进出口税则商品及品目注释》《中华人民共和国进出口税则本国子目注释》及海关总署发布的关于商品归类的行政裁定、商品归类决定的规定，确定进出口货物商品编号的行为。

6.6.1 商品归类的必要性

商品归类是全球通行做法。世界海关组织制定了《协调制度》，分为类、章、品目和子目，加以详细准确注释，描述应归入相应条目或不应归入的理由，为全球进出口商品归类提供统一归类标准；将商品细化到6位编码，简要标识商品名称，详细描述商品成分含量、功能原理、属性状态、效果作用等归类要素，形成商品名称编码表，为全球商品归类提供统一归类依据；提炼明确6条商品归类总规则，要求按顺序逐条运用总规则，为商品归类提供统一归类方法；成立专门委员会，提出《协调制度》调整修正意见，审议成员方归类争议并提出建议，为全球商品归类提供统一更新机制；将《协调制度》推广应用到全球200多个成员，实现全球商品归类规范统一。在商品通关环节，例如进口原产地证书、进口舱单上，经常能看到出口国核定的6位商品编码，即出口国按照《协调制度》核定商品编码，为商品提供全球通用的编码标识。

商品归类统一通关标识。商品销售时属性状态已经确定，基本不会发生大改变，由于每个人认知能力或方式等个性差异，对同一商品了解程度不同，可能导致不同认知结果；商品因不同领域侧重商品不同属性或者长期约定俗成，可能导致商品名称在行业内、市场上、监管部门等不同场合各不相同；跨境电商平台连通全球零售企业和消费者，大幅增加全球范围内流通商品种类和数量，导致商品本地差异扩展到全球范围，商品进出口通关没有统一名称，将无法准确唯一标识商品。商品归类为商品确定唯一数字编码，确定商品唯一通关标识，能准确定位通关监管对象，准确执行监管措施，避免标识不清监管不到位；为商品进入其他关境提供唯一参考标识，发挥《协调制度》全球统一作用，助力商品全球通关。

商品编号是信息化通关基础。海关根据进出口监管规定，细化监管具体要求，与商品编号关联对应进出口监管要求，例如监管条件、进出口税率、检疫检验类别等，构建了以商品编号为基础的参数化通关体系。海关信息化系统以商品编号为关联标识，结合企业信用等级、进出口类型、监管方式、征免性质、运输方式、原产地等实际进出口参数，自动确定商品进出口监管要求，构建了以商品编号为主键的信息化通关模式。商品编号依据世界海关组织的《协调制度》确定，是该类商品全球通用标识，随着海关国际合作开展通关数据互传互认，被作为重要商品数据在海关之间分享，成为国际海关信息化合作的基础数据。

6.6.2 商品归类的准确性

统一共识，准确商品归类。《协调制度》为全球贸易商品归类提供了统一标准指引，同一个商品按照《协调制度》归类，理论上在全球只有唯一6位商品编码，实际上却可能完全不同。每个人对《协调制度》理解掌握程度不同，对归类总规则理解运用不同，在专业知识、经验教训、擅长领域等存在差异，可能形成迥异不同的个人归类习惯和操作，导致归类结果不一致；每个人对同一商品的认识了解程度不同，特别是成分、功能、用途等比较复杂的商品，可能形成不同商品认知结果，最终导致归类结果不一致。为了提升商品归类准确性，应加强归类人员业务培训，全面准确掌握《协调制度》，规范熟练运用归类总规则，确保商品归类专业操作统一；应统一归类人员对商品的认知结果，使用统一完整的商品信息，区分商品类型采用相应的认知方法，确保商品归类信息一致。归类人员的专业操作越统一规范，对商品了解越统一完整，归类结果就越统一准确。

了解市场准确商品归类。《协调制度》对已有商品分类，是历史经验的总结，无法预知未来市场商品变化，无法提前对未来商品准确分类。市场新消费需求不断涌现，个性化需求越来越多，材料工具不断改进，生产制造水平不断提高，新商品层出不穷，可能超出《协调制度》分类范围，无法准确核定属于《协调制度》的商品编码。商品编号是进出口通关重要数据，涉及禁限管制、税收成本、出口退税等重要内容，个别企业出于自身利益考虑，可能故意将商品归类为想要的编号，而不是正确的编号，例如将高税率的正确编号改为低税率的错误编号，甚至引发行业跟风模仿。归类人员应密切关注市场新商品，及时全面完整了解商品属性，规范按照《协调制度》归类方法，确定商品编号，同时要关注行业归类倾向，及时纠正归类错误，避免跟风犯错。

6.6.3 商品归类应确定10位编号

世界海关组织《协调制度》细化为6位商品编码，允许成员方细化增加本国商品编号。我国将《协调制度》商品编码细化增加到10位商品编号，其中第9、10位主要标识区分不同监管条件和税收政策。监管条件表示货物以一般贸易进出口时涉及的禁止性和限制性管理要求，例如，包含代码"8"表示属于禁止进口商品，包含代码"1"表示需要提交进口许可证。税收政策主要通过不同税率体现，例如，最惠国进口关税5.5%、东盟进口协定税率0%等。归类确定商品10位编号，能准确确定商品是否属于禁止性和限制性管理商品，准确确定商品进出口税率计核税费，比较准确评估商品实际进出口风险和成本，避免商品进出口时违反禁止性管理，或者无法提交监管证件，或者税费大幅超出预估金额，确保商品进出口安全合算。

6.7 清单商品责任主体及核定时限

跨境电商零售企业应确保商品属于清单范围内。跨境电商零售企业属于商品销售主体，制作发布商品销售信息，确定商品价格和交易条件，将商品上架销售，属于跨境电商交易主动发起者，对商品销售种类具有决定权，能决定销售清单范围内或范围外的商品。跨境电商零售商品进口时，跨境电商零售企业境内代理人或其委托的报关企业应提交《申报清单》，办理报关手续，实际上境内代理人受跨境电商零售企业委托办理报关手续，发生违法违规通关情事时，跨境电商零售企业也要承担责任。跨境电商零售企业应主动承担主体责任，销售属于清单范围内的商品，确保商品合法顺利通关。

跨境电商零售企业应在商品计划销售前核定商品属于清单范围。商品清单列明所属商品种类，与商品属性功能状态相关，不针对某次销售的具体商品，与商品到达口岸报验状态无关，允许企业提前核定商品是否属于清单范围。海关信息化系统在商品申报时，验核商品是否属于清单范围内，不属于清单范围内的，将退单无法申报，让商品无法通关。跨境电商零售企业在商品申报前才核定商品是否属于清单范围，通常商品已经打包在口岸等待通关，如发现商品不属于清单范围内，需要办理商品退运手续，让消费者无法收到商品，导致交易失败；应在商品计划销售前准确了解商品属性功能状态，核定商品是否属于清单范围内，确定商品通关口岸和模式，确保商品合法顺利通关。

6.8 进口清单外商品通关风险

6.8.1 进口清单范围外的商品涉嫌走私行为

进口清单范围外的商品涉嫌逃避禁止性管理。跨境电商零售进口商品实施清单管理经国务院批准，由商务部、发展改革委、财政部、海关总署、国家税务总局、市场监管总局联合发文公布，由财政部会同有关部门调整发布《跨境电子商务零售进口商品清单》，明确适用跨境电商零售进口税收政策的商品范围，禁止不符合规定条件的商品适用跨境电商零售税收政策。企业将不属于清单范围内的商品伪报为属于清单范围内的商品，通过跨境电商零售进口通关渠道进口，未接受非跨境电商零售进口海关监管，涉嫌逃避海关监管，逃避国家有关进出境的禁止性管理，可能构成走私行为。

进口清单范围外的商品涉嫌逃避监管、偷逃税款。跨境电商零售进口商品关税税率暂设为0%，进口环节增值税、消费税取消免征税额，暂按法定应纳税额的70%征收，综合税率比一般贸易进口低。企业将不属于清单范围内的商品伪报为属于清单范围内的商品，错误核定商品编号为清单商品范围内的商品编号，错误享受了更优惠的跨境电商零售进口税收政策，通常适用比一般贸易进口更低的税率，涉嫌逃避海关监管，偷逃应纳税款，可能构成走私行为。

上述行为如果被判定为走私行为，尚不构成犯罪的，由海关没收走私货物、物品及违法所得，可以并处罚款；构成犯罪的，依法追究刑事责任。

6.8.2 │ 进口清单范围外的商品危害跨境电商零售发展

进口清单范围外的商品损害跨境电商零售企业利益。跨境电商零售企业将商品销售给消费者，需要将商品跨境运输到进境口岸，办结通关手续，通过境内运输派送给消费者，待消费者确认收货后才完成交易，收取价款获得收益。企业将不属于清单范围内的商品伪报为属于清单范围内的商品，如果在口岸通关环节被海关发现，需要将商品退出境外，无法完成商品进口通关，无法派送给消费者，无法完成交易，无法收取价款获得收益；如果在商品进口后被海关发现，还要将商品从消费者手中追回，通过境内运输返回口岸退出境外，需要耗费更多人力和费用，最终不仅无法获得收益，还要付出额外处理成本，损害自身利益，危害自身经营发展。

进口清单范围外的商品扰乱跨境电商零售进口秩序。《跨境电子商务零售进口商品清单》统一明确进口商品范围，清晰划分商品进口许可界限，要求全部企业都严格遵守清单要求，通过跨境电商零售通关渠道，合法进口清单范围内的商品，建立合法公平的进口秩序。个别企业将不属于清单范围内的商品伪报为属于清单范围内的商品，不遵守统一监管规定，突破商品进口许可界限，擅自扩大进口商品范围，比其他合法企业销售更多品类商品，获取更多收益，将引发其他企业效仿，越来越多企业不遵守清单管理要求，随意进口不属于清单范围内的商品，更大范围扰乱跨境电商零售进口秩序，导致商品清单形同虚设，危及跨境电商零售进口统一通关基础。

进口清单范围外的商品影响市场信任度。消费者向跨境电商零售企业购买商品支付价款，相信商品属于合法进口商品，企业能确保商品合法进口通关送达自己手中，自己提前支付价款将能收到预期的商品，成为跨境电商零售非面对面交易的信任基础。企业将不属于清单范围内的商品伪报为属于清单范围内的商品，导致商品无法进口通关送达消费者，甚至事后需要从消费者手中追回，让消费者无法获得预期商品，甚至成为企业违法行为的参与主体；消费者发现有些商品在一些企业能购买并收到货，在一些企业不能购买，无法确定商品真实通关守法状况，可能质疑跨境电商零售进口合法性和可靠性，将对跨境电商零售企业产生信任危机，影响跨境电商零售进口新业态的市场信任度和长远稳定发展。

6.9 核定商品属于商品清单范围内

6.9.1 核定商品税则号列

商品清单有一个栏目为"8位税号"，列明商品8位海关商品编号，只有商品前8位编号在清单范围内，才能适用跨境电商零售进口税收政策，否则商品不属于清单范围内，不能适用跨境电商零售进口税收政策。

在传统跨境进出口贸易中，申报商品编号是10位的，能准确确定税率和监管条件，特别是监管条件包含禁限管制要求以及需要提交的监管证件，对商品进出口非常重要，决定商品能否进出口。企业跨境购买境外商品前，会提前核定商品10位商品编号，核定税率计算进口成本，重点核定监管条件，确定商品是否属于禁止进口商品，如果属于限制进口商品，能否申领相应监管证件；如果运输进境禁止商品，或者进境限制商品未能提交监管证件，将要承担严重法律后果。

跨境电商零售进口企业应提前核定商品8位编号，确定是否在清单"8位税号"栏目里，如果商品8位编号在清单里，就符合适用跨境电商零售进口税收政策的基本要求，如果商品8位编号不在清单里，就不符合基本要求。企业应参照跨境传统贸易，再依次核定商品第9、10位编号，进一步了解商品进口监管条件，确定商品属于禁止进口、限制进口还是自由进口商品，评估商品违反禁限管理规定的风险，杜绝进口禁止商品，合法进口限制商品，确保商品符合进口监管规定。

6.9.2 核定商品属性范围

商品清单"备注"栏描述商品属性，限定商品范围。主要描述方式包括：

备注排除商品范围，即说明不属于清单范围内商品的排除条件，例如，"列入《进出口野生动植物种商品目录》且不能提供《中华人民共和国濒危物种进出口管理办公室非〈进出口野生动植物种商品目录〉物种证明》的商品除外""国家禁止、限制进口的旧机电产品除外""不包括医用轮椅车等医疗器械"等。凡是符合排除条件的商品，都不属于清单范围内，不能适用跨境电商零售进口税收政策。

备注限入商品范围，即说明属于清单商品的限定条件，例如，"仅限家用打印机墨水""仅限家用粉尘仪""仅限衣物柔顺剂"等。只有符合限定条件的商品，才属于清单范围内，才能适用跨境电商零售进口税收政策。

跨境电商零售进口企业应完整准确了解商品成分含量、功能作用、指标参数、用途状态等属性要素，根据商品归类属性功能定义，确定商品归类属性功能，例如"家用""工业用"等归类属性，然后确定商品是否符合清单属性描述，是否属于清单范围内；对涉及野生动植物种、旧机电产品、两用物项等禁限管理的商品，还应进一步核定商品是否符合相关管制属性功能要求，确定商品是否属于清单商品范围内。

6.9.3 核定商品通关模式

商品清单"备注"栏有时说明商品限定通关模式，例如，"仅限网购保税商品""生可可豆仅限网购保税"，或者未备注等。如果限定通关模式，商品只能通过限定的通关模式进口，不能通过其他通关模式进口；如果未限定通关模式，商品能通过所有通关模式进口。

跨境电商零售进口企业应清楚了解跨境电商零售网购保税进口和直购进口两种通关模式，网购保税进口通常适用批量进境后再向境内销售的商品，直购进口适用在境外直接向境内销售的商品，两种模式在适宜商品、通关流程、监管要求、物流时效等许多方面存在较大差异；应根据自身经营商品和销售模式，评估确定通关模式，确保商品符合通关模式限定要求。

6.9.4 核定限额数量

商品清单"备注"栏有时说明清单商品的进口限额数量，例如，"每人每年进口合计不超过20公斤""每人每年进口11022000、11042300的商品合计不超过20公斤""每人每年进口17011400、17019100、17019910、17019990、17029011、17029012、17029090、21069061、21069062的商品合计不超过2公斤"等。商品在限额数量内，可适用跨境电商零售进口税收政策；商品超出限额数量，就不能适用跨境电商零售进口税收政策。

跨境电商零售进口企业应清醒认识限额数量对象是每个消费者，如果消费者没有准确计算或控制购买数量，可能导致商品进口数量超过限额数量，违反清单备注规定，需要企业配合海关开展后续核查处理，直接影响企业合法经营；应主动掌握商品限额数量规定，在消费者购买环节提示限额数量，在订单提交环节汇总计算历史购买数量，对超额商品预警通关风险，从源头上确保商品符合限额数量规定，确保商品通关合法。

6.10 跨境电商零售出口商品范围

我国一直全力支持跨境电商零售出口业务发展，让"中国制造"的商品走向世界，促进国内产业壮大发展，没有具体清单限定出口商品范围。

跨境电商零售企业应共同遵守统一监管规定。我国制定监管法律、法规、规章等监管规定，为保护国家安全、社会稳定、环境保护、生命健康、产业发展等整体利益，为企业营造合法安全的生存环境。监管规定统一明确监管部门执法依据和尺度，避免无法可依、任性执法、尺度不一等乱象，确保企业走遍全国都遵守相同监管规定，避免疲于学习适应迥异不同的监管要求，为企业营造预期可靠的守法环境。监管规定统一明确全部相关企业强制遵守要求，任何企业不遵守监管规定都要承担相应法律后果，为企业营造公平公开的发展环境。如果企业不遵守监管规定，将损害国家整体利益，破坏执法尺度统一，危及企业守法公平生存发展的基础环境，影响跨境电商零售新业态健康发展。

跨境电商零售企业应重点遵守禁限管理要求。我国对跨境传统进出境货物实施禁止性或限制性管理，对逃避国家有关进出境的禁止性或者限制性管理，运输、携带、邮寄国家禁止或者限制进出境货物进出境的走私行为，尚不构成犯罪的，由海关没收走私货物、物品及违法所得，可以并处罚款；构成犯罪的，依法追究刑事责任。企业应认识到禁限管理要求是国家进出境监管中极为重要的管理要求，通常是为了保护核心技术、避免资源流失、履行国际公约等非经济目的，如果违反禁限管理要求，可能遭受最严重处罚；应重点核定商品符合禁限管理规定，准确掌握商品功能原理等属性要素，核定10位商品编号，判断是否属于禁止出境或限制出境商品，对限制出境商品，评估能否提供监管证件，避免非法出口禁止商品或无证出口限制商品。

6.11 通关案例：无法提供许可证件

6.11.1 | 基本情况

2021年5月，当事人某国际物流有限公司以1210保税电商监管方式向海关申报进口驱蚊剂3160.08千克（90288瓶），商品编号：3307900000。海关查验、归类审核发现，上述货物判定为非危险化学品，商品编号应为3808911990，涉及"进出口农药登记证明"管理，当事人无法提供"进出口农药登记证明"，另经计核，上述涉案货物漏缴税款为人民币3.25325万元，涉案货物价值为人民币111.1294万元。

6.11.2 监管规定

《中华人民共和国农药管理条例》规定如下：

第二十九条　境外企业不得直接在中国销售农药。境外企业在中国销售农药的，应当依法在中国设立销售机构或者委托符合条件的中国代理机构销售。

向中国出口的农药应当附具中文标签、说明书，符合产品质量标准，并经出入境检验检疫部门依法检验合格。禁止进口未取得农药登记证的农药。

办理农药进出口海关申报手续，应当按照海关总署的规定出示相关证明文件。

《海关法》规定如下：

第二十四条　进口货物的收货人、出口货物的发货人应当向海关如实申报，交验进出口许可证件和有关单证。国家限制进出口的货物，没有进出口许可证件的，不予放行，具体处理办法由国务院规定。

进口货物的收货人应当自运输工具申报进境之日起十四日内，出口货物的发货人除海关特准的外应当在货物运抵海关监管区后、装货的二十四小时以前，向海关申报。

6.11.3 处罚依据

《中华人民共和国海关行政处罚实施条例》规定如下：

第十二条　违反海关法及其他有关法律、行政法规和规章但不构成走私行为的，是违反海关监管规定的行为。

第十五条　进出口货物的品名、税则号列、数量、规格、价格、贸易方式、原产地、启运地、运抵地、最终目的地或者其他应当申报的项目未申报或者申报不实的，分别依照下列规定予以处罚，有违法所得的，没收违法所得：……（三）影响国家许可证件管理的，处货物价值5%以上30%以下罚款；……

第五十一条 同一当事人实施了走私和违反海关监管规定的行为且二者之间有因果关系的，依照本实施条例对走私行为的规定从重处罚，对其违反海关监管规定的行为不再另行处罚。

同一当事人就同一批货物、物品分别实施了2个以上违反海关监管规定的行为且二者之间有因果关系的，依照本实施条例分别规定的处罚幅度，择其重者处罚。

6.11.4 认定处罚

海关经调查认为，当事人上述行为是违反海关监管规定的行为。

海关决定对当事人做出如下行政处罚：科处罚款人民币8万元整。

6.12 通关案例：涉及濒危物种

6.12.1 基本情况

2021年5月，当事人某供应链有限责任公司以1210保税电商监管方式向海关申报进口货物一批。海关经查验、审核价格发现，申报进口货物爽肤水5000套（2000千克），申报总价937500美元，货物成分中含有冬虫夏草（冬虫夏草列入《国家重点保护野生植物名录》Ⅱ级保护级别），企业未能向海关提交允许进口证明书，实际进口货物总价为187500美元。

6.12.2 监管规定

《中华人民共和国濒危野生动植物进出口管理条例》规定如下：

第二十一条 进口或者出口濒危野生动植物及其产品的，应当向海关提交允许进出口证明书，接受海关监管，并自海关放行之日起30日内，将海关验讫的允许进出口证明书副本交国家濒危物种进出口管理机构备案。

《海关法》规定如下：

第二十四条 进口货物的收货人、出口货物的发货人应当向海关如实申报，交验进出口许可证件和有关单证。国家限制进出口的货物，没有进出口许可证件的，不予放行，具体处理办法由国务院规定。

进口货物的收货人应当自运输工具申报进境之日起十四日内，出口货物的发货人除海关特准的外应当在货物运抵海关监管区后、装货的二十四小时以前，向海关申报。

6.12.3 处罚依据

《中华人民共和国海关行政处罚实施条例》规定如下：

第十二条 违反海关法及其他有关法律、行政法规和规章但不构成走私行为的，是违反海关监管规定的行为。

第十五条 进出口货物的品名、税则号列、数量、规格、价格、贸易方式、原产地、启运地、运抵地、最终目的地或者其他应当申报的项目未申报或者申报不实的，分别依照下列规定予以处罚，有违法所得的，没收违法所得：……（二）影响海关监管秩序的，予以警告或者处1000元以上3万元以下罚款；……

6.13.4 认定处罚

海关经调查认为，当事人上述行为是违反海关监管规定的行为。

海关决定对当事人做出如下行政处罚：科处罚款人民币1.3万元整。

第 7 章
Chapter 7

跨境电商零售
通关税收

◇ **综述**

国家对进出口商品征收税费,是跨境贸易中常见行为,也是调节跨境电商零售的有效手段。与跨境传统贸易相比较,跨境电商零售进口商品税费越高,越可能促使商品通过跨境传统贸易渠道进口,压缩跨境电商零售发展空间,消费者难以享受跨境电商零售便利;反之,跨境电商零售进口商品税费越低,越可能促使商品通过跨境电商零售渠道进口,压缩跨境传统贸易发展空间。我国在跨境传统进出口货物税收政策基础上,根据境内产业发展和市场消费状况,制定适当优惠的跨境电商零售进出口税收政策,满足个人消费者跨境交易消费需求,支持跨境电商零售稳定发展。跨境电商零售企业应确定商品适用跨境电商零售进出口税收政策,核定商品归类、原产地、完税价格、税率等征税要素,计算应纳税额,评估商品销售成本,协助消费者评估交易成本,按时足额缴纳税费,确保商品顺利快速通关。

7.1 跨境传统货物税收征管

7.1.1 税收征管要点

7.1.1.1 国务院制定关税政策

国务院设立关税税则委员会,由国务院、财政部、发展改革委、工业和信息化部、司法部、财政部、农业农村部、商务部、海关总署、国家税务总局等部门派员组成,在财政部设办公室。关税税则委员会负责《进出口税则》的税目、税则号列和税率的调整和解释,报国务院批准后执行;决定实行暂定税率的货物、税率和期限;决定关税配额税率;决定征收反倾销税、反补贴税、保障措施关税、报复性关税以及决定实施其他关税措施;决定特殊情况下税率的适用,以及履行国务院规定的其他职责。

7.1.1.2　海关征收关税和代征税

准许进出口的货物，由海关依法征收关税。

海关是国家的进出关境监督管理机关，依照法定职权和法定程序履行关税征管职责，是关税的法定征收部门。任何货物应获得进出口准许，才具备缴纳关税的条件，即缴纳关税不是货物进出口的先决条件，而是必须接受的监管措施。

进口环节海关代征税包括进口环节增值税、进口环节消费税，按职能应由国家税务总局征收，为了简化进口征收操作，由海关在进口环节代为征收，适用关税征收管理的规定。

7.1.1.3　关税税率

关税税率的种类包括最惠国税率、协定税率、特惠税率、普通税率、出口税率、关税配额税率或者暂定税率，以及实施反倾销措施、反补贴措施、保障措施或者征收报复性关税等适用的税率。

对进口货物在一定期限内可以实行暂定税率。适用最惠国税率的进口货物有暂定税率的，应当适用暂定税率；适用协定税率、特惠税率的进口货物有暂定税率的，应当从低适用税率；适用普通税率的进口货物，不适用暂定税率。

出口关税设置出口税率。对出口货物在一定期限内可以实行暂定税率。适用出口税率的出口货物有暂定税率的，应当适用暂定税率。

进出口货物，应当适用海关接受该货物申报进口或者出口之日实施的税率。进口货物到达前，经海关核准先行申报的，应当适用装载该货物的运输工具申报进境之日实施的税率。

7.1.1.4　关税计征方式

进出口货物关税，以从价计征、从量计征或者国家规定的其他方式征收。

从价计征的计算公式为：应纳税额＝完税价格×关税税率。

从量计征的计算公式为：应纳税额＝货物数量×单位税额。

7.1.1.5　减征或者免征关税

特定地区、特定企业或者有特定用途的进出口货物，可以减征或者免征关税。

暂时进口或者暂时出口的货物，以及特准进口的保税货物，在货物收发货人向海关缴纳相当于税款的保证金或者提供担保后，准予暂时免纳关税。

纳税义务人进出口减免税货物的，除另有规定外，应当在进出口该货物之前，按照规定持有关文件向海关办理减免税审批手续。经海关审查符合规定的，予以减征或者免征关税。

7.1.1.6 免征额

关税税额在人民币50元以下的一票货物，免征关税。

7.1.2 纳税义务人

进口货物的收货人、出口货物的发货人是关税的纳税义务人。

报关企业接受纳税义务人的委托，以纳税义务人的名义办理报关纳税手续，因报关企业违反规定而造成海关少征、漏征税款的，报关企业对少征或者漏征的税款、滞纳金与纳税义务人承担纳税的连带责任。报关企业接受纳税义务人的委托，以报关企业的名义办理报关纳税手续的，报关企业与纳税义务人承担纳税的连带责任。

7.1.3 纳税期限

进出口货物的纳税义务人，应当自海关填发税款缴款书之日起十五日内缴纳税款；逾期缴纳的，由海关征收滞纳金。纳税义务人、担保人超过三个月仍未缴纳的，经直属海关关长或者其授权的隶属海关关长批准，海关可以采取相应强制措施。

纳税义务人同海关发生纳税争议时，应当缴纳税款，并可以依法申请行政复议；对复议决定仍不服的，可以依法向人民法院提起诉讼。

7.1.4 确定征税要求

7.1.4.1 确定货物是否属于法定减征或者免征关税货物

主要确定货物是否属于法定具体列明免征关税范围内的货物，特定地区、特定企业或者有特定用途的货物，暂时进口的货物及特准进口的保税货物，以及其他减征或者免征关税货物。

7.1.4.2 确定货物的完税价格

进口货物的完税价格由海关以符合规定条件的成交价格以及该货物运抵中华人民共和国境内输入地点起卸前的运输及其相关费用、保险费为基础审查确定。进口货物的成交价格，是指卖方向中华人民共和国境内销售该货物时买方为进口该货物向卖方实付、应付的，并按照规定调整后的价款总额，包括直接支付的价款和间接支付的价款。

出口货物的完税价格由海关以该货物的成交价格以及该货物运至中华人民共和国境内输出地点装载前的运输及其相关费用、保险费为基础审查确定。出口货物的成交价格，是指该货物出口时卖方为出口该货物应当向买方直接收取和间接收取的价款总额。出口关税不计入完税价格。

审查确定货物完税价格属于非常专业、复杂的技术难题，需要长期实践才能准确完成。

7.1.4.3 确定货物税率

对进口货物，根据货物税号和原产地，在海关通关系统《商品综合分类表》中找到相应条目，查看"最惠国税率""普通税率""暂定税率""协定税率""特定税率"等栏目，根据关税税率适用原则，确定适用的关税税率；查看"增值/消费税"栏目，确定适用的代征税税率。在《进口附加税率表》（反倾销、反补贴措施）中，根据货物原产地和原产厂商，可确定相应反倾销、反补贴、保障措施等税率。

对出口货物，根据货物税号，在海关通关系统《商品综合分类表》中找到相应条目，查看"出口税率"栏目，确定适用的关税税率。

7.1.4.4 确定货物税额

对从价计征的，每个税种的计税价格可能不同，应在完税价格基础上，根据计税公式确定计税价格，按照税率计核应纳税额。

对从量计征的，每个税种的单位税额也可能不同，应根据计税公式确定计税单位和单位税额，计核应纳税额。

7.1.5 法律责任

违反海关法及有关法律、行政法规，逃避海关监管，偷逃应纳税款，运输、携带、邮寄依法应当缴纳税款的货物进出境的，未经海关许可并且未缴纳应纳税款、交验有关许可证件，擅自将保税货物、特定减免税货物以及其他海关监管货物，在境内销售的，是走私行为。

在内海、领海、界河、界湖，船舶及所载人员运输、收购、贩卖运输、收购、贩卖依法应当缴纳税款的货物，没有合法证明的，按走私行为论处。

上述行为尚不构成犯罪的，由海关没收走私货物、物品及违法所得，可以并处罚款；构成犯罪的，依法追究刑事责任。

7.2 进境物品税收征管

7.2.1 税收征管要点

7.2.1.1 分类征税

海关规定数额以内的个人自用进境物品，免征进口税。

超过海关规定数额但仍在合理数量以内的个人自用进境物品，由进境物品的纳税义务人在进境物品放行前按照规定缴纳进口税。

超过合理、自用数量的进境物品应当按照进口货物依法办理相关手续。

"自用"指旅客本人自用、馈赠亲友而非为出售或出租。

"合理数量"指海关根据旅客旅行目的和居留时间所规定的正常数量。

7.2.1.2 计征方式

物品进口税从价计征。计算公式为：进口税税额＝完税价格 × 进口税税率。

海关应当按照《进境物品进口税税率表》《中华人民共和国进境物品归类表》《中华人民共和国进境物品完税价格表》对进境物品进行归类、确定完税价格和确定适用税率。进境物品适用海关填发税款缴款书之日实施的税率和完税价格。

7.2.1.3 邮递物品起征点

个人邮寄进境物品应征进口税税额在人民币 50 元（含 50 元）以下的，海关予以免征。

7.2.2 纳税义务人

进境物品的所有人是关税的纳税义务人，是指携带物品进境的入境人员、进境邮递物品的收件人以及以其他方式进口物品的收件人。进境物品的纳税义务人可以自行办理纳税手续，也可以委托他人办理纳税手续。

7.2.3 纳税期限

进境物品的纳税义务人，应当在物品放行前缴纳税款。

纳税义务人同海关发生纳税争议时，应当缴纳税款，并可以依法申请行政复议；对复议决定仍不服的，可以依法向人民法院提起诉讼。

7.2.4 法律责任

违反海关法及有关法律、行政法规，逃避海关监管，偷逃应纳税款，运输、携带、邮寄依法应当缴纳税款的物品进出境的；未经海关许可并且未缴纳应纳税款、交验有关许可证件，擅自将海关监管物品在境内销售的，是走私行为。上述行为尚不构成犯罪的，由海关没收走私货物、物品及违法所得，可以并处罚款；构成犯罪的，依法追究刑事责任。

7.2.5 确定征税要求

7.2.5.1 核定大类税号

《中华人民共和国进境物品归类表》列明了物品税号、物品类别、范围和税率。根据物品成分含量、功能用途等主要属性，对照物品范围描述和种类，确定物品类别和大类（类、章）税号（前两位税号标识物品大类）。

7.2.5.2 核定8位税号

《中华人民共和国进境物品完税价格表》列明了税号、品名及规格、单位、完税价格、税率。在《中华人民共和国进境物品完税价格表》中找到物品大类税号所在条目，根据物品主要属性，确定品名及规格，核定物品8位税号。

7.2.5.3 核定税额

根据物品8位税号所在条目，确定物品计税单位、完税价格和税率。按照计税单位，把应征税物品数量转换为计税数量，根据完税价格和税率，可计算出应缴税款金额。

7.3 跨境电商零售进口税收政策概述

7.3.1 进口税收政策出台调整简况

2016年3月24日，《财政部　海关总署　国家税务总局关于跨境电子商务零售进口税收政策的通知》（财关税〔2016〕18号）发布，明确了按照货物征税、纳税义务人、完税价格、代收代缴义务人、适用范围、限值征税、购买人身份信息等税收要求。

2018年11月29日，《财政部　海关总署　国家税务总局关于完善跨境电子商务零售进口税收政策的通知》（财关税〔2018〕49号）发布，将跨境电子商务零售进口商品的单次交易限值由人民币2000元提高至5000元，年度交易限值由人民币20000元提高至26000元，调整限值征税规定，增加商品不得境内再次销售、原则上不允许网购保税进口商品在海关特殊监管区域外开展"网购保税+线下自提"模式等内容。

7.3.2 进口税收政策保障业态稳定发展

税收政策保障企业税收成本长期稳定。跨境电商零售企业利用互联网信息技术创新交易模式，投入大量资金和人力资源，承担未知领域风险，主要目的是获取商业收益，重要考虑因素是付出的成本；清楚对进口商品征税是所有国家的进口监管措施，无法通过自身优化商业模式或创新信息化技术等企业手段，少交或不交进口税费，必须严格遵守税收政策规定，按时足额缴纳税费，承担必要进口成本。跨境电商零售进口税收政策出台前，面对各地大胆探索试验的监管措施，看似统一实则不同的进口税收要求，难准确计核进口税费，准确核定税收成本，产生最大的成本核算隐患。跨境电商零售进口税收政策出台后，企业能准确确定商品符合税收条件，核定税收要素，就能按照统一固定的税费计核方法，准确计算商品税费金额，在税收政策未发生变化时，能确保企业税收成本长期稳定，更准确计算商品销售成本和企业经营成本，评估企业销售收益，确保业务长远稳定发展。

税收政策保障消费者购买成本长期稳定。境内消费者从跨境电商平台购买商品，有时会在平台上看到包税或不包税的不同交易条件，有时毫无通关感觉就收到了商品，有时接到通知要到指定海关办理缴税手续，体验到不同进口税收结果，无法准确确定税收合法金额，无法准确确定购买成本。跨境电商零售进口税收政策出台后，统一确定了跨境电商零售进口商品税费计征方法，企业在确定商品销售价格和运费等主要价款后，可以提前比较准确地预估商品税费金额，在交易时提供给消费者做购买成本评估；对未提前预估税费的商品，消费者可以确定交易价格和运费等主要价款后，初步计算税费金额，预估购买成本。在税收政策未发生新变化时，购买商品依法缴付的税费金额可准确计算，让消费者清晰了解商品合法购买成本，长期稳定评估跨境电商零售进口购买成本。

税收政策保障监管环境长期稳定。税收长期以来是进出口货物监管重点，也是跨境电商零售进口新业态监管重点，对其他监管措施产生重大影响，会受到经济产业发展、国家支持力度、监管部门态度、税收财政松紧等大量因素影响。跨境电商零售进口监管初期，国家鼓励地方先行先试税收政策，尝试了一些差异化的税收措施，积累了大量实践经验，形成了地方差异化的监管环境；地方政府为了消除税收措施差异化对本地跨境电商零售企业成本的不利影响，鼓励本地跨境电商零售产业发展，纷纷出台税收补贴支持措施，让进口税收措施差异化整体效果更难评估。跨境电商零售进口税收政策出台后，展现国家对新业态的整体支持鼓励态度，统一监管部门共识，固化税收政策执行落实方式，确保监管环境长期稳定。

7.4 跨境电商零售进口商品按照货物征税

《财政部　海关总署　国家税务总局关于跨境电子商务零售进口税收政策的通知》（财关税〔2016〕18号）规定：跨境电商零售进口商品按照货物征收关税和进口环节增值税、消费税。

跨境电商零售是跨境贸易"碎片化"新形式。跨境电商零售境外企业直接向境内消费者销售商品，境内消费者直接向境外企业购买商品，销售地境内交易、跨境交易和消费地境内交易等层层环节简化为销售地与消费地跨境交易，省略了跨境传统进口商、分销商、零售商等中间商，源头是境外企业，终端是境内消费者，与跨境传统交易相同；境外企业公开销售商品获取价款，允许任何一个消费者购买，境内消费者公开购买商品支付价款，可向任何一个企业购买，企业与消费者之间没有特殊关系影响交易价款，与跨境传统贸易应不受特殊关系影响相同；商品小包装，通过跨境物流配送渠道完成派送，运输费用较高等，都属于商品实物的特点，跨境电商零售依然属于商品与价款等价交换，与跨境传统交易本质相同；跨境电商零售商品满足终端消费者日常需求，数量少，价值小，属于跨境交易最小额度，让跨境电商零售成为跨境贸易"碎片化"新形式。

跨境电商零售进口商品按货物征税。我国制定实施货物和物品两种进出口税收政策，对属于侧重销售他用的货物区分征收关税和进口环节增值税、消费税，对属于侧重自购自用的物品合并征收进口税，明确对跨境电商零售进口商品按照货物区分征收关税和进口环节增值税、消费税，即确认跨境电商零售进口商品具有货物商业交易属性，适用货物税收政策原则。跨境电商零售进口商品沿袭跨境传统贸易货物通关方法，应如实申报商品编号、商品名称、规格型号、价格、运费、保险费及其他相关费用、原产地、数量等税收要素，在归类、审价、原产地、缴纳税费等方面遵循货物征税原则，参照货物征税主要规定，充分发挥跨境传统贸易征税经验，为跨境电商零售商品准确征税提供有力支持。

按货物征税有利于稳定进口秩序。跨境电商零售本质是商品与价款的跨境等价交换，决定了商品与跨境传统贸易货物本质相同，都属于跨境交易商品，应适用相同税收政策。跨境电商零售进口商品如果按照自购自用的物品征税，自然而然被认为属于个人物品，不符合其商业交易属性，在禁限管制、数据统计、风险评估、产业影响等方面存在属性误导风险，让境内关于跨境电商零售商品属于物品或货物之争无法消停，甚至引发更广泛、更持久的商品监管属性争论，不利于建立稳定的跨境电商零售进口秩序；跨境传统贸易货物和跨境电商零售进口商品两种同为商业销售进境的商品，适用不同税收政策，因货物征税和物品征税在归类、完税价格、税率等方面存在较大差别，可能同一商品存在较大税率差异，引发高税率商品大量流向低税率通关渠道，影响跨境传统贸易和跨境电商零售进口正常通关秩序。跨境电商零售进口商品按货物征税，平息商品监管属性争论，消除与跨境传统贸易货物的大幅差异，建立维持稳定的进口秩序。

7.5 跨境电商零售进口税收政策适用范围

7.5.1 主要规定

《财政部　海关总署　国家税务总局关于跨境电子商务零售进口税收政策的通知》（财关税〔2016〕18号）规定：跨境电子商务零售进口税收政策适用于从其他国家或地区进口的、《跨境电子商务零售进口商品清单》范围内的以下商品：

（一）所有通过与海关联网的电子商务交易平台交易，能够实现交易、支付、物流电子信息"三单"比对的跨境电子商务零售进口商品；

（二）未通过与海关联网的电子商务交易平台交易，但快递、邮政企业能够统一提供交易、支付、物流等电子信息，并承诺承担相应法律责任进境的跨境电子商务零售进口商品。

不属于跨境电子商务零售进口的个人物品以及无法提供交易、支付、物流等电子信息的跨境电子商务零售进口商品，按现行规定执行。

7.5.2 商品应属于跨境电商零售进口商品

商品应符合以下要求：一是消费者购买，从订购人属性上确定商品属于消费者，有别于贸易企业主体；二是用于消费者个人使用消费，从用途上确定商品属于零售终端消费商品，有别于企业商业增值用途；三是通过跨境电商平台，实现浏览商品、下达订单、支付价款、物流派送等主要流程，有别于境内的实体店或电商平台；四是跨境交易，价款从境内流转出境外，商品从境外流转进境内，办结进口通关手续，有别于境内交易或境外交易。

7.5.3 商品应在清单范围内

商品前8位商品编号应在《跨境电子商务零售进口商品清单》"8位税号"栏目里，否则不符合在清单范围内的基本要求；通关模式应符合"备注"栏对通关模式的限制要求，部分商品仅限于网购保税进口模式，不能通过直购进口模式进口；商品不能属于"备注"栏排除条件限定的商品，例如"列入《进出口野生动植物种商品目录》且不能提供《中华人民共和国濒危物种进出口管理办公室非〈进出口野生动植物种商品目录〉物种证明》的商品除外"。

7.5.4 商品应按要求传输电子信息

交易、支付、物流等电子信息是跨境电商零售通关基础电子数据，协助实现"三单"比对审核申报数据，甄别商品通关风险，由信息化系统自动放行商品。如果跨境电商零售相关企业与海关信息化系统联网，建立电子信息传输接收通道，能直接向海关传输交易、支付、物流等电子信息，则商品符合传输电子信息要求。如果跨境电商零售相关企业与海关信息化系统联网，不能直接向海关传输交易、支付、物流等电子信息，则可委托快递、邮政企业统一提供交易、支付、物流等电子信息，商品也符合传输电子信息要求。

跨境电商零售进口商品无法提供交易、支付、物流等电子信息，将无法实现"三单"比对，无法向海关发送《申报清单》，无法进入跨境电商零售进口通关流程，无法正常顺利通关，不适用跨境电商零售进口税收政策。

7.5.5 不适用于个人物品

个人物品指个人携带进出境的行李物品、邮寄进出境的物品，不同于纯粹商业交易的跨境电商零售进口商品，一直适用个人物品专用进口税收政策，应用成熟通关模式和信息化系统，能快速通关。如果将个人物品纳入跨境电商零售进口税收政策适用范围，不符合其个人物品属性，误导引发个人物品具有货物属性的新争议，扰乱长期稳定运行的个人物品通关秩序；需要修改已经完备严密的个人物品监管规定，改变已有监管模式和通关信息化系统，将深远影响个人物品顺利通关。

7.6 进口商品原产地

7.6.1 主要规定

《中华人民共和国进出口货物原产地条例》规定，货物原产地是指依照原产地规则确定的获得某一货物的国家（地区）。完全在一个国家（含地区，以下同）获得的货物，以该国（地区）为原产地；两个以上国家（地区）参与生产的货物，以最后完成实质性改变的国家（地区）为原产地。获得，是指捕捉、捕捞、搜集、收获、采掘、加工或者生产等。

《中华人民共和国进出口货物原产地条例》适用于实施最惠国待遇、反倾销和反补贴、保障措施、原产地标记管理、国别数量限制、关税配额等非优惠性贸易措施以及进行政府采购、贸易统计等活动对进出口货物原产地的确定。实施优惠性贸易措施对进出口货物原产地的确定，不适用本条例；具体办法依照中华人民共和国缔结或者参加的国际条约、协定的有关规定另行制定。

7.6.2 原产地是贸易政策基石

进出口贸易对出口国（地区）和进口国（地区）利益产生整体影响：出口国（地区）生产销售出口商品，获得价款，增加财富，通常大力支持本国（地区）商品出口；进口国（地区）购买使用进口商品，满足市场需求，要付出价款，减少财富，通常尽力减少境外商品进口。国家制定进出口贸易政策时，以贸易来往国家（地区）为基本目标单元，对友好的国家（地区），制定促进贸易的政策，对不友好的国家（地区），制定限制贸易的政策，影响覆盖整个目标国家（地区），即使个别反倾销措施的执行需要依据具体生产厂商，其源头和核心目标仍然是整个国家（地区）。进出口监管是国家主权行为，对具体企业通关行为监督管理，对涉嫌违法违规行为进行调查处理，对违法违规情事进行判定处罚，都属于国家行政行为，体现了国家进出口贸易监管意志。当发生国际贸易摩擦时，直接受影响的主体是独立企业，最终影响整个国家行业产业，需要国家作为主体发起贸易谈判协商，不是企业或行业直接开展谈判磋商。原产地是贸易政策制定、执行、协商的基石，决定商品进出口时适用的国家贸易政策。

原产国（地区）不等同于贸易国（地区）。进口贸易国（地区）通常指发生商业性交易的销售商品的国家（地区），或未发生商业性交易的商品所有权拥有者所属的国家（地区）。跨境电商零售进口属于商业性交易，商品贸易国（地区）就是销售商品的国家（地区），不一定就是原产国（地区）：当商品所有权属于生产厂商所在国家（地区）的主体，生产厂商所在国家（地区）直接销售商品，原产国（地区）就是贸易国（地区）；当商品所有权从生产厂商所在国家（地区）转移给其他非进口国（地区）的主体，生产厂商所在国家（地区）之外的国家（地区）销售商品，原产国（地区）就不是贸易国（地区）。跨境电商零售企业应避免将贸易国（地区）错当成原产国（地区），导致商品错误适用贸易政策。

7.6.3　原产地决定适用税率

《中华人民共和国进出口关税条例》规定，原产于共同适用最惠国待遇条款的世界贸易组织成员的进口货物，原产于与中华人民共和国签订含有相互给予最惠国待遇条款的双边贸易协定的国家或者地区的进口货物，以及原产于中华人民共和国境内的进口货物，适用最惠国税率；原产于与中华人民共和国签订含有关税优惠条款的区域性贸易协定的国家或者地区的进口货物，适用协定税率；原产于与中华人民共和国签订含有特殊关税优惠条款的贸易协定的国家或者地区的进口货物，适用特惠税率；原产于上述所列以外国家或者地区的进口货物，以及原产地不明的进口货物，适用普通税率。

商品税率适用取决于原产地与我国的贸易关系。多个国家（地区）组成的经济区域与我国签订贸易协定，对外适用覆盖整个区域性的税率，似乎与具体国家（地区）无关，实际商品通关申报原产地时只能对应具体国家（地区），例如德国、菲律宾，无法对应国家（地区）组成的经济区域，例如欧盟、东盟，要先确定商品原产地，才能确定所属的经济区域，最终确定适用何种税率。在同一个经济区域内，国家（地区）经济发展水平存在差异，有些国家（地区）需要在经济区域协定下制定满足个性化需求的贸易政策，实施与整个经济区域不完全相同的贸易措施，将导致在经济区域内存在与国家（地区）单独相关的税率，需要根据商品原产地确定税率。商品原产地不明理论上不应该存在，可能商品在全球流转中经过很多中间商，进口时无法确定实际原产地，或者企业为了逃避与原产地相关的管制或者制裁，宁愿承担更高税赋，在通关时申报原产地不明，适用普通税率。

7.6.4　原产地影响商品交易可信度

在全球化市场中，各个国家（地区）因地制宜、扬长避短，大力支持鼓励发展本地优势产业，在国际市场销售独具特色的商品，形成了该国（地区）商品的历史口碑，例如法国的葡萄酒、德国的机械设备、智利的奇异果等，让原产地成为商品品质标识。长期从事商品进出口的人员会全面掌握各类商品全球主要产地、品质等级、产量销量、用量需求等主要贸易情况，了解商品基本属性参数，根据原产地能较准确判断商品品质等级，预估商品销售价格范围，通常不需要看到实物商品；由于商品货值较高，进口商通常直接从原产厂商购买，与原产地的企业交易，根据原产地社会传统价值观、法治水平、交易习惯、市场口碑等历史经验，可以判断交易可靠可信度，例如资料准确性、参数真实性、价格可议度、费用合理性等。如果原产地企业历史交易劣迹斑斑，信誉很差，交易可信度就很低，需要采取严格周密的措施防范被企业欺骗；如果原产地企业历史交易诚实规矩信誉很好，交易可信度就很高，则容易接纳企业交易报价。原产地是商品品质和交易第一印象的重要来源，直接影响商品交易可信度。

7.6.5 跨境电商零售进口商品原产地的确定

跨境电商零售进口商品原产地比较直接简单。跨境电商零售进口商品主要是消费者可直接使用的，具备独立完整的功能，结构组成或成分含量比较简单，通常生产制造比较简单或一次性完成，较少涉及多地多次生产加工，原产地确定比较容易。为了降低中间商成本，跨境电商零售企业会利用互联网信息渠道，了解商品生产销售流程和主体，努力从生产厂商或者最上游供应商购买商品，能比较准确获得商品原产地信息，确定申报原产地；对从市场经销商购买，不是从生产厂商或者最上游供应商购买的商品，通常已经是零售包装状态，具备清晰准确的生产厂商和原产地信息，能准确确定进口原产地；商品通常会在多个渠道由多个经销商销售，在互联网留下大量交易和使用信息，通过汇总比较商品在不同销售渠道的生产信息，能比较准确确定商品原产地。跨境电商零售进口商品属于零售可使用消费状态，可通过互联网信息传播渠道迅速准确获取全球市场产销信息，让原产地确定比较直接简单。

跨境电商零售进口商品原产地确定。跨境电商零售进口监管政策对原产地表述很少，不少跨境电商零售企业不了解进口商品原产地重要性，当发生涉及原产地问题时，更不知从何解决。跨境电商零售商品按照货物征税，应按照货物原产地、归类、价格等监管规定办理税费计征手续，遵守长期以来完善建立的一整套监管要求，沿用历史证明成熟稳定的征税方法来解决进出口税收新问题。跨境电商零售企业应重视商品原产地确定，运用互联网信息技术获取尽可能丰富完整的商品信息，比较不同销售渠道商品原产地信息，甄别准确原产地信息；商品上架销售前，组织熟悉原产地管理规定和确定操作的人员，汇总分析商品原产地相关信息，准确确定商品原产地。

7.7 进口商品完税价格

完税价格是指海关在计征关税时使用的计税价格。跨境电商零售进口商品实际交易价格（包括货物零售价格、运费和保险费）作为完税价格。

7.7.1 完税价格应不受特殊关系影响

特殊关系是可能影响完税价格的关系，例如让交易价格更低，让商品售后服务更丰富、保修期更长等。跨境电商零售是非面对面全球范围交易，消费者与跨境电商零售企业之间难有直接认识机会，通常是纯粹商业交易关系，很罕见会存在特殊关系，或者存在关系但不影响交易价格，除非消费者属于跨境电商零售企业内部员工或存在商业合作的人员。跨境电商零售企业与消费者存在特殊关系时，应消除特殊关系对完税价格的影响，通常可与其他不存在关系的消费者相比较，如在商品品质、交易数量、售后服务等商品交易条件相同情况下，支付价款应相同；发现存在特殊关系影响交易价格的，跨境电商零售企业应主动调整向海关申报的价格，确保完税价格不受特殊关系影响。

7.7.2 完税价格是应付价格

跨境电商零售进口商品与价款应等价交换。完税价格应是获取商品全部权益的应付价格，包含不在交易范围以内的其他权益交换，如果消费者提交订单时支付了部分价款，收到商品后再支付剩余部分价款，所有分次支付的价款应属于完税价格；如果消费者线上支付了部分价款，用其他代金券等价值物品支付其他部分价款，所有形式支付的价款应属于完税价格；如果消费者向跨境电商零售企业单向支付了价款，为了获取商品让跨境电商零售企业从消费者反向获得的其他收益，相当于向跨境电商零售企业支付了其他价值，所有消费者付出的价值应属于完税价格。消费者交易时支付了价款，但价款未达到正常市场价格，或者明显与商品价值不符，即未达到应付价格金额，也不能直接当作完税价格，应以应付价格作为完税价格。完税价格是获得商品应该支付的价格，等价于市场商品全部权益的价格。

7.7.3 完税价格应是支付境外的价格

跨境传统货物进出口通关应填报货物成交方式，即货物实际成交价格条款，明确成交价格组成，例如：成交方式CIF价格包含成本、指定目的港的保险费和运费，常称为到岸价；成交方式FOB价格仅包含起运港交货的成本，常称为离岸价。进口货物的完税价格，以该货物的成交价格为基础审查确定，并且应当包括货物运抵中华人民共和国境内输入地点起卸前的运输及其相关费用、保险费，即类似CIF境内输入地点的价格，应是支付境外的价格。境内输入地点起卸后的业务属于境内业务，产生的费用属于境内主体之间交易支付的费用，例如码头卸装费、报关费用、从码头到工厂的运输费用，应按照境内商业税收政策征税，不应属于完税价格。通常跨境电商零售进口消费者一次性支付全部价款，对可以清晰划分证明属于境内业务产生、向境内主体支付的费用，可以不纳入完税价格。

7.7.4 价格确定应遵循公平公开原则

销售范围公开公平。跨境电商零售商品面向全球消费者，理论上任何一个能访问跨境电商平台的消费者应能购买商品。跨境电商零售企业应在跨境电商平台上向消费者公开发布商品销售信息，不应通过设定消费者等级、注册年限、积分额度等差异化措施设置信息知悉条件，限定能够知悉信息的消费者范围，限定消费者知悉信息的范围，应确保任何一个消费者都能公开公平获取相同商品的销售信息；不应限定购买商品的消费者范围，应确保任何一个消费者都能公开公平购买商品。跨境电商零售企业应避免设置商品销售限制条件，避免区别限制消费者购买，消除可能与消费者存在的特殊关系，允许所有消费者都能知悉并购买商品，确保销售范围公开公平。

销售时间公开公平。跨境电商平台是24小时在线营业的交易场所，理论上任何时刻消费者应能购买商品。个别企业为了制造公开公平的销售假象，故意公开发布商品销售信息，组织境内消费者在限定时间内抢购完毕全部商品，甚至通过信息化系统瞬间自动购买全部商品，然后通过跨境电商零售进口渠道，把不属于跨境电商零售的商品运输进境再次销售，属于违反跨境电商零售监管规定的行为。跨境电商零售企业可以设置销售开始和结束时间，在交易平台上公开发布，但应不针对特定消费者，不限定超出人们交易操作速度的过短时间，不通过限定销售时间或交易时间变相划分允许购买的消费者范围，应允许普通消费者在销售时间内能有充裕时间完成交易，确保销售时间公开公平。

销售数量公开公平。跨境电商零售企业面向全球消费者，尽可能多销售商品、多获得收益，理论上商品数量没有上限，任何消费者购买商品都应能获得商品。个别企业为了让特定消费者购买到商品，可能通过信息化系统手段，允许特定消费者购买商品数量更多，将大部分商品销售给特定消费者，甚至采取一次性系统抽签方式将限定数量的商品匹配给特定消费者。跨境电商零售企业应公开公布最大商品数量，不限制单个消费者购买数量，或者公平公开限制单个消费者购买数量，允许消费者在商品数量内完成交易，确保商品数量公开公平。

销售商品公开公平。跨境电商零售是非面对面商品交易，理论上应该属于客观公平的等价交换。个别企业为了奖励特定消费者，通过提供赠品增加商品价值或提供折扣优惠降低价格等方式，让特定消费者享受远超过普通消费者的权益，导致交易不属于等价交换。跨境电商零售企业应公开商品等级、规格参数、售后服务以及相应价格，对同等消费者应适用同等交易条件，购买相同商品支付相同价款，支付相同价款获得交易约定的商品，让商品与价款交换对消费者公开，对同等消费者公平，属于无差别的等价交换。

7.7.5 确定跨境电商零售进口商品完税价格

跨境电商零售进口商品完税价格要经过专业程序确定，简单而言，就是市场正常交易产生的对外支付费用，包括零售价格、运费和保险费。消费者支付价款未包含跨境电商零售企业销售获得的全部收益，或受到其他特殊关系影响，明显低于正常交易费用，就要将偏低的价款计入完税价格，可能完税价格比实际支付价款高。消费者交易支付价款包含跨境电商零售企业销售获得的全部收益，且未受到其他特殊关系影响，与正常交易费用相当，不需要调整价款，完税价格与实际支付价款相当。消费者交易支付价款包含跨境电商零售企业为了完成商品交易支付给境内企业的费用，比正常交易费用高，可能要剔除境内业务费用，完税价格比实际支付价款低。跨境电商零售进口商品完税价格确定对所有交易都执行标准程序，确保不严重偏离市场应付价格，企业进口税赋不存在明显差异，为跨境电商零售进口发展提供公平的进口税收环境。

积分代金券等代替支付应计入完税价格。为了留住消费者长期在跨境电商平台消费，跨境电商零售企业通常会累计消费者交易金额，记录为积分，设定积分与货币的转换公式，允许消费者使用积分代替货币支付价款；派发代金券、优惠券等特定优惠，面向部分符合特定条件的消费者，允许消费者使用优惠代替货币支付价款。积分、优惠券、代金券等本质是消费者权益，代替货币支付价款是个别消费者自主行为，属于交易价款一部分，应计入完税价格。跨境电商零售企业应准确区分代替支付金额，向海关准确传输代替支付金额、实付金额，与应付价款相印证，避免需要专门解释消除额外产生的完税价格疑问，延误商品通关；长期保存消费者代替支付方式、凭证和操作记录，及时提供给海关验核，确保准确快速确定完税价格。

打折满减等优惠应遵循公开公平原则。为了吸引更多消费者购买商品，跨境电商零售企业会对商品价格打折，以比平时正常销售更低的价格促销商品；或者当交易金额达到一定金额后，减免一定金额，交易金额越多，减免金额越多，吸引消费者购买更多金额的商品。打折满减等优惠属于跨境电商零售企业主动促销行为，不属于消费者个体自主行为，如果遵循公开公平原则，面向市场全体消费者，不面向特定消费者，则可以从完税价格中剔除；如果不遵循公开公平原则，限定特定消费者，不面向市场全体消费者，就不能从完税价格中剔除。跨境电商零售企业应准确记录优惠条件、折扣比例、满减金额、起止时间、交易记录等具体促销信息，以备事后监管部门核查；向海关准确提供每票交易应付金额、实付金额、享受的优惠类型和优惠金额，与应付价款相印证，避免需要专门解释消除额外产生的完税价格疑问；长期保存消费者享受优惠记录，必要时及时提供给海关验核，确保准确快速确定完税价格；希望海关从完税价格中剔除优惠金额的，应全面评估促销活动遵循公开公平原则，及时完整准确提供佐证材料，配合海关核定完税价格；当海关核定不能从完税价格中剔除优惠金额的，应全面了解原因，及时调整促销策略，争取未来促销优惠金额能从完税价格中剔除，进一步降低交易成本，吸引更多消费者，占领更大市场份额。

7.8 进口优惠税率

7.8.1 规定调整情况

《财政部　海关总署　国家税务总局关于跨境电子商务零售进口税收政策的通知》（财关税〔2016〕18号）规定如下：

跨境电子商务零售进口商品的单次交易限值为人民币2000元，个人年度交易限值为人民币20000元。在限值以内进口的跨境电子商务零售进口商品，关税税率暂设为0%；进口环节增值税、消费税取消免征税额，暂按法定应纳税额的70%征收。超过单次限值、累加后超过个人年度限值的单次交易，以及完税价格超过2000元限值的单个不可分割商品，均按照一般贸易方式全额征税。

《财政部　海关总署　国家税务总局关于完善跨境电子商务零售进口税收政策的通知》（财关税〔2018〕49号）对税收政策调整如下：

将跨境电子商务零售进口商品的单次交易限值由人民币2000元提高至5000元，年度交易限值由人民币20000元提高至26000元。

完税价格超过5000元单次交易限值但低于26000元年度交易限值，且订单下仅一件商品时，可以自跨境电商零售渠道进口，按照货物税率全额征收关税和进口环节增值税、消费税，交易额计入年度交易总额，但年度交易总额超过年度交易限值的，应按一般贸易管理。

7.8.2 适用条件

7.8.2.1 年度交易总额未超过年度交易限值

单次交易未超过单次限值，适用跨境电商零售进口优惠税率。

单次交易超过单次限值：订单下仅一件商品时，可以自跨境电商零售渠道进口，按照货物税率全额征收关税和进口环节增值税、消费税，交易额计入年度交易总额；订单下不止一件商品时，按照一般贸易方式全额征税，按照货物税率全额征收关税和进口环节增值税、消费税，交易额不计入年度交易总额。

7.8.2.2 年度交易总额超过年度交易限值

单次交易未超过单次限值，按照一般贸易方式全额征税。

单次交易超过单次限值，按一般贸易管理。

7.8.3 限值内关税税率暂设为0%

按货物税种征收。税种是商品监管属性的体现，进口货物包括关税和进口环节增值税、消费税，进口物品统一为进口税。跨境电商零售进口商品按货物征税，就与进口货物相同，应征收关税和进口环节增值税、消费税。其中，关税税率暂设为0%，即按0%税率征收关税，不是不征收关税，保持跨境电商零售商品按货物征税原则。

关税影响因素较多。关税包含多种税率，例如最惠国税率、协定税率、特惠税率、普通税率、关税配额税率或者暂定税率，甚至同种税率里还区分原产地适用不同税率，要准确核定商品原产地确定适用税率。跨境电商零售进口商品通常从境外市场采购，特别是无零售包装的散装商品，可能缺少原产地证明或原产地相关信息，就难以准确核定原产地，难以准确确定适用税率，影响关税适用税率准确性。跨境电商零售进口商品可能来自全球任何一个国家，难以准确确定众多国家的实时适用税率，影响关税税率准确性。随着国际贸易变化，国家动态调整关税政策，例如临时提高不友好国家税率，需要及时准确掌握关税调整，才能确定实时适用税率。对实施反倾销措施、反补贴措施、保障措施或者征收报复性关税等适用的税率，要准确核定商品生产企业，才能确定适用税率。跨境电商零售进口商品来源多样、数量较少、品种繁多，难以全部核定生产企业，将影响关税税率准确性。

增值税率和消费税率简单稳定。在整体税率方面，进口货物增值税从价计征，税率分为13%、17%两档，消费税从价计征税率分为13档，还有从量计征税率，税率档次比较多，但很少改变，长期稳定；在贸易关系方面，增值税和消费税针对具体商品，与原产地、生产企业无关，受国家之间贸易关系影响很小；在计核操作方面，只要确定商品10位编号，能立即确定增值税和消费税的税率和计征方式，操作简单快捷。

关税税率暂设为0%确保税费准确稳定。跨境电商零售进口关税税率暂设为0%，只要计核增值税和消费税可得税费总额，实际简化了税收种类，不需要考虑关税对综合税费的诸多影响，确保税费长期稳定。按照货物税费从价计征方式，关税应纳税额与完税价格、关税税率有关，消费税应纳税额与完税价格、实征关税税额和消费税税率有关，增值税应纳税额与完税价格、实征关税税额、实征消费税税额和增值税税率有关；关税税率暂设为0%后，关税应纳税额为零，消费税应纳税额与完税价格和消费税税率有关，增值税应纳税额与完税价格、实征消费税税额和增值税税率有关，消费税和增值税的关联参数都减少了，税费计征操作流程都简化了，避免复杂计核操作伴生的可能错误，确保税费准确稳定。

关税税率优惠降低稳定交易成本。按照货物税费从价计征方式，应先计核关税，用实征关税税额作为参数计算消费税；然后用实征关税税额、实征消费税税额作为参数计算增值税，即关税被包含在消费税和增值税里，属于对其他税费都有影响的关联参数；关税不是简单累加到消费税和增值税上，而是作为计算公式的参数，消费税税率不为0%时，由于消费税已包含实征关税税额，增值税同时包含实征关税税额、实征消费税税额，即实征关税税额会被叠加使用，具有比直接累加更强的放大作用。关税税率微小提高或降低，消费税和增值税会更大幅度增加或减少，当关税税率暂设为0%，实征关税税额为零，消除了关税对消费税和增值税的叠加影响，让消费税和增值税大幅降低并保持稳定。

7.8.4 暂按法定应纳税额的70%征收

按税额优惠更直接明了。在税收优惠方式上，可降低税率，例如将关税税率暂设为0%，可降低征收比例，例如按法定应纳税额的70%征收。当税率降低为0%时，应纳税额为零，在计税过程中可忽略不计，显著简化计税操作。当税率降低但不为0%时，应纳税额不为零，在计税过程中不能忽略不计，必须按照严格计税程序计核全部税费，未简化计税操作；税率属于计税参数，需要使用其他参数才能计算应纳税额，被其他税种间接使用，例如增值税要包含消费税应纳税额，即包含消费税税率，影响其他税种应纳税额，单个税率降低比例不一定是最终应纳税额的降低比例，体现不了税收优惠比例。按法定应纳税额的70%征收，保持原有消费税和增值税税率不变，继续使用计算公式计核应纳税额，按优惠比例征收，直接明了体现税收优惠比例，便于企业核算税收成本。

优惠征收不是优惠计核。计核是按计算公式计算核定应纳税额，征收是按征收比例收取税费入库。进口货物要先计核关税应纳税额，然后使用关税应纳税额作为参数计核消费税，再使用关税应纳税额和消费税应纳税额作为参数计核增值税。如果按优惠比例计核，在每一个计算过程中都要按优惠比例调整应纳税额，作为参数计核其他税种，例如要将消费税应纳税额按70%的金额作为参数去计核增值税，把优惠比例作为新的计税参数，增加了计算公式复杂度，提高计核难度，容易增加计核错误。优惠征收在最终收取税费时按优惠比例收取，不改变计算公式和过程参数，不增加计核过程难度。跨境电商零售企业要清楚认识到征收和计核的区别，避免错误地按优惠比例计核税费，放大优惠比例对税费的影响，导致税收成本产生大幅偏差，错误核定商品交易成本。

7.8.5 跨境电商零售通关渠道

跨境电商零售通关渠道是专用全新的，采用信息化系统比对电子信息、税费担保、分拣线自动验放商品等便利手段，满足海量小包装商品快速通关需求。超过限值、符合规定条件的商品可以自跨境电商零售渠道进口，可以继续使用跨境电商零售分拣线，不需要企业将商品从海量商品里单独挑选出来；可以继续使用已经发送的电子信息和《申报清单》，不需要作废数据、重新申报非跨境电商零售通关单证；可以继续使用跨境电商零售进口税费征收方式，不需要单独对商品另行计征税费；可以继续使用跨境电商零售物流渠道完成境内派送，不需要更换物流派送渠道；在税款征收时通过信息化系统自动计核税费金额，通过跨境电商零售纳税方式缴纳税费，不能享受跨境电商零售税收优惠，仅在税费金额上产生变化，能继续确保商品通过跨境电商零售渠道快速通关，避免转换其他通关渠道产生额外通关成本。

7.8.6 按货物税率全额征税

跨境电商零售进口商品完税价格超过5000元单次交易限值但低于26000元年度交易限值，且订单下仅一件商品时，按照货物税率全额征收关税和进口环节增值税、消费税。在税率确定上，不适用关税税率暂设为0%的优惠条款，要根据商品编号、原产地等信息，按照货物税率确定流程，确定关税、增值税、消费税等税率，可确定商品综合税率；从税费计核上，要在核定完税价格基础上，根据综合税率计核应纳税额；在征收比例上，不适用按法定应纳税额的70%征收增值税、消费税的优惠条款，应全额征收关税、增值税、消费税的应纳税额，不适用跨境传统货物免征额条款，在免征额以内的应纳税额也要征收。跨境电商零售企业不能直接使用跨境电商零售进口税费计征方法计算此类商品应纳税额，应注意把握计征要求的差异，准确计核商品应纳税额，避免成本核算错误。

7.8.7 按一般贸易管理

跨境电商零售进口商品年度交易总额超过年度交易限值的，应按一般贸易管理。

通过一般贸易渠道进口。跨境电商零售通关渠道为适应跨境电商零售新业态专门新建的，不同于跨境传统通关渠道。在申报方式上，应根据邮件、快件或其他运输方式，在通关信息化系统申报一般贸易进口货物报关单，提交随附单证，按照一般贸易货物办理报关手续；在贸易管制、检疫、检验等方面，按照一般贸易监管规定办理，提交所需的监管证件，办理检疫检验手续；在实货查验上，执行随机布控、现场挑查、人工查验等流程环节。跨境电商零售企业应配置一般贸易进口团队，或者委托从事一般贸易业务的报关企业，提前理顺商品从跨境电商零售通关渠道转向一般贸易渠道的流程，了解一般贸易报关需要的数据、单证和操作，能快速配合完成转换一般贸易通关操作，避免临时摸索一般贸易渠道业务，延误商品通关。

按一般贸易征收税费。一般贸易包括关税、消费税和增值税等税率，特别可能涉及实施反倾销措施、反补贴措施、保障措施或者征收报复性关税等适用的少见税率，涉及税率更多；必须严格按照计税公式和顺序计核税费，涉及更多计税参数和税额叠加，更容易计税出错；一般贸易对应纳税额在人民币50元以下的一票货物予以免征，不同于没有免征额的跨境电商零售进口，更存在漏税风险；跨境电商零售进口商品按一般贸易缴纳税费，涉及税费金额较少或频率较少，可能不适用一般贸易网上支付或税费担保等快速缴税方式，要采取纸质缴款书原始方式，更拖延通关效率。跨境电商零售企业应准确掌握一般贸易税收要求，准确计核税费，避免错误估算成本亏本销售，要提前做好一般贸易纳税准备，督促熟悉业务的人员及时配合，确保税费应缴尽缴快缴，避免税费缴纳错误。

7.9 个人交易限值

单次交易限值是指限定消费者一次购买商品的最大金额，年度交易限值是指限定消费者自然年度购买商品的最大金额。单次交易额是指消费者一次购买商品的实际金额，年度交易总额是指消费者自然年度购买商品的实际金额。

7.9.1 | 计算方式

按个人身份信息计算。跨境电商零售进口商品通关时应向海关申报订购人证件类型、证件号码、姓名、电话等订购人信息。海关信息化系统按订购人身份信息，区分不同消费者实体，累计交易总额，比较年度交易限值。

按完税价格计算。完税价格是海关审价确定的计征税费的价格，可能在交易总额基础上进行了调整，不一定等于交易金额。海关信息化系统将完税价格与单次限值比较，累计入交易总额。

按单次交易计算。一次交易可能仅有一个商品，可能超过一个商品，交易金额包含商品价格、运费、保险费等。海关信息化系统将每票《申报清单》的完税价格与单次限值比较，累计入交易总额。

7.9.2 | 限值公开，统一尺度

限值公开，统一消费尺度。消费者根据自身日常消费需求，从跨境电商平台购买商品，按照公开统一的限值标准，对比平台预估税款金额，可以准确知道商品是否属于跨境电商零售进口税收优惠商品范围，甚至知道跨境电商零售企业是否遵守限值规定，评估企业诚信度和交易合法性，决定是否购买商品。为了让消费者准确计算单次交易金额是否符合限值，监管部门提供了信息化系统功能允许消费者公开查询个人年度交易总额。消费者可使用个人身份信息，查询通过跨境电商零售进口渠道通关的交易记录，对比公开统一限值，可发现不符合限值的商品通过跨境电商零售进口渠道通关，或者符合限值的商品未通过跨境电商零售进口渠道通关等异常情况，评估商品通关合法性和品质可靠性，决定是否使用消费商品。限值为消费者提供公开统一标准，用于评估交易和通关的合法性，决定是否购买使用消费商品。

限值公开，统一销售尺度。跨境电商零售企业面向全球消费者，销售可能获利的商品，采取可能的进境通关渠道。按照公开统一的限值标准，企业可准确划分属于跨境电商零售进口税收优惠范围的商品，预估进口税收金额，核算整体销售成本和交易费用，评估商品获利空间，决定销售商品范围和价格。企业根据商

品完税价格，比对公开统一的限值标准，对完税价格在限值之内的商品，应自跨境电商零售进口渠道通关，享受税收优惠；对完税价格在限值之外的商品，应从非跨境电商零售进口渠道通关，接受法定监管，确保所有商品都准确适用通关渠道合法通关，承担必需的通关费用，获得合法预计收益。限值为企业提供公开统一的标准，用于评估决定商品销售范围和通关渠道，预计交易成本和收益。

限值公开，统一监管尺度。监管部门面对来自全球进口的商品，采取分类管理措施。完税价格在限值之内的商品，是跨境电商零售进口渠道的主要监管对象，可保持正常风险分析防控力度，优化通关流程，提高通关效率，让大部分正常进口商品快速通关；对完税价格在限值之外的商品，很可能不是跨境电商零售进口渠道监管对象，可通过系统参数直接挑选出来，提醒企业采用正确通关渠道，避免延误通关；对完税价格与限值相差无几，特别是略低于限值的商品，可能存在较大低报价格享受税收优惠的风险，可加强风险分析防控力度，重点防范漏征少征进口税费风险。限值为监管部门明确公开的统一标准，用于评估商品通关监管风险，决定商品分类通关便利程度。

7.10 适用汇率

按人民币计征税费。根据《中华人民共和国进出口关税条例》及相关规定，海关征收进口关税、进口环节消费税和增值税、滞纳金等，应当按人民币计征，采用四舍五入法计算至分。人民币是我国法定货币，属于由政府信用担保的信用货币，是境内流通货币；境内禁止外币流通，不得以外币计价结算。进口税费计征发生在商品进境后，属于境内计价行为，应遵守境内货币使用规定，按人民币计征。成交价格以及有关费用以外币计价的，以中国人民银行公布的基准汇率折合为人民币计算完税价格；以基准汇率币种以外的外币计价的，按照我国有关规定套算为人民币计算完税价格。企业应准确核定交易币种，特别在境外交易平台以外币销售商品的，要转换为人民币计价的价格。

计征汇率。根据《中华人民共和国海关进出口货物征税管理办法》及相关规定，进出口货物的价格及有关费用以外币计价的，海关按照该货物适用税率之日所适用的计征汇率折合为人民币计算完税价格。海关每月使用的计征汇率为上一个月第三个星期三（第三个星期三为法定节假日的，顺延采用第四个星期三）中国人民银行公布的外币对人民币的基准汇率；以基准汇率币种以外的外币计价的，采用同一时间中国人民银行公布的现汇买入价和现汇卖出价的中间值（人民币元后采用四舍五入法保留4位小数）。如果上述汇率发生重大波动，海关总署认为必要时，可另行规定计征汇率，并对外公布。计征汇率是海关计核完税价格的汇率，使用全球公开的历史汇率，无法精确预测，无法事后更改，让企业也可根据相同汇率计核完税价格，确保海关与企业的计核结果公平互证。

汇率适用日期。根据《中华人民共和国海关进出口货物征税管理办法》及相关规定，进出口货物的价格及有关费用以外币计价的，海关按照该货物适用税率之日所适用的计征汇率折合为人民币计算完税价格，即汇率适用日期就是货物适用税率的日期。进出口货物应当适用海关接受该货物申报进口或者出口之日实施的税率；进口货物到达前，经海关核准先行申报的，应当适用装载该货物的运输工具申报进境之日实施的税率；即货物进境后申报的，税率适用日期是海关接收申报之日，货物进境前申报的，税率适用日期是装载该货物的运输工具申报进境之日。企业应准确核定跨境电商零售进口商品进境和申报的时间先后，例如，网购保税进口商品通常货到申报，直购进口商品可能提前申报，确定税率适用日期即汇率适用日期，从而确定汇率，准确按人民币计算完税价格。

7.11 取消免征税额

按照货物税费征收规定，关税、进口环节增值税或者消费税税额在人民币50元以下的一票货物，免征税费。在限值以内进口的跨境电子商务零售进口商品，关税税率暂设为0%，进口环节增值税、消费税取消免征税额。

7.11.1 货物免征税额便利跨境传统进出口通关

货物征收执行严密的操作程序。征收进出口税收是海关监管一项重要职能，是国家财政收入重要来源，为国家建设提供重要资金；企业在进口环节缴纳税费后，可以凭缴款书抵扣部分境内税收，所以很重视缴纳进口税费。长期以来货物使用纸质缴款书办理税费缴纳手续，海关信息化系统与银行信息化系统不连通，海关不知道企业缴款真实情况，存在企业伪造银行印章漏缴税费风险；海关信息化系统与税务信息化系统不连通，税务部门不知道企业缴款真实情况，存在企业伪造纸质缴款书多抵扣税收风险。为了做好货物进出口税收，货物征税执行严密的操作程序，包括：企业申报计税要素，海关计核税费、打印缴款书，企业凭缴款书去银行缴款，海关核销税费、对缴款书盖章交给企业，企业签收缴款书，海关将缴款书分发给收款银行、将缴款书造册存档，等等。从海关计核征收、企业缴款确认、银行收款回执、缴款书流转存档等多个方面，需要完成大量细致严密的程序操作，降低税费漏征错征风险。

免征税额便利货物进出口通关。针对货值高、数量大、税额大的货物，海关和企业投入大量人力资源去执行严密的税收程序，能防范大额税收漏错重大风险；面对税额很小的货物，再耗费如此宝贵的人力资源去执行严密的税收程序，投入产出比就很低了，设定免征税额让宝贵的人力资源投入税额更大的货物税收中，提高资源利用效率。在跨境传统货物进出口业务中，不算关税和消费税，单按增值税最低税率13%推算，如果应缴税额50元，完税价格就约400元，比跨境运输成本低很多，在日常进出口通关中极为罕见，也对国家财政收入影响很小。信息化系统尚未广泛应用时，需要人工计核税费，可能海关计核结果与企业计核结果存在差异，差别金额相同，税费金额越小，误差比例越大，海关与企业越难统一意见，不利于货物顺利通关；税费金额越大，误差比例越小，海关与企业越易统一意见，有利于货物顺利通关。

免征税额让占比很少的低价值货物免于大量人工操作而快速通关，让有限监管资源重点着力于占比巨大的高价值货物。相比较而言，对于几乎全部是低价值货物的跨境电商零售商品，取消免征税额反而更有利于跨境电商零售进口发展。

7.11.2 取消免征税额促进跨境电商零售进口合法发展

取消免征税额降低重大税收风险。跨境电商零售企业擅长利用互联网信息技术，可提前确定商品编号、原产地、税率等征税参数后，核定完税价格，计核商品应缴税费；当存在免征税额时，可调节销售价格改变完税价格，实现商品应缴税额在免征税额以内，在通关时不需要缴纳税费，存在故意偷漏税费的风险。跨境电商零售交易货值小，单票涉及税费金额较小，但面向全球企业和消费者，产生海量交易，如果存在高比例应缴税额在免征税额以内不需要缴纳税费的通关商品，日积月累，存在漏缴巨额税费的重大税收风险，对国家税收产生日益严重的损失。为了验核商品价格真实可靠，确保税费应收尽收，监管部门会加强对商品价格审核调查，要在商品通关时验核更多信息和资料，事后对企业开展全面稽查，会影响商品顺利快速通关和企业日常经营，不利于业态稳定快速发展。取消免征税额，对全部商品一律全额征税，有助于降低重大税收风险，维持稳定监管环境，促进跨境电商零售新业态合法发展。

取消免征税额降低行业造假风险。跨境电商零售企业面临激烈的行业竞争，为了吸引更多消费者，抢占更大市场，会竭力降低消费者交易成本，包括降低进口税费至零金额。为了将商品应缴税额控制在免征税额以内，企业可能故意降低商品价格，伪报原产地和商品编号以图降低税率，瞒报、少报运费、保险费、杂费，形成更大范围的数据造假。个别企业长期故意造假降低交易成本，会吸引更多消费者购买商品，影响销售相同商品的其他企业的市场份额，危及其他企业生存发展，可能导致其他企业模仿采取类似造假手段抢夺市场份额，形成更为严重的行业造假。为了避免行业造假影响进出口秩序，监管部门可能采取严格监管和严厉处罚的措施，对行业进行纠错整顿，对危害严重的企业进行严惩，不利于行业长期发展壮大。取消免征税额，对所有企业都一律全额征税，有助于降低企业跟风造假风险，稳定公平竞争环境，促进跨境电商零售新业态健康发展。

7.12 税额举例对比

7.12.1 从价计征计算公式

从价计征关税的计算公式为：应纳税额=完税价格×关税税率。

从价计征进口环节消费税的计算公式为：应纳税额=[（完税价格+实征关税税额）/（1—消费税税率）]×消费税税率。

计征进口环节增值税的计算公式为：应纳税额=（完税价格+实征关税税额+实征消费税税额）×增值税税率。

7.12.2 举例商品

商品名称：机械指示式的贵金属电子手表，商品编号为9101110000。

关税税率：最惠国进口关税税率为8%。

消费税税率和增值税税率：价格大于10000元/只时，增值税税率为17%，消费税税率为20%；价格小于或等于10000元/只时，增值税税率为13%，消费税税率为0%。

7.12.3 消费税税率大于零时

假设完税价格为20000元/只，由于大于10000元/只，增值税税率为17%，消费税税率为20%。

7.12.3.1 货物税费

关税=20000×8%=1600（元）。

消费税=[（20000+1600）/（1—20%）]×20%=5400（元）。

增值税=（20000+1600+5400）×17%=4590（元）。

税费总额=1600+5400+4590=11590（元）。

综合税率=（11590/20000）×100%=57.95%。

7.12.3.2 跨境电商零售进口商品税费

关税=20000×0%=0（元）。

消费税=[（20000+0）/（1－20%）]×20%=5000（元）。

增值税=（20000+0+5000）×17%=4250（元）。

税费总额=0+5000+4250=9250（元）。

按70%征收，应纳税费总额=9250×70%=6475（元）。

实际综合税率=（6475/20000）×100%=32.38%，降低25.57%，降幅为44.12%。

7.12.4 消费税税率等于零时

假设完税价格为1000元/只，由于小于10000元/只，增值税税率为13%，消费税税率为0%。

7.12.4.1 货物税费

关税=1000×8%=80（元）。

消费税=0元。

增值税=（1000+80+0）×13%=140.4（元）。

税费总额=80+0+140.4=220.4（元）。

综合税率=（220.4/1000）×100%=22.04%。

7.12.4.2 跨境电商零售进口商品税费

关税=1000×0%=0（元）。

消费税=0元。

增值税=（1000+0+0）×13%=130（元）。

税费总额=0+0+130=130（元）。

按70%征收，应纳税费总额=130×70%=91（元）。

实际综合税率=（91/1000）×100%=9.1%，降低12.94%，降幅为58.71%。

7.13 税收优惠支持业态发展

税收优惠让消费者享受实惠。跨境电商零售进口商品属于境内消费者购买满足日常自用消费，价格直接与进口税收政策相关，影响境内消费者购买意愿。上述举例比较中，对于消费税税率大于零的商品，一般贸易进口综合税率为57.95%，跨境电商零售进口实际综合税率为32.38%，降低25.57%，降幅为44.12%；对于消费税税率等于零的商品，一般贸易进口综合税率为22.04%，跨境电商零售进口实际综合税率为9.1%，降低12.94%，降幅为58.71%。可见，跨境电商零售进口税率大幅降低，税费金额相应降低，让消费者支付更少税费成本，以更优惠价格购买到心仪商品，享受到跨境电商零售进口实惠。消费税税率大于零针对特定非大众消费品，消费税税率等于零适用普遍大众消费品。在跨境电商零售税率降低幅度方面，消费税税率等于零的商品降低幅度大于消费税税率大于零的商品，进一步降低普遍大众消费品购买成本，让更广大消费者享受到跨境电商零售进口实惠。

税收优惠抑制一般贸易进口价格过高。境内消费者购买境外商品，可以购买一般贸易进口商品，也可以购买跨境电商零售进口商品。以7.12中举例比较，对于消费税税率大于零的商品，按跨境电商零售进口，如完税价格20000元，实际综合税率为32.38%，加上税费为26475元；按一般贸易进口，综合税率为57.95%，如要商品完税价格加税费与跨境电商零售进口商品完税价格加税费相等，完税价格应为16762元，相当于跨境电商零售进口完税价格的83.81%。对于消费税税率等于零的商品，按跨境电商零售进口，如完税价格1000元，实际综合税率为9.1%，加上税费为1091元；按一般贸易进口，综合税率为22.04%，如要商品完税价格加税费与跨境电商零售进口商品完税价格加税费相等，完税价格应为894元，相当于跨境电商零售进口完税价格的89.40%。一般贸易进口完税价格超过上述比例，加上税费就超过跨境电商零售进口商品完税价格加上税费，在境内市场就不具备优势价格竞争力。此外，一般贸易商品进口后要加上境内经营费用和利润，实际完税价格必须更低，才具有与跨境电商零售进口价格相当的市场竞争力。一般贸易进口完税价格与跨境电商零售进口完税价格比较，如果超过一定比例，一般贸易进口境内零售价格将比跨境电商零售进口完税价格加上税费更高，整体购买成本更高，消费者更可能选择跨境电商零售进口商品。

税收优惠为跨境电商零售进口创造价格空间。企业可通过一般贸易进口商品，或者通过跨境电商零售进口商品，向境内市场销售获利。以7.12中举例比较，对于消费税税率大于零的商品，按一般贸易进口，如完税价格20000元，综合税率为57.95%，加上税费为31590元；按跨境电商零售进口，实际综合税率为32.38%，如要商品完税价格加税费与一般贸易进口商品完税价格加税费相等，完税价格应为23863元，比一般贸易进口完税价格多3863元，占比高19.32%。对于消费税税率等于零的商品，按一般贸易进口，如完税价格1000元，综合税率为22.04%，加上税费为1220元；按跨境电商零售进口，实际综合税率为9.1%，如要商品完税价格加税费与一般贸易进口商品完税价格加税费相等，完税价格应为1118元，比一般贸易进口完税价格多118元，占比高11.8%。跨境电商零售进口完税价格与一般贸易进口完税价格的差额就是跨境电商零售企业定价空间，也是获利空间，只要不超过定价空间，在境内市场就更有竞争力。此外，一般贸易商品进口后要加上境内经营费用和利润，实际完税价格更高，跨境电商零售进口完税价格定价空间更大，获利空间更大。税收优惠为跨境电商零售商品创造价格调整空间，跨境电商零售企业在获利空间内减少获利，将降低整体购买成本，吸引消费者选择跨境电商零售进口商品，扩大市场份额；在获利空间内增加获利，继续保持价格竞争力，将增加整体销售收益，为长远发展提供更充足资金。

7.14 消费者是纳税义务人

跨境电商零售进口商品消费者（订购人）为纳税义务人。在海关备案登记的跨境电子商务平台企业、物流企业或申报企业作为税款的代收代缴义务人，代为履行纳税义务，并承担相应的补税义务及相关法律责任。

纳税义务人。纳税义务人通常指直接承担纳税义务的法人或自然人。根据海关法规定，进口货物的收货人、出口货物的发货人是关税的纳税义务人；纳税义务人应当在规定期限内缴纳税款，逾期缴纳的，由海关征收滞纳金；纳税义务人超过三个月仍未缴纳税款的，海关可以采取强制措施；必要时，海关可以责令纳税义务人提供纳税担保，纳税义务人不能提供纳税担保的，海关可以采取税收保全措施；海关发现少征或者漏征税款，可在规定期限内向纳税义务人补征或追征；纳税义务人同海关发生纳税争议时，应当缴纳税款，并可以依法申请行政复议，对复议决定仍不服的，可以依法向人民法院提起诉讼。消费者作为跨境电商零售进口商品纳税义务人，应履行法定纳税义务，依法纳税，避免违反法律规定，承担法律责任。

代收代缴义务人。代收代缴义务人通常指收取并代为缴纳税款的法人或自然人。对于预付税款的商品，进口税款由跨境电商零售企业提前预估，由消费者支付价款时一并提前支付，可由跨境电商平台企业先行代为收取，在商品通关时代为缴纳；对于到付税款的商品，进口税款在商品通关时先代为缴纳，可由物流企业派送时向消费者收取。代收代缴义务人还应代为履行纳税义务，包括如实准确向海关申报商品编号、商品名称、规格型号、实际交易价格及相关费用等税收要素；依法向海关提交有效足额的税款担保；在商品放行后规定时间内向海关办理纳税手续；发现少征或者漏征税款时，配合海关补征或追征应纳税款。代收代缴义务人直接办理进口纳税手续，应熟悉跨境电商零售进口税收政策和操作要求，依法按时缴纳税费，避免发生纳税错误，延误商品通关。

7.15 进口汇总征税

7.15.1 简要流程

（1）税费担保。代收代缴义务人向海关提供保证金或保函，在海关信息化系统中建立税费担保额度底账。

（2）企业申报。代收代缴义务人向海关发送《申报清单》，申报商品信息、交易价格、运费、保险费等税收要素。

（3）海关计核。海关审核《申报清单》，对存在税收疑问的，联系企业核实，必要时修改《申报清单》。

（4）担保核扣。海关信息化系统计核应纳税额，从担保额度底账扣减相应额度。

（5）汇总纳税。代收代缴义务人在商品放行后规定时限内，汇总税费担保放行商品的税费，向海关办理纳税手续，海关信息化系统向担保额度底账返还税费额度。

7.15.2 汇总征税降低企业资金负担

商品进口通关实施税费担保放行，海关扣缴企业税费担保额度底账，只要担保额度大于商品应纳税额，就能顺利完成核扣操作，不需要企业使用真实资金，不需要在商品通关时实际缴纳税费。商品放行后第31日至第45日，企业汇总税费担保放行商品的税费，向海关办理纳税手续，才需要使用真实资金缴纳税费。企业可以利用非现金资源获得保函，向海关提供保函建立担保额度底账，不需要长期积压资金资源作为担保金。跨境电商零售企业在消费者交易后已经获得价款，或者在商品派送给消费者后获得价款，在汇总征税方式下，在实际缴纳税费之前，已经收取了代缴税费的资金，不需要使用自己的资金，大幅降低资金负担，甚至可使用已收取的资金开展其他增值业务，提高资金利用效能。

7.15.3 汇总征税提高商品通关效率

跨境传统货物进口货值较高，税款金额较大，要严格执行税费征收程序，通常逐票货物计核征收税费，需要纳税义务人实时配合确认，确保税款征收准确合规。跨境电商零售进口商品货值较小，税款金额较小，通关数量巨大，如果按照跨境传统货物税费征收程序，需要海关与企业实时配合逐票《申报清单》办理征税手续，耗费大量时间和精力，容易出错或进行协调延误办理进度，特别是整批商品都要征税放行才能装载派送给消费者，需要等到最后一个商品办结征税手续，降低整体通关效率。汇总征税在商品通关时，由信息化系统自动计核税费，核扣担保额度，属于电子数据处理操作，快速批量完成税费担保放行手续，不需要人工干预和协调配合，不需要商品长时间等待人工办理征税手续，显著提高商品通关效率。

7.16 进口纳税期限

海关放行后30日内未发生退货或修撤单的，代收代缴义务人在放行后第31日至第45日内向海关办理纳税手续，应自海关填发税款缴款书之日起15日内缴纳税款。缴款期限届满日遇星期六、星期日等休息日或者法定节假日的，应当顺延至休息日或者法定节假日之后的第一个工作日。

清单纳税期限，指清单应该办理纳税手续的时间段。清单海关放行后30日内，如果未发生退货或修撤单的，第31日至第45日属于纳税期限，应向海关办理纳税手续。清单纳税期限让商品有30日退货期限，在退货期限内发生全部或部分商品退货的，要向海关办理退货手续，不继续征收退货商品的税费；在退货期限内修改或撤销清单的，需要更新放行时间，将按新放行时间计算纳税期限。

汇总清单时限，指汇总清单跨越的时间段。代收代缴义务人在放行后第31日至第45日内向海关办理纳税手续，即可以最多将放行后第31日至第45日内的清单汇总纳税，汇总清单时限就是放行后第31日至第45日，也可以将时限内个别天数的清单汇总纳税，例如汇总放行后第33日至第40日的清单。汇总清单时限最长15日，允许企业尽可能多汇总清单纳税，减少企业现场办理纳税手续次数和操作。

缴款期限，指将税款汇进指定银行的时间限期。代收代缴义务人应自海关填发税款缴款书之日起15日内向指定银行缴纳税款；逾期缴纳税款的，由海关自缴款期限届满之日起至缴清税款之日止，按日加收滞纳税款万分之五的滞纳金，即缴款期限就是自海关填发税款缴款书之日起15日。代收代缴义务人应在期限内缴纳税款，让缴纳税款额度返还税费担保额度继续重复利用，避免超过期限未缴纳税款，需要缴纳滞纳金，还可能导致税费担保额度不足无法核扣后来进口商品的税款，延误商品顺利通关。

7.17 进口税收风险

商品不符合税收优惠条件。海关信息化系统全国联网，会累计个人消费者在全国口岸通过跨境电商零售通关渠道进口商品总金额，实时比较总金额是否在年度限值以内，判断商品是否符合跨境电商零售进口税收政策条件。消费者不一定都具备计核完税价格能力，可能单次交易商品完税价格超出单次限值；经常从不止一个跨境电商平台购买商品，单个平台交易总金额不一定超出年度限值，多个平台交易总金额可能超出年度限值，导致商品不符合跨境电商零售进口税收政策条件，无法享受税收优惠。跨境电商平台企业应提前确定商品进口税率，根据商品交易价格估算进口税费金额，提高一定冗余比例，对比单次交易限值，由消费者确认预知进口税费在单次限值以内；应累加消费者本平台交易金额，提醒消费者累加其他平台交易总金额，查阅年度限值剩余额度，由消费者人工确认当次交易后全部平台总金额未超出年度限值；对不符合跨境电商零售进口税收政策条件的，应记录消费者确认知情情况，准确采用进口通关渠道，确保进口税费应缴尽缴、商品合法通关。

商品应纳税额计算错误。进口税费计算属于专业性较强的技术活，可能存在如下错误：归类错误，将高税率商品错误归入低税率编号，导致关税、消费税、增值税适用税率错误；完税价格确定错误，未把应该计入的费用计入完税价格，导致计税基础价格错误；计算公式使用错误，错用计算参数，错用计算顺序，导致计税过程错误；适用汇率错误，将低汇率错定为高汇率，导致折算为人民币错误。应纳税额错算多了，让消费者预交更多价款，如果要退还给消费者，将涉及复杂资金逆向返还流程，增加企业返还资金处理成本；如果不退还给消费者，将要消费者承担更多成本，可能导致消费者不再购买，失去潜在购买需求。应纳税额错算少了，让消费者预交更少价款，如果要向消费者补收，将需要开启再次支付流程，增加消费者支付和企业核算操作；如果不向消费者补收，要企业自行承担多缴的税额，特别是小额补收税额海量累计总量较大，影响企业营业收入。跨境电商零售企业应组织专业报关人员，准确归类、确定完税价格，将计算公式、适用汇率等参数化，由信息化系统自动计算应纳税额，确保进口税费准确计核。

缴款期限错误。海关法规定：纳税义务人同海关发生纳税争议时，应当缴纳税款，并可以依法申请行政复议；对复议决定仍不服的，可以依法向人民法院提起诉讼。代收代缴义务人自海关填发税款缴款书之日起15日内未缴纳税款，将违反海关法规定，会被海关征收滞纳金；超过3个月仍未缴纳的，海关可以采取书面通知告知其开户银行或者其他金融机构从其存款中扣缴税款，将应税货物依法变卖，以变卖所得抵缴税款，扣留并依法变卖其价值相当于应纳税款的货物或者其他财产，以变卖所得抵缴税款等强制措施。代收代缴义务人应在缴款期限内尽快足额缴纳税费，避免超过缴款期限违反海关法规定；让已扣减的担保额度尽快返还循环使用，提高税费担保额度利用频率。

未全面履行义务风险。代收代缴义务人代纳税义务人履行纳税义务，并承担相应的补税义务及相关法律责任，包括申报、提交税款担保、汇总纳税、补税等通关事务。代收代缴义务人不如实准确申报，通关数据不符合申报要求，导致无法准确归类、确定完税价格、计算应纳税额；不提交足额税款担保，让担保额度很快扣减完毕，不依法汇总纳税，未及时返还已扣减的担保额度，导致剩余商品无法完成税费担保手续；不配合海关联系消费者补征少征漏征的税款，将直接被海关补税，导致承担经济损失。代收代缴义务人应全面准确了解承担的义务及法律责任，避免无知违法承担后果；以对纳税义务人负责的态度，认真做好通关事务，避免纳税过错给纳税义务人增加烦恼，损害消费者满意度；当发生纳税问题时，应及时固定证据，配合海关后续调查处理，避免留下通关不诚信案底，以维护自身长远良好通关信誉。

7.18 确定进口税费计征要求

7.18.1 确定商品编号

准确全面了解商品成分含量、功能原理、属性参数等基础信息，运用商品归类总规则，确定10位商品编号。

7.18.2 确定商品税率

根据10位商品编号，在海关通关系统《商品综合分类表》中找到相应条目，查看"消费税"栏目可知道消费税税率，查看"增值税率"栏目可知道增值税税率。

根据关税税率（暂设为0%）、消费税税率、增值税税率，可在《进口关税与进口环节代征税计税常数表》中确定商品综合税率。

7.18.3 确定商品完税价格

根据商品交易价格，按照完税价格确定方法，剔除可不计入的价款，计入应该计入的价款，确定商品完税价格。

7.18.4 确定商品应纳税额

对从价计征的，可单独按照计算公式计算消费税和增值税的总税额，或者直接用完税价格乘以综合税率得到总税额。

对从量计征的，通常是消费税，根据计算公式确定计税单位和单位税额，计核税额。

累加各项税额，按70%计算，得到应纳税额。

7.18.5 确定商品纳税期限

及时关注商品海关放行时间，海关放行后30日内未发生退货或修撤单的，应在放行后第31日至第45日内向海关办理纳税手续，自海关填发税款缴款书之日起15日内缴纳税款。

7.19 法律责任

7.19.1 税收责任

跨境电商零售进口商品按货物征收税费，纳税义务人和代收代缴义务人应依法纳税，承担主要责任如下：

违反海关法及有关法律、行政法规，逃避海关监管，偷逃应纳税款，运输、携带、邮寄依法应当缴纳税款的货物进出境的；未经海关许可并且未缴纳应纳税款、交验有关许可证件，擅自将保税货物、特定减免税货物以及其他海关监管货物，在境内销售的，是走私行为。

在内海、领海、界河、界湖，船舶及所载人员运输、收购、贩卖运输、收购、贩卖依法应当缴纳税款的货物，没有合法证明的，按走私行为论处。

上述行为尚不构成犯罪的，由海关没收走私货物、物品及违法所得，可以并处罚款；构成犯罪的，依法追究刑事责任。

7.19.2 担保责任

跨境电商零售进口商品税款征收采取税费担保、汇总征税方式，代收代缴义务人需要向海关办理税费担保，承担主要责任如下：

当事人应当提交书面申请以及真实、合法、有效的财产、权利凭证和身份或者资格证明等材料。

被担保人在规定的期限内未履行有关法律义务的，海关可以依法从担保财产、权利中抵缴。当事人以保函提供担保的，海关可以直接要求承担连带责任的担保人履行担保责任。

担保人、被担保人违反规定，使用欺骗、隐瞒等手段提供担保的，由海关责令其继续履行法律义务，处5000元以上50000元以下的罚款；情节严重的，可以暂停被担保人从事有关海关业务或者撤销其从事有关海关业务的备案登记。

7.20 出口商品税收征管

7.20.1 税收征管要点

出口关税具有特殊调节作用。我国一直全力支持境内商品出口，对绝大多数商品都不设置出口关税，甚至在商品出口后退还境内已经征收的部分税收，让境内商品在国际市场更具价格优势，鼓励境内企业出口更多商品。出口关税属于经济调节手段，直接增加商品销售成本，提高商品进口地销售价格，会抑制商品出口，但对国际市场供给严重小于需求的紧缺商品，通常只要价格能被接受，甚至只要有供给，就不愁销售。出口关税能保护境内特有的商品资源，避免价格过低被贱卖，损害境内生产企业正当收益；对境内生产同时需要的商品，出口关税抑制商品出口，避免商品大量出口流失，影响境内相关产业发展；对境内、境外生产都需要的商品，出口关税平衡境外企业生产成本，避免对境内同类企业产生较大的成本压力，增强境内同类企业在国际市场竞争力；出口关税增加财政收入，让境内人民享受到更好财政保障。

出口完税价格属于离岸价格。海关法规定：出口货物的完税价格包括货物的货价、货物运至中华人民共和国境内输出地点装载前的运输及其相关费用、保险费，但是其中包含的出口关税税额，应当予以扣除。跨境传统货物出口销售企业与境外购买方签订交易合同时，通常约定交货条件和价格条款，明确成交价格组成，例如，成交方式CIF价格包含成本、指定目的港的保险费和运费，常称为到岸价，成交方式FOB价格仅包含起运港交货的成本，常称为离岸价。出口完税价格仅包含境内输出地点装载前的运输及其相关费用、保险费，应剔除装载后的相关费用；对出口关税税率大于零的商品，交易价格已经包含了关税税额，不属于购买商品自有权益的费用，应予以扣除。出口完税价格是商品在境内输出地点装载前的价格，属于离岸价格。

跨境电商零售出口商品按货物征收税费。跨境电商零售进口商品按照货物征收关税和进口环节增值税、消费税，适用货物税收规定，确定了跨境电商零售进口商品属于货物的税收属性，作为逆向交易的跨境电商零售出口商品，由消费者通过跨境电商平台购买满足日常消费需求，在交易方式、交易主体、商品用途等方面与进口商品相同，具有货物的税收属性，应按照货物征收出口关税，对出口关税大于零的商品，要按照出口报关单流程办理纳税手续。跨境电商零售出口商品离境后，境内企业可汇总出口商品《申报清单》向海关申报出口报关单，待海关审核放行结关后获取出口报关单证明数据，办理出口退税手续，获得与跨境传统货物一样的出口退税收益。

跨境电商零售出口商品价格风险较高。与跨境传统出口货物一样，跨境电商零售出口商品离境后，企业可以凭出口报关数据，向税务部门办理出口退税获得额外收益，向外汇部门办理出口收汇合法获得境外资金，存在故意提高虚报出口价格，企图获得更多退税和外汇的风险。跨境电商零售出口商品属于消费者日常消费使用商品，单价比较低，可能虚报金额很小，但占价格比例却很大，特别是每批次数量很大，日积月累，导致出口总金额虚高，产生高额骗退税、骗外汇的严重后果。跨境电商零售出口企业应从操作模式上防范价格虚高虚报，重点避免主动参与虚报价格，消除系统性价格虚高虚报风险；准确区分申报商品单价、运费、保险费等相关费用，完整存档各项交易费用结算记录，协助监管部门调查核实，确保价格真实准确。

7.20.2 纳税义务人

海关法规定：出口货物的发货人是关税的纳税义务人。

跨境电商零售出口企业属于境内企业，应直接承担纳税义务，可以自行办理报关纳税手续，或委托专业报关企业办理手续。

7.20.3 纳税期限

海关法规定：出口货物的纳税义务人应当自海关填发税款缴款书之日起15日内缴纳税款；逾期缴纳的，由海关征收滞纳金。

跨境电商零售出口企业应关注出口关税大于零的商品，按照跨境传统出口货物税收流程，熟悉缴款操作和要求，提前做好纳税准备，当需要缴纳出口关税时，能在规定期限内完成缴纳税款，确保商品顺利通关。

7.20.4 法律责任

跨境电商零售出口商品纳税义务人应依法纳税，承担等同出口货物的责任，主要如下：

违反海关法及有关法律、行政法规，逃避海关监管，偷逃应纳税款，运输、携带、邮寄依法应当缴纳税款的货物进出境的，是走私行为。

在内海、领海、界河、界湖，船舶及所载人员运输、收购、贩卖运输、收购、贩卖依法应当缴纳税款的货物，没有合法证明的，按走私行为论处。

上述行为尚不构成犯罪的，由海关没收走私货物、物品及违法所得，可以并处罚款；构成犯罪的，依法追究刑事责任。

7.20.5 确定征税要求

7.20.5.1 确定商品编号

准确全面了解商品成分含量、功能原理、属性参数等基础信息，运用商品归类总规则，确定10位商品编号。

7.20.5.2 确定商品税率

根据10位商品编号，在海关通关系统《商品综合分类表》中找到相应条目，查看"出口税率"栏目可知道出口关税税率。适用出口税率的出口商品有暂定税率的，应当适用暂定税率。

7.20.5.3 确定商品完税价格

根据商品交易价格,按照完税价格确定方法,剔除可不计入的价款,计入应该计入的价款,确定商品完税价格。

7.20.5.4 确定商品应纳税额

出口关税通常从价计征,直接用完税价格乘税率得到应纳税额。

7.21 通关案例:走私普通货物、物品罪

7.21.1 基本情况

2017年4月至2018年5月,被告人丁某某、裘某某等人运营某网络技术有限公司(以下简称A网络公司),将在不同渠道已经成交的商品、行邮物品等信息导入A网络公司名下的跨境电商交易平台,做低报处理后在平台上生成虚假的交易单据,通过与支付公司合作以循环支付等方式形成虚假的支付单据,经推送以上虚假信息向海关申报,最终通过跨境电商零售进口渠道以伪报贸易性质、低报价格等方式完成走私。具体走私事实如下:

(1)A网络公司与B快递公司合谋,以伪报贸易性质和低报价格的方式,将网店上成交的大量商品以跨境电商直邮方式清关进口。经核定,合计偷逃税款人民币1390.5万余元(以下币种均为人民币)。

(2)A网络公司与C物流公司合谋,以低报价格的方式将大量商品、行邮物品以跨境电商直邮方式清关进口。经核定,合计偷逃税款67.28万余元。

(3)A网络公司与D电子商务有限公司合谋,以低报价格方式将某宝店上成交的大量商品以跨境电商直购方式清关进口。经核定,合计偷逃税款59.84万余元。

(4)A网络公司与E供应链公司合作,以低报价格和伪报贸易性质方式,将某宝店上成交的大量商品以跨境电商直邮方式清关进口。经核定,合计偷逃税款

537万余元。

（5）A网络公司与F物流公司合作，以低报价格和伪报贸易性质等方式，将某宝店上成交的大量商品以跨境电商直邮方式清关进口。经核定，合计偷逃税款20.03万余元。

综上，被告单位A网络公司偷逃税款合计2074.67万余元。

7.21.2 监管规定

《财政部　海关总署　国家税务总局关于跨境电子商务零售进口税收政策的通知》（财关税〔2016〕18号）规定如下：

一、跨境电子商务零售进口商品按照货物征收关税和进口环节增值税、消费税，购买跨境电子商务零售进口商品的个人作为纳税义务人，实际交易价格（包括货物零售价格、运费和保险费）作为完税价格，电子商务企业、电子商务交易平台企业或物流企业可作为代收代缴义务人。

二、跨境电子商务零售进口税收政策适用于从其他国家或地区进口的、《跨境电子商务零售进口商品清单》范围内的以下商品：

（一）所有通过与海关联网的电子商务交易平台交易，能够实现交易、支付、物流电子信息"三单"比对的跨境电子商务零售进口商品；

（二）未通过与海关联网的电子商务交易平台交易，但快递、邮政企业能够统一提供交易、支付、物流等电子信息，并承诺承担相应法律责任进境的跨境电子商务零售进口商品。

不属于跨境电子商务零售进口的个人物品以及无法提供交易、支付、物流等电子信息的跨境电子商务零售进口商品，按现行规定执行。

7.21.3 处罚依据

《中华人民共和国刑法》第一百五十三条、第三十条、第三十一条、第二十五条第一款、第二十六条第一款和第四款、第二十七条、第七十二条第一款、第七十三条第二款和第三款、第六十四条规定。

7.21.4 认定处罚

法院终审判决主要如下：

（1）被告单位A网络公司犯走私普通货物、物品罪，判处罚金人民币2100万元。

（2）被告单位D电子商务有限公司犯走私普通货物、物品罪，判处罚金人民币10万元。

（3）被告人丁某某犯走私普通货物、物品罪，判处有期徒刑十一年。

（4）被告人裘某某犯走私普通货物、物品罪，判处有期徒刑十年。

（5）其他被告人犯走私普通货物、物品罪，分别判处有期徒刑五年、三年、一年六个月等。

（6）依法没收违法所得，上缴国库。

第8章
Chapter 8

跨境电商零售通关检疫

> ◇ 综述
>
> 　　进出境通关检疫包括卫生检疫和动植物检疫。卫生检疫防止传染病传播进出境，保护人体健康；动植物检疫防止病虫害传播进出境，保护农、林、牧、渔业生产和人体健康。跨境电商零售企业派员到境外选择商品、考察产地、洽谈采购，物流企业派员驾驶进出境车辆等，均涉及大量人员进出境，可能导致人员携带传染病进出境，应监督进出境人员严格遵守卫生防疫规定，杜绝传染病进出境。跨境电商零售为单票少量商品进出境提供新渠道，通关时的商品检疫，会存在病虫害进出境检疫风险，企业应在销售源头做好商品检疫，消除病虫害，保护生命健康。

8.1　卫生检疫

　　实施国境卫生检疫，是为了防止传染病由国外传进或者由国内传出，保护人体健康。在中华人民共和国国际通航的港口、机场以及陆地边境和国界江河的口岸，设立国境卫生检疫机关，实施传染病检疫、监测和卫生监督。

8.1.1　卫生检疫要点

8.1.1.1　传染病种类

　　传染病分为甲类、乙类和丙类。

　　甲类传染病是指：鼠疫、霍乱。

　　乙类传染病是指：传染性非典型肺炎、艾滋病、病毒性肝炎、脊髓灰质炎、人感染高致病性禽流感、麻疹、流行性出血热、狂犬病、流行性乙型脑炎、登革热、炭疽、细菌性和阿米巴性痢疾、肺结核、伤寒和副伤寒、流行性脑脊髓膜炎、百日咳、白喉、新生儿破伤风、猩红热、布鲁氏菌病、淋病、梅毒、钩端螺旋体病、血吸虫病、疟疾。

丙类传染病是指：流行性感冒、流行性腮腺炎、风疹、急性出血性结膜炎、麻风病、流行性和地方性斑疹伤寒、黑热病、包虫病、丝虫病，除霍乱、细菌性和阿米巴性痢疾、伤寒和副伤寒以外的感染性腹泻病。

对甲类传染病和需要采取甲类传染病的预防、控制措施的，国务院卫生行政部门报经国务院批准后予以公布、实施。

对乙类、丙类传染病，国务院卫生行政部门根据传染病暴发、流行情况和危害程度，可以决定增加、减少或者调整乙类、丙类传染病病种并予以公布。

例如，国家卫生健康委员会2020年1月20日发布公告，将新型冠状病毒感染的肺炎纳入《中华人民共和国传染病防治法》规定的乙类传染病，并采取甲类传染病的预防、控制措施，将新型冠状病毒感染的肺炎纳入《中华人民共和国国境卫生检疫法》规定的检疫传染病管理。

8.1.1.2 卫生检疫传染病种类

卫生检疫是指检疫传染病和监测传染病。

卫生检疫传染病是指鼠疫、霍乱、黄热病以及国务院确定和公布的其他传染病。

鼠疫是由鼠疫杆菌所致的烈性传染病，造成高热、淋巴结肿痛、出血倾向、肺部炎症，传染性强，病死率高；流行于鼠类及其他啮齿动物，常借蚤类为媒介传染于人；属于国际检疫传染病之一，也是我国法定管理的甲类传染病。

霍乱是由霍乱弧菌引起的急性肠道传染病，造成分泌性腹泻，能在数小时内造成腹泻脱水甚至死亡；霍乱弧菌存在于水中，最常见的感染原因是食用被患者粪便污染过的水；属于国际检疫传染病之一，也是我国法定管理的甲类传染病。

黄热病是由黄热病病毒引起的急性传染病，造成高热、头痛、黄疸、蛋白尿、相对缓脉和出血；埃及伊蚊是主要传播媒介。

监测传染病由国务院卫生行政部门确定和公布。对国家确定的传染病，海关对入境、出境的人员实施监测，并且采取必要的预防、控制措施。

8.1.1.3 检疫对象

人可能携带病菌，是最直接的传染媒介；其他传染媒介可能携带病菌并传染给人体，属于检疫要重点发现除害的；进出境的交通工具、运输设备以及行李、货物、邮包等物品可能携带其他传染媒介，也是检疫要关注的。进境、出境的人员、交通工具、运输设备以及可能传播检疫传染病的行李、货物、邮包等物品，都应当接受检疫，经国境卫生检疫机关许可，方准进境或者出境。

8.1.2 报检主体

船舶代理应当在受进境检疫的船舶到达以前，尽早通知卫生检疫机关；港务监督机关应当将船舶确定到达检疫锚地的日期和时间尽早通知卫生检疫机关。受进境检疫的船舶，在航行中，发现检疫传染病、疑似检疫传染病，或者有人非因意外伤害而死亡并死因不明的，船长必须立即向实施检疫港口的卫生检疫机关报告。持有效卫生证书的船舶在进境前24小时，应当向卫生检疫机关报告。船舶代理应当在受出境检疫的船舶启航以前，尽早通知卫生检疫机关；港务监督机关应当将船舶确定开航的日期和时间尽早通知卫生检疫机关。

实施卫生检疫机场的航空站，应当在受进境检疫的航空器到达以前，尽早通知卫生检疫机关。受进境检疫的航空器，如果在飞行中发现检疫传染病、疑似检疫传染病，或者有人非因意外伤害而死亡并死因不明的，机长应当立即通知到达机场的航空站，向卫生检疫机关报告。实施卫生检疫机场的航空站，应当在受出境检疫的航空器起飞以前，尽早向卫生检疫机关提交总申报单、货物仓单和其他有关检疫证件，并通知相关事项。

实施卫生检疫的车站，应当在受进境检疫的列车到达之前，在受出境检疫列车发车以前，尽早通知卫生检疫机关。应当受进境、出境检疫的列车和其他车辆，如果在行程中发现检疫传染病、疑似检疫传染病，或者有人非因意外伤害而死亡并死因不明的，列车或者其他车辆到达车站、关口时，列车长或者其他车辆负责人应当向卫生检疫机关报告。

徒步进境、出境的人员，必须首先在指定的场所接受进境、出境查验，未经卫生检疫机关许可，不准离开指定的场所。

进境、出境的集装箱、货物、废旧物等物品在到达口岸的时候，承运人、代理人或者货主，必须向卫生检疫机关申报并接受卫生检疫。

进境、出境的微生物、人体组织、生物制品、血液及其制品等特殊物品的携带人、托运人或者邮递人，必须向卫生检疫机关申报并接受卫生检疫，凭卫生检疫机关签发的特殊物品审批单办理通关手续。

进境、出境的旅客、员工个人携带或者托运可能传播传染病的行李和物品，应当接受卫生检查。

8.1.3 检疫地点

传染病媒介通常是可以移动的，可能是人员，可能是动物，例如传染鼠疫的老鼠，可能是流动水，例如传染黄热病的压舱水，应将媒介限定在最小范围，避免传染病进境传播。进境货物完成检疫后才允许进境，进境交通工具和人员必须在最先到达的国境口岸的指定地点接受检疫；出境的交通工具和人员，必须在最后离开的国境口岸接受检疫。

8.1.4 法律责任

对违反《中华人民共和国国境卫生检疫法》规定，逃避检疫，向国境卫生检疫机关隐瞒真实情况的，进境的人员未经国境卫生检疫机关许可，擅自上下交通工具，或者装卸行李、货物、邮包等物品，不听劝阻的，对其单位或者个人，国境卫生检疫机关可以根据情节轻重，给予警告或者罚款，罚款全部上缴国库。引起检疫传染病传播或者有引起检疫传染病传播严重危险的，依照《中华人民共和国刑法》有关规定追究刑事责任。

8.1.5 确定卫生检疫要求

根据货物编号，在海关通关系统《商品综合分类表》中找到相应条目，查看"检验检疫类别"栏目：如果栏目内有"V"，指需要实施进境卫生检疫；如果栏目内有"W"，指需要实施出境卫生检疫。

8.2 跨境电商零售商品进出境卫生检疫

8.2.1 卫生检疫守护境内生命安全

传染病严重威胁人类生存。传染病是由各种病原体引起的能在人与人、动物与动物或人与动物之间相互传播的一类疾病，曾多次引发人类大规模疫情，给人类生存带来重大灾难。以鼠疫为例：鼠疫是鼠疫杆菌以鼠蚤传播为主的烈性传染病，是广泛流行于野生啮齿动物间的一种自然疫源性疾病，是一种危害严重的烈性传染病，曾被称为黑死病；临床上表现为发热、淋巴结肿痛、肺炎、出血倾向等。人类历史上一共经历三次鼠疫大流行：第一次于6世纪中叶开始至8世纪，在欧亚大陆夺走上亿条生命；第二次从14世纪中叶开始，前后300年，导致欧洲大陆丧失三分之一到一半的人口；第三次从19世纪下半叶开始至20世纪30年代，导致全球数千万人死亡[1]。传染病会快速在人类之间传播，让大量人体发生病变，引发大规模疫情，特别新传染病出现后，人类无法快速准确掌握其病源、病因、病理，很难短时间内找到有效治疗方法，延误染疫人救治时机，导致更多人员遭受伤害。

口岸是控制传染病进出境的天然卡口。口岸是不同关境体系接壤之处，境内一个关境体系，境外多个不同关境体系，汇集体现不同关境体系的差异。每一个关境体系都是不同民族传统、社会形态、治理模式等的综合体现，可能对传染病的认知判断、检疫目标、检疫规定、进出境要求等存在不同，导致传染病防治效果不同：有些关境严格有效防治，境内没有疫情，甚至没有病例，有些关境放手不管或防治不力，境内发生疫情，甚至疫情失控。染疫人跨境流动会将传染病从发生疫情的关境传播到没有传染病的关境，导致作为人员跨境流动通道的口岸成为传染病传播媒介最先到达的境内区域。如果染疫人从口岸自由进境，会快速分

---

[1] 中国疾病预防控制中心网站.小小老鼠，酿成大疫 鼠疫究竟是什么？[EB/OL]（2017-10-31）[2022-04-03] https://www.chinacdc.cn/jkzt/crb/jl/sy/zstd_10917/201710/t20171031_154509.html.

流到全境各地，特别在我国大量人口密集区域，会迅速感染大量境内人员，引发全境大范围疫情，最终难以管控防治。口岸是跨境人员的主要进出境通道，是境外传染病传播入口，具备在最小范围以最小代价管控进出境人员的天然条件，是控制传染病入出境的天然卡口。

口岸卫生检疫最小化传染病传播风险。传染病通常存在多种传播途径，会在极短时间内大范围传播，只有在进境环节被控制在最小影响范围，才不至于让境内人员染疫危及生命健康。卫生检疫对象包括进境、出境的人员、交通工具和集装箱，以及可能传播检疫传染病的行李、货物、邮包，尽可能最大范围覆盖传染媒介，降低漏发现传染媒介的风险；进境的交通工具和人员，必须在最先到达的口岸的指定地点接受检疫，除引航员外，未经国境卫生检疫机关许可，任何人不准上下交通工具，不准装卸行李、货物、邮包等物品，严格将传播媒介管控在进境最先到达的口岸前沿，降低其纵深进境内传播传染病的风险；对检疫传染病染疫人必须立即将其隔离，对检疫传染病染疫嫌疑人应当将其留验，对因患检疫传染病而死亡的尸体必须就近火化，对可能成为检疫传染病传播媒介的运输工具、行李、货物、邮包等物品，应当实施消毒、除鼠、除虫或者其他卫生处理，尽可能在口岸前沿消除传染病传播的危险，降低传播媒介在境内流转意外传播传染病的风险。口岸卫生防疫在进境口岸前沿最先发现传播媒介，实施卫生处理，消除传染病传播的危险，最小化境外传染病传播风险，避免传播媒介进境快速传播传染病，保护境内广大人民群众生命安全。

8.2.2 跨境电商零售企业应主动做好卫生检疫

卫生检疫人命关天。生存健康是人类最重要、最基础的需求，是实现人类其他目标的基础条件。跨境电商零售企业应意识到传染病会伤害人员身体，危及人体健康，甚至导致人体病亡；应意识到传染病能多路径、多媒介传播，一个染疫人自由活动会快速导致大量近距离接触人员感染传染病，危及更广、更多人群，具有巨大传染破坏作用；应意识到不同关境防治效果差异，会让传染病经过口岸在不同关境之间传播，蔓延至全球各地，具有全球一体危害性；应认识到卫生检疫关系全社会人命安全，主动学习掌握卫生防疫规定，在日常经营管理中注意卫生防疫，降低传播传染病风险，确保人体安全健康。

跨境人员主动保护生命安全。人体是传染病危害对象，会遭受染疫痛苦和伤害，也是传播媒介，会让更多其他人体染疫受害。跨境电商零售从业人员经常跨境流动，到境外开展调查、洽谈、采购、监装等工作，与境外不同行业人员长时间近距离接触，存在感染当地传染病的风险；承运商品进出境的运输人员，长期在境外生活，甚至经常进出疫区，存在自带传染病风险。染疫人进境后如果未能得到及时管控，将成为传染病传播媒介，危及境内人员生命安全。人员出境前应做好健康检查，接种目的地高发传染病的疫苗，了解传染病防治知识，准备好常见传染病药物，具备一定自防自救能力；在境外应尽量不去传染病高发区域，避免高密度大数量人员聚集，做好日常卫生清洁，降低感染传染病风险；进境时存在传染病症状的，应做好途中防疫防护，避免与其他人员直接接触，降低传播传染病风险；到达口岸时，应第一时间向口岸检疫人员报告，服从管理，不随意走动扩大传染范围，接受卫生处理，配合治疗，消除传染病传播的危险；进境后，应自觉在传染病潜伏期内居家观察，发现传染病症状时，立即做好个人防护并急诊就医，避免传染病在境内传播。跨境人员不能仅关注商业利益，还应对自己的生命健康负责，对社会群体的生命健康负责，共同消除传染病对生命的危害。

全程物流注意卫生防疫。传染病媒介不仅包括进出境人员，还包括进出境交通工具、集装箱、行李、货物、邮包等可能传播检疫传染病的物体，例如鼠疫可能通过集装箱中的老鼠传播、霍乱可能通过船舶压舱水传播，要求跨境物流全过程都要注意卫生防疫，避免进出境物体成为传染病媒介。跨境电商零售企业通常委托物流企业负责跨境物流业务，应首先评估物流企业卫生防疫能力，要求物流企业主动遵守进出境卫生防疫规定，从物流管理源头上确保卫生检疫安全；应尽量雇用无检疫传染病的人员，在商品包装、装载、运输、卸货等环节做好安全防护，避免病原体转移传播；应支持染疫人隔离治疗，主动做好工资、出勤、后勤等保障，让染疫人安心尽快治愈传染病，避免带病作业引发传染病传播；应保持场所卫生清洁，对长期存储商品的仓库、装载运输商品进出境的集装箱和车辆等装载容器、人员频繁聚集的工作场所等，监督日常卫生状况，必要时实施灭鼠、灭蚊、除虫、消毒等卫生处理，消除可能传播传染病的媒介生存空间。

8.3 动植物检疫

为了防止动物传染病、寄生虫病和植物危险性病、虫、杂草以及其他有害生物传进、传出国境，保护农、林、牧、渔业生产和人体健康，促进对外经济贸易的发展，国家动植物检疫机关在对外开放的口岸和进出境动植物检疫业务集中的地点设立的口岸动植物检疫机关，实施进出境动植物检疫。

8.3.1 动植物检疫要点

8.3.1.1 禁止进境的病虫害

国家禁止下列各物进境：动植物病原体（包括菌种、毒种等）、害虫及其他有害生物；动植物疫情流行的国家和地区的有关动植物、动植物产品和其他检疫物；动物尸体；土壤。

8.3.1.2 动物疫病

根据《中华人民共和国动物防疫法》，动物疫病分为三类，具体如下（截至2022年6月23日）：

（一）一类疫病，是指口蹄疫、非洲猪瘟、高致病性禽流感等对人、动物构成特别严重危害，可能造成重大经济损失和社会影响，需要采取紧急、严厉的强制预防、控制等措施的，共11种；

（二）二类疫病，是指狂犬病、布鲁氏菌病、草鱼出血病等对人、动物构成严重危害，可能造成较大经济损失和社会影响，需要采取严格预防、控制等措施的，共37种；

（三）三类疫病，是指大肠杆菌病、禽结核病、鳖腮腺炎病等常见多发，对人、动物构成危害，可能造成一定程度的经济损失和社会影响，需要及时预防、控制的，共126种。

输入动物、动物产品和其他检疫物，应当在进境口岸实施检疫。经检疫合格的，准予进境。

境外输入动物，经检疫不合格的，由口岸动植物检疫机关签发《检疫处理通知单》，通知货主或者其代理人做如下处理：

（一）检出一类传染病、寄生虫病的动物，连同其同群动物全群退回或者全群扑杀并销毁尸体；

（二）检出二类传染病、寄生虫病的动物，退回或者扑杀，同群其他动物在隔离场或者其他指定地点隔离观察。

输入动物产品和其他检疫物经检疫不合格的，由口岸动植物检疫机关签发《检疫处理通知单》，通知货主或者其代理人做除害、退回或者销毁处理。经除害处理合格的，准予进境。

输出动物、动物产品和其他检疫物，由口岸动植物检疫机关实施检疫，经检疫合格或者经除害处理合格的，准予出境。检疫不合格又无有效方法做除害处理的，不准出境。

8.3.1.3 植物有害生物

根据《中华人民共和国进境植物检疫性有害生物名录》（截至2021年4月9日），涉及昆虫148种，软体动物9种，真菌127种，原核生物59种，线虫20种，病毒及类病毒41种，杂草42种，共446种。

输入植物、植物产品和其他检疫物，应当在进境口岸实施检疫。经检疫合格的，准予进境。经检疫发现有植物危险性病、虫、杂草的，由口岸动植物检疫机关签发《检疫处理通知单》，通知货主或者其代理人做除害、退回或者销毁处理。经除害处理合格的，准予进境。

输出植物、植物产品和其他检疫物，由口岸动植物检疫机关实施检疫，经检疫合格或者经除害处理合格的，准予出境。检疫不合格又无有效方法做除害处理的，不准出境。

8.3.1.4 检疫对象

动物、动物产品可能携带动物疫病，植物、植物产品可能携带有害生物，都是最直接的传染媒介，属于检疫重点关注的对象；进出境运输工具、装载容器、包装物可能携带传染媒介或动物疫病、植物有害生物，也是检疫要关注的对象。进出境的动植物、动植物产品和其他检疫物，装载动植物、动植物产品和其他检疫物的装载容器、包装物，以及来自动植物疫区的运输工具，依法实施检疫。

8.3.2 报检主体

货主或者其代理人应当在动植物、动植物产品和其他检疫物进境前或者进境时向进境口岸动植物检疫机关报检。

货主或者其代理人在动植物、动植物产品和其他检疫物出境前，向口岸动植物检疫机关报检。

8.3.3 检疫地点

进境检疫地点。动物和病虫害会随意移动，可能将病虫害传播给活动范围内的其他动植物，必须将其限制在进境最小活动范围，避免病虫害发生境内传播危害。因此，输入动植物、动植物产品和其他检疫物，应当在进境口岸实施检疫。

出境检疫地点。货物出境检疫目的在于证明符合检疫要求，无论在境内何处检疫，都处在境内同一检疫环境，都应符合境内检疫要求。货主或者其代理人在动植物、动植物产品和其他检疫物出境前，应向口岸动植物检疫机关报检。

8.3.4 法律责任

对违反《中华人民共和国进出境动植物检疫法》规定，未报检或者未依法办理检疫审批手续的，未经口岸动植物检疫机关许可擅自将进境动植物、动植物产品或者其他检疫物卸离运输工具或者运递的，擅自调离或者处理在口岸动植物检疫机关指定的隔离场所中隔离检疫的动植物的，由口岸动植物检疫机关处以罚款。擅自开拆过境动植物、动植物产品或者其他检疫物的包装的，擅自将过境动植物、动植物产品或者其他检疫物卸离运输工具的，擅自抛弃过境动物的尸体、排泄物、铺垫材料或者其他废弃物的，由动植物检疫机关处以罚款。引起重大动植物疫情的，依照刑法有关规定追究刑事责任。

8.3.5 确定动植物检疫要求

根据货物编号，在海关通关系统《商品综合分类表》中找到相应条目，查看"检验检疫类别"栏目：如果栏目内有"P"，指需要实施进境动植物、动植物产品检疫；如果栏目内有"Q"，指需要实施出境动植物、动植物产品检疫。

8.4 跨境电商零售商品进出境动植物检疫

8.4.1 口岸动植物检疫守护境内生态安全

健康的生态环境是人类生存的基础保障。人类从自然生态环境中进化而来，一直依靠自然生态环境生存，需要健康的自然生态环境。植物是自然生态环境重要组成部分，绿色植物通过光合作用吸收光能、二氧化碳和水，释放出氧气，满足人类生存呼吸需求，同时合成有机物，成为人类基础食物来源，也是农、林、牧、渔业生产原料。据估计，整个世界的绿色植物每天可以产生约4亿吨的蛋白质、碳水化合物和脂肪，向空气中释放出近5亿吨的氧，为人类生存提供基础保障[1]。动物以植物为基础食物，生存繁殖，优胜劣汰，保持生态平衡，为植物传播种子，扩展植物生长范围和规模，更重要的是经过人类驯化饲养，为人类提供更健康充足稳定的高蛋白食物。植物和动物平衡发展形成健康稳定的自然生态环

---

[1] 百度百科.植物（生命形态之一）[EB/OL]（2022-04-13）[2022-04-13] https://baike.baidu.com/item/植物/142914?fr=aladdin.

境，为人类生存提供基础保障。

动植物病虫害防治维护健康生态环境。病虫害跨境传播可分为自然传播和人为传播：自然传播是指通过天然存在的动物、植物或病虫害生存活动传播，例如候鸟迁徙、植物生长蔓延、害虫繁殖等，没有明显人类活动干预；人为传播是指通过人类生产生活等人类活动传播，例如进出境贸易、邮寄、旅客携带等，存在明显人类活动干预。自然传播病虫害不受人类约束，无法集中防治，进境后发生危害后才容易被发现，属于境内病虫害防治范围。主管部门负责所在领域的全国病虫害防治，例如国务院林业主管部门负责全国森林病虫害防治、国务院农业农村主管部门负责全国农作物病虫害防治和动物防疫、县级以上地方人民政府相关领域主管部门负责本行政区域防治，通常包括监测、报告、预防、控制、除治等主要工作，消除境内病虫害，维护境内健康生态环境。人为传播病虫害伴随人类进出境活动，集中在进出境口岸，便于集中防治，应在进入境内纵深区域前消除传播危险。海关归口统一负责进出境动植物检疫，在对外开放的口岸和进出境动植物检疫业务集中的地点设立的口岸动植物检疫机关，实施进出境动植物检疫，将人为传播的病虫害阻挡在境外，保护境内健康生态环境。

口岸动植物检疫最小化病虫害传播风险。病虫害会附着动物、植物或其他传播媒介，在移动过程中发生本地传播，应在口岸消除病虫害传播风险。海关负责监控境外动植物病虫害状况，收集报告境外重大动植物疫情；境外发生重大动植物疫情并可能传入境内时，国务院可以对相关边境区域采取控制措施，必要时下令禁止来自动植物疫区的运输工具进境或者封锁有关口岸，国务院农业行政主管部门可以公布禁止从动植物疫情流行的国家和地区进境的动植物、动植物产品和其他检疫物的名录，口岸动植物检疫机关可采取紧急检疫处理措施，提前降低境外病虫害进境风险。口岸动植物检疫范围包括进出境的动植物、动植物产品和其他检疫物，装载动植物、动植物产品和其他检疫物的装载容器、包装物，以及来自动植物疫区的运输工具，还有港口、机场、车站、邮局以及检疫物的存放、加工、养殖、种植场所，覆盖全部传播媒介和空间，降低漏发现病虫害传播媒介的风险。输入动植物、动植物产品和其他检疫物，应当在进境口岸实施检疫，未经口岸动植物检疫机关同意,不得卸离运输工具;输入动植物,需隔离检疫的,在口岸动植物检疫机关指定的隔离场所检疫,将病虫害存活范围限制在口岸可控最小区域,降低病虫害大范围传播风险。口岸动植物检疫机关发现未经批准的禁止进境物的,做退回或者销毁处理;输入动植物、动植物产品和其他检疫物,经检疫合格的,准予进境;经检疫不合格的,对动物实施退回、扑杀、隔离观察等处理,对动物产品、植物、植物产品和其他检疫物,实施除害、退回或者销毁处理,经除害处理合格的,准予进境,在口岸消除病虫害,降低病虫害进境传播风险。

8.4.2 跨境电商零售企业应主动做好动植物检疫

销售源头消除病虫害。《跨境电子商务零售进口商品清单》包含不少动物、动物产品、植物、植物产品,例如活鱿鱼、猪肉干、鲜苹果等,存在携带传播病虫害风险。跨境电商零售企业应密切关注进出境动植物检疫要求变化,熟悉进出境动植物检疫规定,确定需要进出境动植物检疫的商品,尽量避免采购天然容易感染病虫害的商品,从商品源头降低传播病虫害风险;密切关注全球病虫害状况,特别是商品生产所在地病虫害防治情况,尽量避免采购来自疫区可能感染病虫害的商品,从采购源头降低传播病虫害风险;应密切关注商品病虫害状况,在收验时发现存在病虫害的商品,做除害处理,不销售存在病虫害的商品,从发货源头降低传播病虫害风险。跨境电商零售企业从销售源头避免存在病虫害的商品进入全球物流网络,消除后续环节传播病虫害的风险。

全程物流消除病虫害。跨境电商零售商品从境外运输进境派送给消费者,可能经过病虫害疫区或高发地区,在物流途中被传染病虫害,进境后传播病虫害。企业应防范全程物流病虫害风险:在商品包装时,应对商品消毒除害处理,使用无病虫害或难感染病虫害的包装材料,使用坚固密封的包装容器,降低包装夹带病虫害或传播媒介的风险;在商品收寄环节,特别是对跨境电商零售商品小包裹,应检查包装是否完好、是否有病虫害,必要时进行外包装消毒,降低物流源头传播病虫害风险;在商品运输转运环节,应注意保护商品包装完好,避免包装破损,商品感染病虫害，保持装载容器、运输工具、仓库等干净清洁、无病虫害和传播媒介，降低途中感染传播病虫害风险；在商品投递给消费者前，应对商品进行全面消毒除害，避免病虫害在最终消费地传播，降低病虫害发生实质性伤害风险。企业应全程物流都注意防范避免商品感染病虫害或携带传播媒介，杜绝病虫害进境传播。

口岸通关消除病虫害。口岸动植物检疫是进出境商品法定要求，为境内健康生态环境构筑坚固防线，是跨境电商零售企业应该配合落实好的通关要求。跨境电商零售企业应主动不销售动植物检疫禁止进境商品，尽量避免销售植物种子、种苗及其他繁殖材料等需要事先办理检疫审批的商品，避免检疫高风险商品在口岸滞留传播病虫害；应如实准确申报商品检疫信息，特别是原产地、启运国（地区）、名称（拉丁名和中文名）、规格属性、新旧等检疫关键信息，确保准确接受口岸动植物检疫监督，避免伪报瞒报商品、逃避检疫进境传播病虫害；应认真负责配合做好检疫处理，以生态环境健康安全大局为重，对检疫不合格的商品，严格按照检疫要求做好检疫处理，避免除害不彻底的商品遗留境内传播病虫害。

8.5 跨境电商零售进出境检疫规定

海关规定：对需在进境口岸实施的检疫及检疫处理工作，应在完成后方可运至跨境电商监管作业场所。

8.5.1 一样危害

传染病和动植物病虫害对人类而言很微小，不管通过批量货物，或人员随身携带，或跨境电商零售小包裹，或邮递快件，都能轻松随附进境。进境不加以防治，传染病就会迅速在人群中传播，危害人体健康，病虫害就会迅速在动植物中传播，危害生态环境，甚至引发全国范围重大疫情，产生一样危害，与实际进境通关渠道没有关系。

8.5.2 一线检疫

卫生检疫防止传染病传播进境、出境，保护人体健康；动植物检疫防止动物传染病、寄生虫病和植物危险性病、虫、杂草以及其他有害生物传播进境、出境，保护农、林、牧、渔业生产和人体健康。传染病和动植物病虫害会随着传播媒介移动，可能随时随地传播给近距离接触的其他媒介，必须在进境口岸一线最前沿实施检疫，将传播媒介限制在最小活动空间；对需要检疫处理的，必须在进境口岸一线最前沿完成除害处理，消除传播危害隐患，避免深入境内大范围传播引发境内疫情。

8.5.3 一样要求

检疫为了防止传染病和动植物病虫害，监督所有可能进出境传播传染病和动植物病虫害的物体，涉及所有可能携带、留存、传播传染病和动植物病虫害的场所，消除所有可能传播传染病和动植物病虫害的风险，不区分商品进境运输方式、贸易方式、包装方式、功能原理、成分含量和用法用途等具体差别。跨境电商零售商品以批量方式或以小包裹方式进出境，都要遵守与传统进出境一致的检疫规定要求，避免出现检疫漏洞传播传染病和动植物病虫害。

8.5.4 一样处理

检疫传染病染疫人必须立即隔离，检疫传染病染疫嫌疑人应当留验，可能成为检疫传染病传播媒介的运输工具、行李、货物、邮包等物品应当实施消毒、除鼠、除虫或者其他卫生处理。输入动植物、动植物产品和其他检疫物，经检疫合格的，准予进境；经检疫不合格的，输入动物退回、扑杀或隔离观察，输入动物产品和其他检疫物做除害、退回或者销毁处理；输入植物、植物产品和其他检疫物，经检疫发现有植物危险性病、虫、杂草的，做除害、退回或者销毁处理；经除害处理合格的，准予进境。口岸检疫机关根据检疫结果区别采取相应措施，对跨境电商零售商品采用一样的处理方法。

8.5.5 | 一样处罚

违反卫生防疫法规定，逃避检疫，向国境卫生检疫机关隐瞒真实情况的；进境的人员未经国境卫生检疫机关许可，擅自上下交通工具，或者装卸行李、货物、邮包等物品，不听劝阻的，由国境卫生检疫机关给予警告或者罚款。引起检疫传染病传播或者有引起检疫传染病传播严重危险的，依照刑法有关规定追究刑事责任。

违反动植物检疫法规定，未报检或者未依法办理检疫审批手续的；未经口岸动植物检疫机关许可擅自将进境动植物、动植物产品或者其他检疫物卸离运输工具或者运递的，由口岸动植物检疫机关处以罚款。引起重大动植物疫情的，依照刑法有关规定追究刑事责任。

检疫机关区分违法检疫规定行为种类实施相应处罚，针对引发传染病传播或动植物疫情严重后果，追究刑事责任，不区分跨境传统货物、邮件快件、跨境电商零售商品，对跨境电商零售商品执行一样的处罚措施。

▶ 8.6 通关案例：未报经检疫合格出境

8.6.1 | 基本情况

2021年8月，当事人某电子商务有限公司以跨境电商方式向海关申报出口货物一批。海关经查验发现，有冻鸡350千克、冻鸭280千克、冻牛丸140千克、冻猪肉120千克、虾干40千克、鱿鱼干59千克实际出口未向海关报检。

8.6.2 | 监管规定

《中华人民共和国进出境动植物检疫法》规定如下：

第二十条 货主或者其代理人在动植物、动植物产品和其他检疫物出境前，向口岸动植物检疫机关报检。……

第二十一条　输出动植物、动植物产品和其他检疫物，由口岸动植物检疫机关实施检疫，经检疫合格或者经除害处理合格的，准予出境；海关凭口岸动植物检疫机关签发的检疫证书或者在报关单上加盖的印章验放。检疫不合格又无有效方法做除害处理的，不准出境。

8.6.3　处罚依据

《中华人民共和国进出境动植物检疫法实施条例》第五十九条规定如下：

有下列违法行为之一的，由口岸动植物检疫机关处5000元以下的罚款：

（一）未报检或者未依法办理检疫审批手续或者未按检疫审批的规定执行的；……

8.6.4　认定处罚

海关经调查认为，当事人将必须检疫的出口商品未报经检疫合格而擅自出口，违反了我国进出境动植物检疫管理规定。

海关决定对当事人做出如下行政处罚：科处罚款人民币0.32万元整。

第 9 章
Chapter 9

跨境电商零售通关检验

◇ 综述

跨境电商零售连接全球销售市场，以商品品质为核心竞争力。跨境电商零售商品虽然单票数量少、价值小，但单批数量多、品种多，无法适用跨境传统贸易货物抽样检验品质监管模式，需要消费者自行承担消费使用风险。跨境电商零售企业应主动保证商品品质，承担主体责任，在商品销售源头上确保商品符合原产地质量安全要求，采取全流程保障措施，确保商品完好配送给消费者，帮助消费者安全购买商品，从而建立品质可靠有保证的市场口碑，维持商品品质核心竞争力，确保自身长远稳定发展。

9.1 商品检验

为了保护人类健康和安全、保护动物或者植物的生命和健康、保护环境、防止欺诈行为、维护国家安全，商检机构和经国家商检部门许可的检验机构，依法对进出口商品实施检验，包括商品是否符合安全、卫生、健康、环境保护、防止欺诈等要求以及相关的品质、数量、重量等项目。

9.1.1 检验要点

9.1.1.1 检验机构

商品检验机构分为商检机构和经国家商检部门许可的其他检验机构。

商检机构。海关总署及其设在省、自治区、直辖市以及进出口商品的口岸、集散地的出入境检验检疫机构。

其他检验机构。经海关总署和有关主管部门审核批准，获得许可，可接受委托办理进出口商品检验鉴定业务的检验机构。

9.1.1.2 检验范围

法定检验商品。出入境检验检疫机构对列入规定目录的进出口商品以及法律、行政法规规定须经出入境检验检疫机构检验的其他进出口商品实施检验。

抽查检验商品。出入境检验检疫机构对法定检验以外的进出口商品，根据国家规定实施抽查检验。

免验商品。进出境的样品、礼品、暂时进出境的货物以及其他非贸易性物品，免予检验。

9.1.2 报检企业

进出口商品的收货人或者发货人可以自行办理报检手续，也可以委托代理报检企业办理报检手续；采用快件方式进出口商品的，收货人或者发货人应当委托出入境快件运营企业办理报检手续。

9.1.3 检验地点

法定检验的进口商品的收货人应当向报关地的出入境检验检疫机构报检，通关放行后20日内，向出入境检验检疫机构申请检验。法定检验的进口商品未经检验的，不准销售，不准使用。

法定检验的进口商品应当在收货人报检时申报的目的地检验。大宗散装商品、易腐烂变质商品、可用作原料的固体废物以及已发生残损、短缺的商品，应当在卸货口岸检验。对上述进口商品，海关总署可以根据便利对外贸易和进出口商品检验工作的需要，指定在其他地点检验。

法定检验的出口商品的发货人应当在海关总署统一规定的地点和期限内，向出入境检验检疫机构报检。法定检验的出口商品未经检验或者经检验不合格的，不准出口。

出口商品应当在商品的生产地检验。海关总署可以根据便利对外贸易和进出口商品检验工作的需要，指定在其他地点检验。

9.1.4 法律责任

违反商检法规定，将必须经商检机构检验的进口商品未报经检验而擅自销售或者使用的，或者将必须经商检机构检验的出口商品未报经检验合格而擅自出口的，由商检机构没收违法所得，并处货值金额百分之五以上百分之二十以下的罚款；构成犯罪的，依法追究刑事责任。

9.1.5 确定商品检验要求

根据货物编号，在海关通关系统《商品综合分类表》中找到相应条目，查看"检验检疫类别"栏目。如果栏目内有"M"，指需要实施进口商品检验；如果栏目内有"N"，指需要实施出口商品检验。

9.2 食品安全管理

为了保证进出口食品安全，保护人类、动植物生命和健康，对进出口食品实施检验检疫及监督管理。

9.2.1 管理要点

9.2.1.1 企业责任

食品生产经营者负有保证食品安全的社会责任。

进口食品的进口商或者其代理人应确保进口食品符合中国食品安全国家标准和相关检验检疫要求；按照规定向海关报检，办理检验手续，承担报检责任；建立食品进口和销售记录制度，如实记录进口食品的卫生证书编号、品名、规格、数量、生产日期（批号）、保质期、出口商和购货者名称及联系方式、交货日期等内容。

出口食品生产经营者应当保证其出口食品符合进口国家（地区）的标准或者合同要求。

出口食品的出口商或者其代理人应当按照规定向出口食品生产企业所在地海关报检，办理检验手续，承担报检责任。

9.2.1.2　企业管理

由于食品安全涉及人体健康，关系人员生命安全，我国对食品企业管理非常严格，在进出口食品安全管理上特别注重对相关企业的管理，通过严管企业实现对食品安全的源头管理。

对进口食品境外生产企业实施注册管理，对向中国境内出口食品的出口商或者代理商实施备案管理，对进口食品的进口商实施备案管理。对出口食品生产企业实施备案管理，对出口食品原料种植、养殖场实施备案管理。对进出口食品生产经营者实施诚信管理。

9.2.1.3　管理范围

进口食品应当符合中国食品安全国家标准和相关检验检疫要求。经检验检疫合格的，由海关出具合格证明，准予销售、使用。进口食品经检验检疫不合格的，由海关出具不合格证明。涉及安全、健康、环境保护项目不合格的，由海关责令当事人销毁，或者出具退货处理通知单，由进口商办理退运手续。其他项目不合格的，可以在海关的监督下进行技术处理，经重新检验合格后，方可销售、使用。

出口食品应符合进口国家（地区）的标准或者合同要求。出口食品符合出口要求的，由海关根据需要出具证书。出口食品经检验检疫不合格的，由海关出具不合格证明。依法可以进行技术处理的，应当在海关的监督下进行技术处理，合格后方准出口；依法不能进行技术处理或者经技术处理后仍不合格的，不准出口。

出口食品原料种植、养殖场由海关总署实施备案管理。备案种植、养殖场所在地海关对备案种植、养殖场实施监督、检查，对达不到备案要求的，及时向所在地相关政府主管部门、出口食品生产企业所在地海关通报。

9.2.1.4　检验时间和地点

进口食品的进口商或者其代理人应当按照规定向海关报检。进口食品在取得检验检疫合格证明之前，应当存放在海关指定或者认可的场所，未经海关许可，任何单位和个人不得动用。对进口可能存在动植物疫情疫病或者有毒有害物质的高风险食品实行指定口岸入境。

出口食品的出口商或者其代理人应当按照规定向出口食品生产企业所在地海

关报检。出口食品有产地海关和口岸海关区分，产地海关就是食品生产企业所在地海关，通常负责出口食品检验和生产企业监督检查；口岸海关是指出口食品实际出口的口岸的海关，负责对出口食品换证和抽查检验。

9.2.2　报检企业

食品生产者主要生产符合要求的食品，对我国食品进出口规定缺乏全面准确了解，通常无法直接向海关办理报检手续。进口食品的进口商、出口食品的出口商或者其代理人成为常见报检主体，应当按照规定向海关报检。

9.2.3　法律责任

销售、使用经检验不符合食品安全国家标准的进口食品，尚不构成犯罪的，由海关没收违法所得和违法生产经营的食品，并可以没收用于违法生产经营的工具、设备、原料等物品；违法生产经营的食品货值金额不足一万元的，并处五万元以上十万元以下罚款；货值金额一万元以上的，并处货值金额十倍以上二十倍以下罚款；情节严重的，吊销许可证。

提供虚假材料，进口不符合我国食品安全国家标准的食品、食品添加剂、食品相关产品；进口尚无食品安全国家标准的食品，未提交所执行的标准并经国务院卫生行政部门审查，或者进口利用新的食品原料生产的食品或者进口食品添加剂新品种、食品相关产品新品种，未通过安全性评估；未遵守本法的规定出口食品；进口商在有关主管部门责令其依照本法规定召回进口的食品后，仍拒不召回，违反食品安全法，有上述情形之一，尚不构成犯罪的，由海关没收违法所得和违法生产经营的食品、食品添加剂，并可以没收用于违法生产经营的工具、设备、原料等物品；违法生产经营的食品、食品添加剂货值金额不足一万元的，并处五万元以上十万元以下罚款；货值金额一万元以上的，并处货值金额十倍以上二十倍以下罚款；情节严重的，吊销许可证。

进口商未建立并遵守食品、食品添加剂进口和销售记录制度、境外出口商或者生产企业审核制度的，由海关责令改正，给予警告；拒不改正的，处五千元以上五万元以下罚款；情节严重的，责令停产停业，直至吊销许可证。

9.2.4 确定食品检验要求

根据货物编号，在海关通关系统《商品综合分类表》中找到相应条目，查看"检验检疫类别"栏目：如果栏目内有"R"，指需要实施进口食品卫生监督检验；如果栏目内有"S"，指需要实施出口食品卫生监督检验。

▶ 9.3 商品是跨境电商零售交易的核心

好商品建立好口碑。通过跨境电商平台，企业销售商品、获得价款、发货配送，消费者购买商品、支付价款、接收跨境配送商品，与实体店交易相比，形式上存在很大不同，但目的相同，即企业都想销售商品占领市场，消费者都想获得理想品质的商品；效果相同，即消费者都满足自身消费使用需求，企业都获得价款收益；影响相同，即企业受到消费者体验反馈影响形成市场口碑，消费者交易消费体验形成对企业的诚信印象。跨境电商零售是互联网信息经济新业态，本质仍是商品与价款交换，交易核心仍是商品，需要好商品建立好的市场口碑。消费者使用消费商品，发现商品质量符合理想要求，满足理想消费需求，达到了理想消费效果，会对交易产生满足愉悦感，对跨境电商零售企业产生信任感，在日常社交中传播推广满意的跨境电商零售企业，形成跨境电商零售企业良好的市场口碑。跨境电商零售企业应认识到商品是交易核心，即使价格更低、交易更方便、配送更快速，若质量不好，则最终无法满足消费者预期需求，更浪费消费者金钱、时间和信任，损害企业市场形象和口碑，应高度重视商品质量，销售好商品，提供好服务，努力建立良好市场口碑，为长远发展壮大奠定市场信任基础。

好商品赚取高收益。跨境电商零售企业创新互联网信息技术销售手段，参与跨境电商零售激烈竞争，主要目的是赚取长远高额收益回报。如果商品品质不好，属于人人皆可生产、充斥泛滥市场的低端商品，则不具备赚取高额收益的空间，没有长远销售经营的必要性；如果商品质量不好，企业为了吸引消费者购买，侧重大肆宣传商品好处，竭力减少甚至隐瞒商品坏处，在互联网信息全球互通的市场环境，将面临广大消费者的质疑，需要耗费更多人力、金钱等资源，消除商品质量不好的潜在负面影响；如果商品质量不好，被消费者发现与销售宣传不符，会被退货退款，让企业销售、打包、发运等前期投入白费，如果使用消费后产生不良后果，会被索赔甚至追究法律责任，让企业遭受更大经济损失，承担法律后果，需要耗费更多资源消除不良影响。跨境电商零售企业应认识到好商品具备更大利润空间、更省心的宣传推销、更安心的售后负担，坚持销售好商品，赚取更高收益。

好商品促进快发展。跨境电商零售基于互联网信息公开传播，这让商品种类多寡、质量优劣、价格高低、销量大小等商业信息在企业之间快速互通，让个别企业新做法迅速被其他企业学习模仿，形成行业通行做法。个别企业为了获取更多利润，商品生产偷工减料，质量以次充好，无底线降低商品生产成本，以远低于合格商品的价格销售劣质商品，导致好品质商品没有市场，正规企业无法销售合格商品获得收入，被迫同样生产劣质商品，导致整个行业劣质商品充斥泛滥，最终会被上当受骗的消费者抛弃，丧失健康快速发展的机会。跨境电商零售企业应通过改造生产工艺、创造特色商品、丰富性能功能、优化商品易用性和耐用性等创新手段，提升商品质量，降低生产成本，为消费者提供更实惠的好商品，赢得更好市场口碑，获得更大市场收益，促进其他企业不断创新，共同提升商品质量，销售越来越好的商品，吸引更多消费者参与跨境电商零售交易，支持行业健康快速发展。

好商品支撑稳监管。我国大力支持跨境电商零售发展，制定进出口税收优惠政策，建立进出口通关监管新模式和信息化系统，支持中国制造产品销售到境外，支持境外优质产品进入境内满足消费者需求。如果企业销售劣质商品，出口商品将损害中国产品在境外市场的声誉，让中国企业难在境外市场立足，危害中国企业在境外市场的长远发展，给中国国际形象带来负面影响；进口商品未能如愿满足境内消费者需求，侵犯消费者合法权益，甚至伤害消费者身体健康，引发社会大范围不良后果。监管部门发现跨境电商零售进出口劣质商品为了避免更严重的危害，会针对伪劣商品不断采取更严格监管措施，例如将商品纳入跨境传统货物检验体系、缩小进口商品范围等，努力保证跨境电商零售商品质量优良稳定，这可能制约跨境电商零售快速发展。跨境电商零售企业应珍惜来之不易的支持鼓励环境，出口销售好商品树立中国制造良好口碑，进口销售好商品造福境内消费者，增强监管部门支持鼓励发展的信心，保持监管政策长久稳定，支持监管部门不断优化简化监管措施，促进跨境电商零售稳定发展。

9.4 跨境电商零售商品质量安全保障方式

跨境电商零售进口商品应符合原产地质量安全要求。跨境传统货物专门进口在境内销售，应符合境内商品质量安全要求，通常按照我国技术规范的强制性要求进行检验，甚至要求生产环境、工艺、材料及商品包装、存储、运输等符合我国要求。跨境电商零售商品直接从境外市场购买，按照原产地的社会习俗、市场需求、生产条件、包装方式、销售方式等本地要求生产，通常符合原产地质量安全要求，满足原产地消费者使用消费需求，不是为了直接进口在境内销售，未顾及我国进口商品检验要求，可能与境内质量要求差别很大，特别是标签标识按照原产地标准印制，没有中文标签，无法让境内消费者准确了解商品基本信息，如果按照我国技术规范的强制性要求进行检验，将无法检验合格进口，导致跨境电商零售进口交易无法完成。跨境电商零售进口商品在原产地公开销售，接受原产地市场监管，应符合原产地质量安全要求，保证境内消费者享受到与原产地消费者相同的安全质量。

跨境电商零售进口商品向销售方取样。跨境传统货物进口检验时从批量进口商品抽取规定数量样品实施检验，可能损耗样品，因单批数量大，损耗比例很小，对整批货物影响不大，由境内购买方承担损耗，在长期进口货物中所占比例很小，对购买方影响很小。跨境电商零售商品属于消费者购买的商品，单批数量很少甚至仅有一个，按跨境传统货物检验数量取样，可能损耗整批商品，让消费者的商品所剩无几甚至无商品可用，承担较高检验损耗比例，遭受较大经济损失。海关通常向跨境电商零售进口商品销售方取样，从仓库存储的跨境电商零售商品取样，或者从交易平台上购买取样，从待销售进口的商品取样，避免消费者承担商品取样成本。

跨境电商零售进口商品并行检验。跨境传统进口货物在实物运抵进境口岸后抽样检验，未经检验的，不准销售或使用，检验不合格的，应销毁、退运或技术处理，技术处理后经重新检验合格的，方可销售或使用，即必须检验合格后才能销售使用，属于串行流程，通常要等待数天才能检验完毕，获悉检验结果。跨境电商零售商品如果按跨境传统进口货物检验，进境后取样并在口岸等待检验结果，经检验合格才派送给消费者，将延长跨境电商零售物流派送时间，影响跨境电商零售交易时效性，还需要物流企业在等待检验结果期间，妥善保管海量小包裹，避免丢失损坏，增加通关额外成本。海关对跨境电商零售进口商品实施并行检验，在商品通过交易平台公开销售时，对待销售商品取样，不从消费者已购买商品取样，不影响消费者已购买商品正常通关派送，即海关取样检验与消费者购买进口商品两个流程并行运作，不影响消费者快速收到商品，经检验发现问题的，责令相关企业采取暂停销售、技术处理、退运、销毁等风险消减措施，或者通报市场监督部门由其依法实施召回，尽快检验发现处理有问题的商品，保证跨境电商零售商品质量安全。

9.5 跨境电商零售企业承担主体责任

9.5.1 主动承担商品质量主体责任

主动树立商品质量意识。跨境电商零售基于实时互联网信息传输技术，消费者交易体验和使用消费的结果反馈会非常迅速，商品质量问题信息会快速传播全球，有质量问题的商品会被消费者立即拒绝或者退货，会对跨境电商零售企业造成立竿见影的影响或损失。跨境电商零售企业应认识到交易的核心仍是商品，关键要商品质量安全可靠；应树立商品质量是企业生命线的意识，将保证商品质量安全可靠作为主要价值观，将不断创造更好商品贯穿在经营理念中，将坚持销售安全可靠的商品作为主要经营目标，从整体意识上确保商品质量安全可靠；应向每一个员工阐明商品质量重要性，树立商品质量无小事的意识，切实重视商品质量，主动关注商品质量变化，认真负责处理商品质量问题，从个体操作上确保商品质量安全可靠。跨境电商零售企业对销售商品质量具有决定权，对服务企业具有重要影响力，应主动在整体经营和个体操作上重视商品质量，从上到下努力保证商品质量安全可靠。

主动承担商品质量主体责任。跨境电商零售企业销售商品获得主要价款收入，是交易的最大获利者之一，应主动承担商品质量主体责任，保证商品质量安全可靠，任何时候都不能牺牲商品质量换取商业利益，认真负责承担商品质量主体责任；将保证商品质量安全可靠作为全流程作业基本要求，明确岗位承担商品质量主体责任，细化岗位商品质量保证操作要求，明确规范岗位人员落实主体责任；将落实商品质量主体责任作为主要考核评价内容，对落实好主体责任及时纠正商品质量问题的，应奖励鼓励，对落实不到位甚至引发商品质量安全后果的，应处罚警示；应切实承担商品质量问题处理责任，对商品质量问题不隐瞒不推脱，及时整改并如实公告，承担后续处理赔偿责任，树立负责任的企业诚信形象；应预留商品质量安全专项费用，用于商品质量问题处理、赔付、宣传等专门支持工作，以及员工物质奖励，为承担主体责任提供必要的经济保障。

共同承担商品质量责任。消费者在实体店会仔细检查确认商品质量没有问题，符合自己的质量要求，支付后提离商品；实体店作为销售方，已向消费者交付了质量安全可靠的商品，提供售后质量保障服务，承担了商品质量主要责任。跨境电商零售商品由消费者通过跨境电商平台购买后，要经过分拣、打包、运输、通关、派送等大量中间环节，涉及许多其他参与企业，可能跨境电商零售企业根本没接触到商品，无法直接了解商品质量，需要联合其他参与企业共同确保商品质量安全可靠。跨境电商零售企业应主动督促每一个参与企业重视商品质量，树立商品质量共同体的意识，关注每一个环节对商品质量的影响，采取必要措施妥善保护商品，主动保证商品质量安全可靠；应建立与其他参与企业明晰的权责关系，明确双方权利和责任，特别是各环节处理商品质量问题的责任企业和时限要求，迅速准确定位并解决发生的问题，给消费者满意的答复和结果，共同承担商品质量责任。

9.5.2 主动实施商品质量风险防控

严格销售质量安全可靠的商品。跨境电商零售商品与实体店的一样，都由线下实体企业设计生产制造出来，使用现实存在的原材料和工艺，应严格符合相关行业的质量标准要求。跨境电商零售企业面向全球厂商采购商品，应掌握商品产地质量安全标准和生产要求，确认生产商具备生产能力，能按生产要求生产符合安全标准的商品，坚决不选用不具备生产能力的产商，从生产源头上杜绝质量不合格的商品，确保商品质量符合原产地要求；面向全球消费者跨境通关派送商品，应掌握出口地和进口地的商品质量标准和监管规定，不进出口涉及危害口岸公共卫生安全、生物安全、进出口食品和商品安全、侵犯知识产权的商品及其他禁限商品，确保商品符合进口地质量要求；对没有明确原产地和目的地质量要求的个性化商品，应从保护人员生命健康出发，以行业做法或社会惯例为基础标准，实施规范化、标准化生产，自主加强商品质量生产监督，确保商品质量安全可靠。跨境电商零售企业应从销售源头防止质量不合格商品，严格保证商品质量安全可靠。

严密实施商品质量风险防控。跨境电商零售汇集全球企业和消费者，实时产生海量市场信息，迅速传播全球各地，为商品质量风险防控创造有利的信息基础环境。跨境电商零售企业应建立商品质量监测机制，建设全球市场监测信息化系统，充分利用互联网信息快速传播优势，实时收集全球商品和市场信息，分析与自身商品相关的问题和变化，评估继续销售商品的风险，提前采取风险预警和防范措施；应建立商品质量联合控制机制，建设商品联合控制信息化系统，实时连通所有参与主体的信息化作业系统，记录商品出厂、入库、存储、发货、途中、通关、派送等交接环节信息，监控全流程商品质量状况，发现商品存在质量问题时，能准确实施定位、通知、拦截、退回等控制操作，避免商品继续流转产生更大范围不利影响；应建立主体安全等级评估机制，建立主体安全风险信息化系统，记录生产商、供应商、物流企业、报关企业等的诚信经营状况，重点监督商品质量保证效果，定期评估主体在商品质量安全的风险等级，对经常发生商品质量问题的主体，及时终止合作，避免发生更频繁、更严重的商品质量安全问题。跨境电商零售企业应严密监督商品质量安全状况，防控各环节存在的商品质量风险，避免可能发生的大小质量问题，保证商品质量安全可靠。

严肃处理存在质量问题的商品。跨境电商零售商品进口后将直接被消费者使用生效，如果存在质量安全问题，可能危害人体健康。跨境电商零售企业应"快"响应，建立直达各环节直至消费者的互联网信息沟通渠道，向相关主体告知商品质量问题和风险信息，以及后续处理措施和配合要求，让消费者暂停使用商品，抓紧时间尽快处理完毕，在时间上限制最小不良影响；应"小"范围，立即停止销售商品，要求当前环节服务主体立即封存商品，暂停后续流转流程，消费者暂停移动商品，尽量原地处理完毕，在空间上限制最小危害；应"重"投入，清醒认识到一时的经济损失可以在未来再赚回来，但人体健康危害难以消除，市场口碑毁坏后难重建，应投入足够人力和费用，尽力最小化不良影响，承担应该的经济损失；应"妥"处理，根据质量问题分类妥善处理商品，特别对超过保质期或有效期、商品或包装损毁、不符合我国有关监管政策等不适合境内销售的进口商品，以及海关责令退运的进口商品，及时按照有关规定退运出境或销毁，做好消费者安抚和赔付，将处理情况向海关等监管部门报告，消除社会不良影响。

9.5.3 帮助消费者安全购买使用商品

如实准确公开商品质量信息。跨境电商零售商品属于原产地公开生产销售的商品，在原产地境内市场如实准确公开质量信息，难以受到个别跨境电商零售企业影响在原产地隐瞒质量信息；面向全球消费者公开销售，受到不同市场消费者验证，形成对商品质量的市场共识，难以受到个别跨境电商零售企业影响全球消费者造假；经过跨境电商零售企业全球销售，汇总不同消费者对各销售企业的体验反馈，形成了对销售企业的市场口碑，难以受到个别跨境电商零售企业影响伪造市场口碑。跨境电商零售企业故意隐瞒或造假商品质量信息，将受到全球消费者质疑、指责、抛弃，损害自身市场口碑，得不偿失；应确认商品属于原产地公开销售的合格商品，必要时亲自验证比对商品实物质量与公开信息符合程度，全面准确掌握商品优点和不足之处，确保公开信息真实符合商品实物；根据消费者所在地市场销售习惯、消费者认知习惯、社会阅读习惯等本地习惯，准确描述公开商品质量信息；统一不同交易平台商品公开的质量信息，统一不同销售批次商品公开的质量信息，特别注意不同版本商品质量差异，确保同版本商品质量信息公开一致。跨境电商零售企业应如实准确公开商品质量信息，帮助消费者全面准确了解商品质量，预估商品使用消费效果，选择质量最符合自己消费需求的商品。

郑重告知商品质量合规风险。跨境电商零售商品由消费者从全球市场自行选择购买，未经过我国质量监管部门检验，直接派送给终端消费者，需要消费者评估商品质量风险。跨境电商零售企业应告知商品符合原产地相关质量、安全、卫生、环保、标识等标准或技术规范要求，属于正规生产、合法销售、质量保证的商品，不属于假冒伪劣商品；应告知商品直接购自境外，可能无中文标签，指引消费者可通过网站查看商品中文电子标签，保留完整商品原产地销售标签供消费者比对印证；应告知商品可能与我国标准存在差异，列出涉及标准和差异之处，必要时注明差异原因，让消费者准确了解商品质量合规程度；应告知消费者购买的商品仅限个人自用，不得再次销售，否则要承担法律责任；应以鲜明醒目的方式告知消费者，内容表述准确无歧义，要求消费者确认同意后方可下单购买，记录消费者确认账号、商品、内容、时间等操作信息供事后核查。跨境电商零售企业未履行对消费者提醒告知义务，将违反监管规定，需要承担法律责任；导致消费者无法完整准确了解商品合规状况，可能购买了不符合自己需求的商品，将损害自身合法权益，破坏企业诚信口碑。

及时帮助安全可靠地使用商品。跨境电商零售消费者跨越不同关境购买商品，无法在实体店现场学习使用消费商品，需要及时准确的支持和帮助。跨境电商零售企业应提供详细准确的中文使用指南，让消费者方便获取了解商品使用消费方法，可制作使用演示视频，逐环节介绍商品使用操作，更生动友好地帮助消费者学会使用消费商品；应特别提醒消费者注意使用消费风险，详尽列明使用消费不当可能产生的安全风险和防范方法，针对可能发生的危害后果，提出安全合理、切实可行的补救措施，更及时稳妥地帮助消费者避免危害；应提供有效的在线售后服务支持，将常见使用问题和相应解决方法分类供消费者查阅，提供实时人工咨询服务解答消费者新问题，更快速有效地帮助消费者消除使用疑问和安全隐患。总之，跨境电商零售企业要及时帮助消费者安全可靠地使用商品，让消费者正确享受到商品真实质量，提升消费者满意度，避免发生质量安全使用问题，降低因使用不当损害企业声誉的风险。

9.6 跨境电商平台监督保证商品质量

交易平台主动承担监督责任。跨境电商平台接纳大量跨境电商零售企业销售大量的商品，受到全部入驻企业行为和销售商品质量的影响，在商品质量问题被发现公开后，其公众形象将最直接受到负面影响；应清醒认识商品质量不仅与跨境电商零售企业有关，更直接关系到交易平台市场声誉，主动承担监督商品质量的责任；应与其他参与主体建立商品质量保证机制，不仅限于跨境电商零售企业，还包括物流企业、仓储企业、运输企业等为交易平台提供服务的主体，明确各方商品质量安全责任、保证要求、处置和赔偿等权利和义务，能快速定位、及时处置商品质量问题；应完善交易平台信息化系统功能，能完整准确展示各类商品质量信息，允许跨境电商零售企业自行制订发布风险告知内容，强制设定必须公开公示的项目，为商品质量信息发布提供信息化系统功能基础支持；应建立商品质量安全风险防控机制，设置专门机构和人员监控商品质量安全风险信息，在交易平台醒目位置及时发布商品风险监测信息、监管部门发布的预警信息，协助消费者防范商品质量安全风险；应客观记录跨境电商零售企业对商品质量信息的发布和更改操作，记录消费者对商品质量风险信息的阅读和确认操作，记录对跨境电商零售企业处理商品质量风险和问题的督促和提醒操作，不允许篡改系统记录，为商品质量保障提供真实可靠证据。跨境电商平台应从服务消费者大局出发，主动监督销售商品的质量状况，避免受到商品质量问题牵连，维护自身良好市场声誉。

交易平台重点监督跨境电商零售企业。跨境电商平台应提前评估跨境电商零售企业的商品质量保证能力，包括投资人和经营人员的信誉、专业经营水平、商品采购来源、物流质量保障、质量问题处理机制等涉及商品质量安全的因素，要求跨境电商零售企业重视商品质量，建立保证体系和团队，承担主体责任；应对交易平台销售商品实施抽检，如以普通消费者渠道购买商品，对照跨境电商零售企业质量保证方式，验核商品是否符合原定质量要求，监督跨境电商零售企业承担商品质量保证效果，对商品质量存在问题的，督促跨境电商零售企业采取整改措施保证商品质量；应监督跨境电商零售企业尽快妥善处理商品质量问题，当商品发生质量安全问题时，敦促跨境电商零售企业立即告知消费者问题风险和应对措施，做好道歉、退货、换货、赔偿等后续处理，按监管部门要求做好商品召回、处理，全面消减质量安全风险；应建立商品质量安全严惩机制，将商品质量安全作为跨境电商零售企业诚信经营的重要评估项目，对故意以次充好、伪报瞒报商品信息、不配合处理、不重视消费者权益等危及商品质量的，应从重从严处罚，暂停甚至终止交易平台入驻资格，消除继续销售商品的质量安全隐患。交易平台应重点监督跨境电商零售企业切实承担主体责任，从源头销售企业保证商品质量安全可靠。

交易平台应侧重维护消费者合法权益。跨境电商平台利用互联网信息技术建立信息化系统，通过商品连接全球企业和消费者，让跨境电商零售企业以更低价格更便捷销售商品，主要目的是吸引更多消费者选购商品以获得更大收益。如果商品质量不好，让消费者上当受骗遭受损失，可能导致消费者自己甚至影响其他消费者不信任，直至抛弃原交易平台，转而使用其他商品质量更有保证的交易平台，让原交易平台失去宝贵的互联网流量，削弱其生存发展的市场基础。交易平台应认识到好商品是吸引消费者、增加互联网用户流量、保持消费者对交易平台黏性的核心因素，高度重视向消费者提供质量安全可靠的商品；应主动净化交易平台，实时监控、发现、剔除质量低劣可能蒙骗危害消费者的商品，为消费者提供质量安全可靠、信息完整准确的待选商品，不能为了短期获利，销售质量低劣的商品，牺牲交易平台诚信口碑；应主动提供商品查询比对工具，协助消费者准确查找到质量和价格都符合自身需求的商品，不能为了广告获利夸大推销质量低劣的商品；应加大协助消费者维权力度，关注消费者购买商品后反馈的问题，特别重视涉及商品质量安全的问题，监督跨境电商零售企业尽快妥善处理，积极协助消费者维护自身合法权益，履行先行赔付责任，减少对消费者的负面影响。交易平台应侧重维护消费者合法权益，让消费者购买到质量安全可靠的商品，继续信任使用交易平台，支持交易平台稳定发展。

9.7 消费者自行承担购买使用风险

自行承担购买使用风险。跨境传统货物进口时经过监管部门的质量检验程序，检验合格的才能进口向境内消费者销售，检验不合格的不能进口，这保证了商品质量安全可靠，大幅降低境内消费者购买使用风险。跨境电商零售商品不适用跨境传统货物进口检验方式，进口前未经过监管部门质量检验程序确认合格，需要消费者自行承担购买使用风险。消费者应多渠道了解商品质量信息和风险，详细阅读跨境电商零售企业风险告知情况，可通过生产商网站、同时销售的实体店、历史消费者购买使用反馈信息、向客服人员咨询等多种渠道，尽可能全面了解商品质量；应多角度评估购买使用风险，可从销售企业市场口碑、历史消费者满意度、商品公开信息完整性、使用消费条件和要求、退换货难度和费用等方面，评估购买商品可靠程度、使用商品预期效果，了解购买使用后续处置方式和流程，确定自己能够承担相应风险；应耐心处理发现的问题，使用前学习掌握正确的使用要求和方法，详细记录使用消费效果，特别是与商品销售宣传信息不一致之处，尽快联系跨境电商零售企业解决发现的问题，妥善保存剩余商品以及相关单证和记录以备后查。消费者作为跨境电商零售交易独立参与主体，应主动承担购买使用商品的风险，满足自身个性化需求，维护自身合法权益。

重点关注商品质量高风险点。跨境电商零售商品符合原产地生产质量要求，适应原产地消费者使用消费特点，对于不同社会环境的其他消费者，可能存在质量安全和使用风险。消费者应重点关注电子标签说明，能在交易平台上容易找到商品电子中文标签，确认标签字迹清楚、内容完整、数据准确，仔细阅读标签了解商品基本信息，对未提供电子中文标签的，要谨慎了解确认商品质量信息；应重点关注安全项目，根据不同商品涉及不同安全项目，例如境外家用电器工作电压及插头型式与境内不同，婴儿玩具避免细小零件、缝隙及锐利边角，食品和化妆品不含有毒有害物质，防范安全项目涉及的质量和使用风险；应重点关注售后保障条款，确认商品售后保障机制完整、责任主体明确、处理流程便捷、沟通成本低廉、响应时限清晰，能方便准确找到售后服务渠道，反映售后问题，了解处理进展，确保自身权益得到正规保障。

关注借鉴市场质量监督结果。跨境电商零售商品属于原产地公开生产销售的商品，首先要接受原产地监管部门的质量监督，被原产地消费者使用评价，形成原产地市场口碑，为消费者提供原产地商品质量监督结果参考；为了抢占境内潜力巨大的消费市场，可能同时通过跨境传统货物方式进口在境内销售，以原产地销售状态，或者微小改变销售状态，接受境内监管部门质量监督，被境内消费者使用评价，形成境内市场口碑，为消费者提供原装商品或类似商品的境内质量监督结果参考；为了抢占其他国家的消费市场，通常会以原产地销售状态在其他国家销售，接受其他国家监管部门质量监督，被其他国家消费者使用评价，形成其他国家的市场口碑，为消费者提供其他国家质量监督结果参考。消费者应关注原产地、我国境内和其他国家的质量监督结果，对照自己购买使用的商品，比较类似商品，确定质量实质差异，评估新发现的质量安全和使用风险，及时决定是否继续购买使用商品，或者调整使用方法，确保安全享受到质量理想的商品。

9.8 监管部门联合监管

海关对进口商品实施质量安全风险监测。海关利用互联网信息技术，关注跨境电商零售商品市场反馈，每年选取消费者关注度较高、质量安全负面消息较多、市场反响较差的高风险进口商品，在全国范围内抽查一定数量的样品，主要按照我国强制性标准与原产地标准进行比对验证，重点聚焦涉及人身安全、卫生健康和环境保护等项目，向社会公开质量安全风险监测结果，供消费者借鉴参考。对不合格或存在质量安全问题的商品，海关责令相关企业采取技术处理、退运、销毁等风险消减措施，对尚未销售的按货物实施监管，并依法追究相关经营主体责任；对监测发现的质量安全高风险的商品，发布风险警示并采取相应管控措施；向国家市场监督管理总局通报。海关作为进出境监督管理机关，主要在进出口环节对商品实施监管，为跨境电商零售消费者提供商品质量安全保障。

市场监管部门监管境内市场。国家市场监督管理总局统一管理缺陷产品召回工作，建立跨境电商零售进口商品重大质量安全风险应急处理机制，加大跨境电商零售进口商品召回监管力度，督促跨境电商零售企业和跨境电商平台消除已销售商品的安全隐患，依法实施召回；对拒不履行召回义务的，国家市场监督管理总局向海关总署通报，由海关总署依法采取相应措施。市场监管部门与海关长期保持进口产品缺陷信息通报和协作机制，联合监管跨境电商零售进口商品，共同维护消费者合法权益。对企业和个体工商户在国内市场销售的《跨境电子商务零售进口商品清单》范围内的、无合法进口证明或相关证明显示采购自跨境电商零售进口渠道的商品，市场监管部门依职责实施查处，在境内市场销售环节监督跨境电商零售商品购买进境后未被再次销售，如实用于个人日常消费，切断一般贸易商品伪报跨境电商零售进口商品逃避监管的销售出路，维护跨境电商零售进口商品法定监管渠道，保证商品质量符合监管规定。

9.9 通关案例：未报经商品检验出口

9.9.1 基本情况

2021年3月，当事人福州某贸易有限公司委托深圳市某电子商务有限公司以9610跨境电商一般出口模式向海关申报出口。海关经查验发现，有一次性医用口罩20000只、测温器200个，未向海关申报。

9.9.2 监管规定

《中华人民共和国进出口商品检验法》规定如下：

第四条　进出口商品检验应当根据保护人类健康和安全、保护动物或者植物的生命和健康、保护环境、防止欺诈行为、维护国家安全的原则，由国家商检部门制定、调整必须实施检验的进出口商品目录（以下简称目录）并公布实施。

第五条　列入目录的进出口商品，由商检机构实施检验。

前款规定的进口商品未经检验的，不准销售、使用；前款规定的出口商品未经检验合格的，不准出口。

《商务部　海关总署　国家药品监督管理局关于有序开展医疗物资出口的公告》（商务部　海关总署　国家药品监督管理局公告2020年第5号）规定如下：

自4月1日起，出口新型冠状病毒检测试剂、医用口罩、医用防护服、呼吸机、红外体温计的企业向海关报关时，须提供书面或电子声明，承诺出口产品已取得我国医疗器械产品注册证书，符合进口国（地区）的质量标准要求。海关凭药品监督管理部门批准的医疗器械产品注册证书验放。

9.9.3 处罚依据

《中华人民共和国进出口商品检验法》规定如下：

第三十二条　违反本法规定，将必须经商检机构检验的进口商品未报经检验而擅自销售或者使用的，或者将必须经商检机构检验的出口商品未报经检验合格而擅自出口的,由商检机构没收违法所得,并处货值金额百分之五以上百分之二十以下的罚款;构成犯罪的,依法追究刑事责任。

9.9.4 认定处罚

海关经调查认为,当事人将必须检验的出口商品未报经检验合格而擅自出口,违反了我国进出口商品检验管理规定。

海关决定对当事人做出如下行政处罚:科处罚款人民币0.11万元整。

9.10 通关案例:未报经食品检验出口

9.10.1 基本情况

2022年年初,当事人某供应链管理有限公司以跨境电商贸易方式向海关申报出口饰品等货物一批。海关查验发现,有冻鸡肉100千克、冻生蚝肉60千克,未向海关申报,价值为人民币0.47万元。

9.10.2 监管规定

《中华人民共和国食品安全法》规定如下:

第一百二十九条 违反本法规定,有下列情形之一的,由出入境检验检疫机构依照本法第一百二十四条的规定给予处罚:……(三)未遵守本法的规定出口食品;……

《中华人民共和国进出口食品安全管理办法》规定如下:

第五十二条 食品出口商或者其代理人出口食品时应当依法向海关如实申报。

第七十二条 下列违法行为属于《食品安全法》第一百二十九条第一款第三项规定的"未遵守本法的规定出口食品"的,由海关依照《食品安全法》第一百二十四条的规定给予处罚：……（三）出口未获得备案出口食品生产企业生产的食品的；……

9.10.3 处罚依据

《中华人民共和国食品安全法》规定如下：

第一百二十四条　违反本法规定，有下列情形之一，尚不构成犯罪的，由县级以上人民政府食品安全监督管理部门没收违法所得和违法生产经营的食品、食品添加剂，并可以没收用于违法生产经营的工具、设备、原料等物品；违法生产经营的食品、食品添加剂货值金额不足一万元的，并处五万元以上十万元以下罚款；货值金额一万元以上的，并处货值金额十倍以上二十倍以下罚款；情节严重的，吊销许可证……

9.10.4 认定处罚

海关经调查认为，当事人出口未获得备案的出口食品生产企业生产的食品，未向海关申报，已违反国家对出口食品的卫生监督检验规定。

海关决定对当事人做出如下行政处罚：没收涉案货物；科处罚款人民币5万元整。

第10章
Chapter 10

跨境电商零售通关电子信息

第10章 跨境电商零售通关电子信息

◇ 综述

　　跨境电商零售通过互联网完成交易、支付、物流等商业流程，记录保存大量电子信息，体现了参与主体诚信守法的状况，为跨境电商零售进出口通关监管提供主体诚信参考依据。海关借鉴跨境传统贸易通关无纸化改革的成功经验和做法，要求跨境电商零售通关企业提交《申报清单》，发送交易、支付、物流等电子信息，利用电子信息比对甄别商品通关风险，分类验放商品，满足海量跨境电商零售商品快速通关需求。跨境电商零售相关企业应认识到电子信息是企业诚信守法证据，是跨境电商零售商品快速通关数据基础，应严格按照传输要求向海关传输电子信息，享受跨境电商零售特有的信息化通关便利。

10.1 跨境传统货物电子信息

　　跨境传统货物使用报关单办理通关手续，在相应环节提供相应通关电子信息，满足海关信息化系统审核比对需要。

10.1.1 报关单

　　报关单是进出口货物向海关办理通关手续的法定单证。进出口货物的收发货人、受委托的报关企业应当依法如实向海关申报，对申报内容的真实性、准确性、完整性和规范性承担相应的法律责任。进口货物的收货人应当自运输工具申报进境之日起14日内，出口货物的发货人除海关特准的外应当在货物运抵海关监管区后装货的24小时以前，向海关申报。申报单位应按照报关单填制规范，在申报系统中逐项填制数据，确认无误后向海关申报。

　　海关信息化系统以报关单为基础，通过申报数据关联其他电子数据，验核企业备案、商品备案、监管证件、物流状态等相关信息，根据验核结果做出相应处理：对相关信息符合监管要求的，自动流转下一环节处理；对相关信息不符合监管要求的，例如企业备案编码不存在、商品没有所需监管证件数据、进口商品无运抵报告等，按照设定流程转异常处理或人工审核，完成报关单准确性、完整性和规范性审核，减少人工审核处理报关单工作量，提高货物通关审核效率。

10.1.2 备案信息

企业备案信息指报关单涉及企业在海关备案登记信息，如境内收发货人、境外收发货人、消费使用单位/生产销售单位、申报单位等。企业应根据海关监管规定办理备案登记手续，获得备案登记信息。在报关单填报时，如果获得海关认可编码的，就填报企业编码；不需要海关认可编码的，填报企业名称；特殊情况下无相应企业的，例如无境外收发货人的，名称及编码填报"NO"。海关信息化系统会验核企业备案登记信息，对企业备案信息准确有效的，验核通过；对企业备案信息错误失效的，验核不通过。

商品备案信息指商品提前办理加工贸易合同备案或征、减、免税审核确认等手续确定的商品信息，例如，加工贸易手册、海关特殊监管区域和保税监管场所保税账册、征免税证明等。在报关单填报时，填报备案审批文件编号和商品在文件中的顺序编号。海关信息化系统会验核商品备案登记信息，根据验核结果按照预定流程处理。

10.1.3 监管证件

监管证件指在进出口通关环节海关负责验核的许可证明文件，如进（出）口许可证、两用物项和技术进（出）口许可证、濒危物种允许进（出）口证明书等。企业应该根据国家进出口管制规定，确定货物所需监管证件，向相应主管部门申领监管证件。在报关单填报时，选择监管证件类型，填报监管证件编号。

除安全保密等需要不能联网外，监管证件全部实现了联网核查、自动比对：企业成功申领监管证件后，主管部门信息化系统向海关信息化系统发送监管证件电子信息，接收海关信息化系统验核结果；海关信息化系统接收监管证件电子信息，根据监管证件类型和编号搜索电子数据，比对报关单申报数据，核注核销监管证件电子数据，向主管部门信息化系统反馈比对结果。

10.1.4 物流信息

物流信息是指与货物实际物流运输相关的信息，如进口原始舱单主要数据、进口货物理货报告、出口预配舱单主要数据、出口货物运抵报告等。物流企业应根据海关监管规定，向海关信息化系统传输物流信息，向申报单位提供报关单相关物流数据。在报关单填报时，申报单位填报运输工具名称、航次号、提运单号等物流数据项。

海关信息化系统通过报关单申报的物流数据，搜索验核各环节涉及的物流信息，根据验核结果按照预定流程处理，例如，验核未发现进口原始舱单主要数据，不允许进口报关单申报；验核出口货物运抵报告无误，允许放行出口报关单。

10.2 跨境电商零售电子信息

10.2.1 申报清单

《申报清单》是专为跨境电商零售商品设计的法定通关单证，与《中华人民共和国海关进（出）口货物报关单》具有同等法律效力。

进口《申报清单》主要包括电商平台、电商企业、物流企业、订单编号、运单编号、订购人、收件人、运输方式、运输工具、提运单号、运费、保险费、件数重量、商品明细等数据。跨境电商零售商品进口时，跨境电商零售企业境内代理人或其委托的报关企业应提交《申报清单》，采取"清单核放"方式办理报关手续。

出口《申报清单》主要包括电商平台、电商企业、物流企业、生产销售单位、订单编号、运单编号、运输方式、运输工具、提运单号、运费、保险费、件数重量、商品明细等数据。跨境电商零售商品出口时，跨境电商零售企业或其代理人应提交《申报清单》，采取"清单核放、汇总申报"方式办理报关手续，跨境电商综合试验区内符合条件的跨境电商零售商品出口，可采取"清单核放、汇总统计"方式办理报关手续。

10.2.2　交易信息

交易信息指跨境电商零售企业与消费者交换商品和价款的信息，即订单电子信息。

进口订单电子信息主要包括电商平台、电商企业、商品价格、抵扣金额、实际支付金额、运杂费、订购人、收货人、商品明细等数据。跨境电商零售进口商品申报前，跨境电商平台企业或跨境电商零售企业境内代理人应当向海关传输交易电子信息，并对数据真实性承担相应责任。直购进口模式下，邮政企业、进出境快件运营人可以接受跨境电商平台企业或跨境电商零售企业境内代理人、支付企业的委托，在承诺承担相应法律责任的前提下，向海关传输交易电子信息。

出口订单电子信息主要包括电商平台、电商企业、商品金额、实际支付金额、商品明细等数据。跨境电商零售出口商品申报前，跨境电商零售企业或其代理人应当向海关传输交易电子信息，并对数据真实性承担相应法律责任。

10.2.3　支付（收款）信息

进口支付信息指境内消费者购买商品向境外支付价款的信息，主要包括电商平台、电商企业、支付企业、订单编号、支付人、支付金额等数据。跨境电商零售进口商品申报前，支付企业应当向海关传输支付电子信息，对数据真实性承担相应责任。直购进口模式下，邮政企业、进出境快件运营人可以接受支付企业的委托，在承诺承担相应法律责任的前提下，向海关传输支付电子信息。

出口收款信息指境内企业销售商品从境外获得价款的信息，主要包括电商平台、电商企业、支付企业、订单编号、收款金额等数据。跨境电商零售出口商品申报前，跨境电商零售企业或其代理人应当向海关传输收款电子信息，对数据真实性承担相应法律责任。

10.2.4　物流信息

物流信息指物流企业将商品派送给最终收货人的信息，即物流运单电子信息。

进口物流运单电子信息主要包括物流企业、电商企业、物流运单编号（包裹面单号）、提运单号、运费、保险费、件数、毛重、主要货物、收货人等数据。跨境电商零售进口商品申报前，物流企业应当向海关传输物流电子信息，对数据真实性承担相应责任。

出口物流运单电子信息主要包括物流企业、电商企业、物流运单编号（包裹面单号）、运费、保险费、件数、毛重、主要货物等数据。跨境电商零售出口商品申报前，物流企业应当向海关传输物流电子信息，对数据真实性承担相应法律责任。

10.2.5　出口运抵信息

运抵信息指监管场所经营人确认跨境电商零售出口商品实际到达海关监管作业场所的信息。

出口运抵信息主要包括监管场所经营人、监管场所代码、运输方式、运输工具、提运单号、物流企业、物流运单编号（可多个）等数据。监管场所经营人确认跨境电商零售商品以出口报验状态运抵监管场所后，向海关提交运抵信息。

10.3　电子信息数据验证

单证全流程无纸化。海关在早期全流程使用纸质单证：企业手写纸质报关单，逐份提供纸质监管证件和随附单证，海关使用纸质单证实施全流程作业，审核单证，计征税费，查验货物，签章放行，出具报关单证明联。后来不断推进通关无纸化改革，逐步提升信息化水平，实现通关单证无纸化，要求通过信息化系统填制申报报关单电子数据，允许上传合同、发票、装箱单等商业单证，允许网上支付、电子支付、担保支付等无纸化支付方式，与场站作业信息化系统联动获取物流信息、传输监管要求，完成监管证件全部无纸化联网，实现了跨境传统货物全流程无纸化作业。跨境电商零售通关模式吸收了跨境传统货物无纸化改革经验，要求除特殊情况外，《申报清单》应当采取通关无纸化作业方式进行申报，实现法定通关单证无纸化；为了支持跨境电商零售发展，简化了跨境电商零售禁止和限制进出口规定，相应减少了通关涉及的大量监管证件，解决了监管证件无纸化难题；基于互联网信息交换的跨境电商零售交易操作，直接获取互联网产生的电子信息，弃用传统纸质商业单证，实现随附商业单证无纸化；借鉴跨境传统货物无纸化通关模式，直接应用信息化系统数据实施监管作业，记录作业结果，使用电子签名，发送放行信息，实现监管作业无纸化。跨境电商零售通关模式顺应互联网新业态的特点，实现全流程无纸化，为跨境电商零售商品高效通关奠定基础。

电子信息统一规范。跨境传统货物经常涉及的随附单证是合同、发票、装箱单等商业单证，通过上传文件方式作为报关单随附单证，任何纸质单证都可扫描为指定格式文件上传，没有统一规范内容和格式要求。跨境电商零售试点初期，为了探索适应新业态的监管措施，各地试点海关都深入研究跨境电商新业态，分析确定监管重点，构建本地通关监管模式和信息化系统，形成了各具本地特点、未完全统一的单证电子信息。在总结各地试点经验基础上，海关统一规范了跨境电商零售商品法定通关单证，专门设计使用《申报清单》，取代跨境传统货物报关单，明确《申报清单》与报关单具有同等法律效力；统一规范了跨境电商零售商品随附单证电子信息，进口应传输交易、支付、物流等电子信息，出口应传输交易、收款、物流等电子信息，没有其他随附单证；统一规范了传输责任主体，对于进口商品，跨境电商平台企业或跨境电商零售企业境内代理人传输交易电子信息，支付企业传输支付电子信息，物流企业传输物流电子信息，对于出口商品，跨境电商零售企业或其代理人传输交易、收款电子信息，物流企业传输物流电子信息，传输主体对数据真实性承担相应责任；统一规范了传输方式，即通过国际贸易"单一窗口"或跨境电商通关服务平台向海关传输，全部单证电子数据使用数字签名技术，消除了各地差异较大的本地化传输方式；统一规范了报文对接标准，包括报文结构、数据及格式、回执、签名、错误信息、对接流程等，明确业务节点报文适用于使用跨境出口统一版客户端软件接入统一版系统，终端节点报文适用于跨境电商相关企业自行研发接入统一版系统，传输节点报文适用于第三方平台接入统一版系统，满足企业不同接入方式。电子信息统一规范让企业仅需建设一个接入传输系统，改造一次业务系统，满足全国口岸通关需要，显著降低企业传输投入成本；让全国海关使用相同电子信息实施监管，为统一规范监管执法奠定数据基础。

信息实物联动控制。《申报清单》是跨境电商零售商品实物在海关信息化系统里的数字主体，包含商品与通关相关的属性信息，关联交易、支付、物流等电子信息，接受监管部门对商品属性的了解、审核、评估，承载监管部门对商品下达的信息化指令，形成了商品通关监管数据流；交易、支付、物流等电子信息作为通关辅助数据，从不同商业角度提供风险参考，辅助监管部门对《申报清单》进行风险评估和下达信息化指令。跨境电商零售商品运抵监管场所后，监管场所经营人向海关发送运抵信息，在数据流中增加实物运抵标识，触发后续与实货相关的信息化指令，及时准确对实货执行捕获查验等操作；商品离开监管场所后，监管场所经营人向海关发送离场信息，在数据流中增加实物离场标识，及时准确完成后续结关核销等操作；商品经过卡口、称重设备、X光机等检查设备，形成实物信息与《申报清单》比对，比对结果存在监管风险的，可能触发对《申报清单》形成信息化指令，需要在后续监管环节执行；商品经人工检查后发现与《申报清单》不符的，需要更改《申报清单》以及其他电子信息，确保单单相符、单货相符。电子信息代表商品实物在信息化系统完成数据流作业，实现快速验核通关单证，在关键环节关联实物流程，接收实物状态反馈，与实物联动控制和比对验证，完成商品整体监管流程。

风险甄别分类通关。跨境传统货物通关提供合同、发票、装箱单等商业单证，人工比对验证报关单相应信息，例如，合同交货条件应与报关单成交方式一致、装箱单件数重量应与报关单的一致，同时通过信息化系统分析比对报关单电子信息，甄别报关单风险，实施差别化管理措施，实现基于报关单电子信息的分类通关。跨境电商零售通关借鉴跨境传统货物分类通关思路，统一规范法定单证《申报清单》，接收交易、支付、物流等更多商业电子信息，由信息化系统对电子信息比对验证：先对商业电子信息进行互相比对验证，主要进行完整性、规范性和一致性检查，通过验证的，允许进入后续通关流程，未通过验证的，不能进入后续通关流程；然后对商业电子信息、《申报清单》进行比对验证，确定《申报清单》风险等级，对低风险的快速放行，对高风险的转人工审核；人工审核先实施信息审核，评估电子信息可能存在的问题，例如价格低报、归类错误，核实更正《申报清单》和其他电子信息，消除监管隐患，对无法消除隐患需要验证实物的，转实货查验，确认商品实际报验状态，将耗费更长通关时间和更大通关成本。跨境电商零售通关对《申报清单》和商业电子信息进行风险甄别，根据风险甄别结果实施相应监管措施，实现海量商品分类快速通关。

10.4 通关主体信用验证

商业主体成为独立通关主体。跨境传统货物进出口监管主要涉及直接与通关相关的商业主体，包括境内收发货人、境外收发货人、进口消费使用单位、出口生产销售单位、申报单位等，一般不涉及其他商业主体；重点对通关环节主体行为实施监管，例如申报、提交监管证件、缴纳税费、实货检查等，一般不涉及非通关环节主体行为。跨境电商零售相关企业依法向海关传输电子信息，提前办理海关登记手续，获得主体唯一标识，将在海关信息化系统中建立诚信底账，成为通关主体，接受海关监管，在海关备案登记的企业还应当接受海关稽核查。跨境电商零售进口监管涉及跨境电商平台企业、跨境电商零售企业境内代理人、支付企业、物流企业、申报企业，直购进口模式还涉及邮政企业、进出境快件运营人，跨境电商零售出口监管涉及跨境电商零售企业及其代理人、物流企业、申报企业，不仅涉及直接与通关相关的商业主体，还涉及通关前的支付环节和通关后的物流派送环节，增加了支付企业和物流企业，让更多与交易相关的商业主体成为独立通关主体，发挥辅助通关监管作用，承担相应通关责任。

电子信息独立存储难篡改。跨境传统货物进出口报关单及随附上传的商业单证的电子数据，独立保存在通关信息化系统中，由海关提供安全存储保障，属于中心化存储数据。《申报清单》及交易、支付、物流等电子信息集中保存在通关信息化系统中，但保存的电子信息主要涉及与通关直接相关的商业数据，属于根据监管要求从企业经营原始数据中提取并转换格式后的部分数据，完整的企业经营原始数据依然独立保存在企业信息化系统中，由企业提供安全存储保障、掌控数据管理权限、承担数据真实性责任，难以被其他企业擅自篡改作假。电子信息包含与企业经营数据关联的数据，例如交易电子信息包含交易平台的订单编号、物流电子信息包含物流企业的运单包裹面单号、支付电子信息包含支付企业唯一的支付流水号等，可通过关联数据准确定位企业经营数据，必要时海关可通过企业依法开放的共享端口实时提取相应商业数据，使用企业独立存储的完整原始数据对向海关传输的电子信息进行验证，防范传输过程中篡改电子信息的风险。

主体独立信用验证。跨境电商零售相关企业要独立承担电子信息传输责任，应向海关实时传输真实的业务相关电子数据，并对数据真实性承担相应责任，参与制造或传输虚假交易、支付、物流电子信息，导致出现个人身份信息或年度购买额度被盗用、进行再次销售及其他违反海关监管规定情况的，将由海关依法进行处罚；对涉嫌走私或违规的，由海关依法处理；构成犯罪的，依法追究刑事责任。按照诚信守法便利、失信违法惩戒的海关企业通关信用管理原则，信用越好的企业能享受到越多通关便利，信用越差的企业要接受越严格监管，督促企业主动重视通关信用守法经营。跨境电商零售相关企业每一次向海关传输电子信息，就在海关信息化系统增加企业信用底账记录：传输企业信用越好，电子信息就越可靠，验证结果越可信，反之，传输企业信用越差，电子信息就越可疑，验证结果越失信；电子信息与监管结果相符，电子信息就可靠，传输企业信用越好，反之，电子信息与监管结果不符，电子信息就可疑，传输企业信用越差，即企业信用决定电子信息可靠性，电子信息可靠性反向影响企业信用。为了避免承担违反监管规定传输电子信息的后果，跨境电商零售相关企业立足长远利益和核心业务，独立向海关传输电子信息，发挥企业信用对跨境电商零售商品的验证作用。

通关联合信用验证。跨境传统货物申报后，由海关审核申报数据、验核监管证件、检查实际货物、做出监管结论、记录通关结果，基本上属于海关单方监管验证过程。跨境电商零售商品申报前，相关企业主体向海关传输电子信息，海关信息化系统结合企业通关信用等级对交易、支付、物流等电子信息进行验证，使用多个电子信息进行数据验证，使用多个企业信用进行信用验证；通过验证的，将进入后续通关流程；未通过验证的，不能进入后续通关流程。跨境电商零售商品正式申报后，海关按照诚信守法便利、失信违法惩戒的原则，根据企业信用等级对商品实施差别化通关措施，将企业历史信用验证积累结果应用到商品通关验证中；充分相信广大企业真心实意主动守法诚信经营，相信绝大部分商品都与申报相符，由信息化系统快速审核放行商品，重点检查验证结果为高风险的商品，抽查少量验证结果为低风险的商品，将广大企业良好信用本意应用到商品通关验证中。跨境电商零售通关监管模式采用企业信用联合验证《申报清单》和电子信息，由信息化系统根据验证结果快速处理，避免每件商品都人工检查验证，实现海量商品快速通关。

10.5 通关风险

联合造假传输电子信息。跨境电商零售通关要求各相关商业主体分别传输交易、支付、物流等电子信息，比对验证全部电子信息，确认全部电子信息都符合比对要求才能通过验证，未通过验证的，不允许商品进入后续通关流程。个别企业为了让电子信息不符合要求的商品通关，或者造假商品编号、价格等数据牟取非法利益，如果仅造假单一电子信息的数据，可能与其他信息相同数据项的数值不相符，导致比对验证不通过，必须确保全部电子信息都与造假的数据相符，让全部电子信息比对验证通过，才能让商品顺利通关达到造假目的。单个企业可能联合其他企业故意造假传输电子信息，提前商议确定数据造假规则，分别调整各自信息化系统，按原定造假规则修改原始电子数据，向海关传输电子信息；或者由一个企业通过信息化系统自动生成全部电子信息，分别发送给其他企业，由法定传输企业分别向海关传输电子信息；或者由一个企业掌握所有企业的传输账号和通道，通过信息化系统自动生成全部电子信息，使用相应传输企业账号分别向海关传输电子信息。跨境电商零售相关企业联合造假传输电子信息，规避多个主体、多种电子信息联合信任验证的风险甄别措施，让非法商品大批量通过跨境电商零售渠道通关，扰乱正常进出口秩序，偷逃大量税款，严重违反监管规定，要承担严重后果，属于跨境电商零售通关危害最深广、后果最严重、惩罚最严厉的违法行为，很可能构成犯罪被依法追究刑事责任。跨境电商零售相关企业应重视企业信用，认识到电子信息是企业信用的反映，坚持诚信守法，保持良好通关信用；立足长远利益和核心业务，努力做大做强，不为短期利益或个别企业非法利益而牺牲自身整体合法利益；严格管理企业授权和传输账号，防范其他企业非法获得授权建立传输通道，盗用传输账号传输电子信息，造成联合造假事实而承担相应法律后果；珍惜来之不易的跨境电商零售合法通关渠道，坚持与其他诚信守法企业合作，摒弃不诚信、不守法的企业，共同营造信用良好的通关环境，为未来发展壮大维持稳定基础。

非法主体传输电子信息。为了发挥跨境电商零售相关企业信用验证作用，监管规定明确电子信息传输主体：对于进口商品，跨境电商平台企业或跨境电商零售企业境内代理人传输交易电子信息，支付企业传输支付电子信息，物流企业传输物流电子信息，直购进口模式下，邮政企业、进出境快件运营人可以向海关传输交易、支付等电子信息；对于出口商品，跨境电商零售企业或其代理人传输交易、收款电子信息，物流企业传输物流电子信息；传输企业应对数据真实性承担相应责任。随着跨境电商零售业态迅猛发展，产生电子信息无法由法定企业传输的特殊情况，主要如下：法定传输企业无法直接传输电子信息，例如境外跨境电商平台没有境内分支机构，无法与海关信息化系统对接传输电子信息；境内企业不愿意传输电子信息，例如境内第三方跨境电商平台专注商业经营，不愿意为个别跨境电商零售企业投入资金和人力与海关信息化系统对接传输电子信息；传输企业收取过高传输费用，传输企业为了向海关传输电子信息，要投入资金和人力，改造自身业务信息化系统与海关信息化系统对接，要跨境电商零售企业承担传输成本，甚至作为一项增值收益服务，向跨境电商零售企业收取远超传输成本的费用，导致跨境电商零售企业无法承担过高传输费用，无法获得法定企业传输的电子信息。为了享受跨境电商零售通关便利，个别企业通过非法主体传输电子信息：单独成立企业建立新的跨境电商平台，导入实际交易平台的交易订单，以新平台所属企业作为传输主体向海关传输电子信息；委托同类型其他企业传输电子信息，将交易信息传输给未参与实际交易的其他企业，由其生成符合监管要求的电子信息，通过其已有传输渠道向海关传输电子信息，例如委托其他支付企业生成传输支付信息、委托其他物流企业生成传输物流信息。跨境电商零售相关企业应认识到传输电子信息不是为了简单数据比对，更重要的是由法定主体以自身信用为商品通关提供信用保证，应督促法定主体主动承担法定责任，监督保证相关传输主体和电子信息合法；应清醒认识到电子信息未经法定主体传输违反海关监管规定，可能受到依法处罚，涉嫌走私或违规的，由海关依法处理，构成犯罪的，依法追究刑事责任；应认识到跨境电商零售商品需要根据海关要求传输相关交易电子信息，才能享受便利通关，不是所有通过跨境电商平台实现零售交易的商品都能享受便利通关；应主动调整商业模式，选择能友好合作的企业，确保法定主体向海关传输电子信息，为跨境电商零售商品便利通关奠定信用基础。

失序失实传输电子信息。跨境电商零售整体操作属于串联流程，环节操作按明确的先后顺序发生，商品定价上架、下达订单、支付价款、跨境运输、口岸通关、境内派送等环节顺序分明，一个环节完成后，下一个环节才能开始，例如商品上架后消费者才能下达订单、口岸通关完成后才能开展境内派送，环节之间有明显清晰的时间分界，决定了电子信息产生也有清晰的时间先后顺序，先产生交易电子信息，再产生支付电子信息，最后产生物流电子信息；电子信息产生依赖前一环节操作已经完成，数据来源于前一环节操作产生的历史数据，决定数据有清晰准确的来源关系，例如支付电子信息的支付金额应来源于交易订单确定的应付价款、物流电子信息的收件人地址来源于交易订单填写的收件人地址，即电子信息具有清晰明确的先后顺序关系和如实准确的数据来源关系。个别企业为了减少数据传输次数，在商品申报前批量生成传输全部类型的电子信息，导致不同类型电子信息的产生时间几乎相同，例如支付、下达订单、生成物流运单都是同一时间，还可能导致同类型电子信息的产生时间几乎相同，例如全部订单支付时间都是同一时间，最终导致信息产生时间不符合交易操作流程顺序关系，数据来源关系存在明显顺序逻辑错误，严重影响电子信息通关真实性和可靠性，引发监管部门质疑商品通关合法性，需要企业耗费大量时间和精力更正电子信息产生时间，还原真实交易操作流程顺序，向海关解释原因以求重新获得海关信任，需要商品在口岸等待直到海关消除疑惑，延误通关效率。跨境电商零售相关企业应认识到电子信息产生时间是对交易操作顺序真实性的佐证，数据来源顺序关系是对交易内容真实性的佐证，不要片面以为电子信息只是数据简单比对；应按照实际交易操作顺序产生电子信息，记录准确的操作发生时间，固定正确的数据来源关系，不要随意甚至颠倒顺序产生时间混乱的电子信息；跨境电商零售企业应要求其他企业按实际顺序如实产生传输电子信息，必要时通过信息化系统汇总不同类型电子信息，校验产生时间合理性，及时清除更正失序失实的电子信息，提高电子信息可靠性，支持商品顺利快速通关。

忽视统一协作处置。为了方便跨境电商零售相关企业传输电子信息，海关明确了电子信息传输责任主体，公布了电子信息报文对接规范、数字签名技术要求及密码产品选型、本地对接调试流程等规范指南，在通关口岸安排本地业务和技术人员，辅助责任主体建立信息化传输通道准确传输电子信息，显著降低了责任主体对接传输技术难度。跨境电商零售相关企业都熟悉互联网信息技术，拥有较强的信息化系统开发改造能力，能快速遵照海关规范指南完成对接系统开发和报文传输测试，就单方面以为其他相关企业只要遵照海关公开对接规范指南，就能确保电子信息比对通过，忽视了不同人员对规范指南存在认识差异，可能导致电子信息产生差异无法比对通过；个别企业较早参与跨境电商零售电子信息传输，积累了丰富传输经验，形成了技术团队共识和习惯，定型信息化系统已经对接了大量其他企业的信息化系统，更改自身信息化系统将涉及其他企业信息化系统，牵一发而动全身，可能不愿意为个别企业更改信息化系统；不同企业在技术的依赖程度、重视投入、人才配置、专业能力等方面存在差异，甚至因上班时间不同，导致电子信息异常响应处置时效存在差异，无法及时相互协作配合解决异常问题，将严重影响商品通关时效。跨境电商零售相关企业应统一认识到电子信息必须全部通过比对验证符合通关监管要求，才能将商品正常通关派送给收件人，完成商品销售整体流程，真正获得交易价款和服务收益，共同重视确保电子信息比对成功；应签订正式商业协议，明确传输责任主体的义务和责任，特别明确电子信息传输时效和准确率等要求，确保电子信息传输比对通过，保证商品顺利通关；应建立异常协作处置机制，统一明确牵头人员、负责人员、协作流程、处置方式、响应时效等处置事项，甚至确定追责赔偿条款，督促相关主体快速解决电子信息传输异常问题，避免商品长时间滞留口岸；应建立同步更新机制，部分主体需要修改电子信息，应在规定时间内提前告知其他电子信息相关传输主体，共同评估修改对电子信息比对验证的影响，同步修改相关电子信息，同时更新启用修改项目，确保修改后电子信息比对通过，不影响商品继续顺利通关。

错漏核实电子信息。跨境电商零售消费者浏览商品、下达订单、支付价款、收取商品，商品被生产商制造、被零售企业上网销售、被消费者购买使用消费，价款被消费者支付、被支付企业收取，以及被平台企业、零售企业、支付企业、物流企业分成，都是真实存在的交易对象，应在电子信息中得到如实体现。跨境电商零售相关企业可能错误以为电子信息都来源于其他主体，例如商品属性质量信息由生产商提供、收件人信息由消费者提供、商品归类编号由申报单位提供，应由提供主体承担电子信息真实性责任，自己只接收电子信息原始数据，按监管要求生成传输电子信息，不应承担电子信息真实性责任，不核实验证电子信息。海关规定：跨境电商零售相关企业按规定向海关传输电子信息，并对数据真实性承担相应法律责任；进口业务的跨境电商平台企业、跨境电商零售企业境内代理人应对交易真实性和消费者（订购人）身份信息真实性进行审核，并承担相应责任；物流企业应严格按照交易环节所填制的物流信息开展跨境电商零售进口商品的境内派送业务，发现实际派送与通关环节所申报物流信息（包括收件人和地址）不一致，应终止相关派送业务，并及时向海关报告。跨境电商零售相关企业应认识到电子信息数据真实性关系交易真实性，关系商品通关监管风险，主动承担数据真实性法律责任，可用线下信息核实电子信息，例如境内收件人地址应在行政区划范围内、商品重量应与实物一致；可用其他信息核实电子信息，例如商品销售信息应与生产商公开信息一致、消费者身份信息应经国家主管部门或其授权的机构认证；可用要传输的电子信息互相核实，例如进口交易订单电子信息的实际支付金额应与支付电子信息的支付金额一致、支付电子信息的支付时间应不早于下达订单时间；可用合理规则核实电子信息，例如净重不应大于毛重、订购人身份证件信息显示的出生日期不能晚于当前日期。跨境电商零售相关企业应充分利用互联网信息技术，想方设法核实验证电子信息真实性，剔除虚假数据，减少电子信息比对出错率，降低商品通关监管错误风险。

消极配合提供原始数据。跨境电商零售是互联网信息互联互通的新产物，让销售企业发布商品销售信息，让互联网广告信息招揽消费者，让消费者浏览商品下达购买订单，让价款通过线上支付完成支付和收取，让物流企业根据订单收件人信息派送实物，所有交易操作都需要互联网数据支持，缺少数据就无法完成整体交易流程。跨境电商零售相关企业深谙互联网数据重要性，尽可能详细记录各环节操作数据和系统日志，妥善存储保管数据，预备作为事后证据解决交易纠纷，长期积累数据，不断挖掘数据商业价值。但个别企业过分重视数据所有权，当监管部门需要交易操作原始数据时，担心提供数据暴露自身经营秘密，侵犯消费者隐私，损害其他企业合法权益，要承担法律后果，就以商业秘密为由，消极配合监管部门执法，拖延提供数据，不完整提供原始数据，延误监管部门执法效能，导致未能及时制止违法行为，甚至违法危害继续扩大，造成更严重违法后果。个别企业为了非法获利制造传输虚假电子信息，害怕监管部门获得交易操作原始数据证实其违法行为，专门转移存储数据，用造假数据替换原始数据，甚至销毁原始数据,让监管部门获取不到原始数据,企图逃脱承担违法后果。海关规定:跨境电商零售相关企业应开放物流实时跟踪等信息共享接口,加强对海关风险防控方面的信息和数据支持,配合海关进行有效管理;涉嫌走私或违反海关监管规定的参与跨境电子商务业务的企业,应配合海关调查,开放交易生产数据或原始记录数据。跨境电商零售相关企业应认识到配合监管执法是法定义务,不配合监管部门执法可能产生监管风险,导致监管部门采取增加抽查审核单证、提高实物检查比例、额外核实商品信息等措施加强商品通关监管,采取事后稽查方式核实企业经营和财务状况,甚至暂停企业进出口通关资格,将会对企业发展甚至生存产生严重影响,应主动妥善保管数据,按照监管要求如实提供数据,配合海关执法,尽快消除监管风险,确保商品顺利通关。

10.6　通关案例:走私普通货物罪

10.6.1　基本情况

2016年3月至2017年8月,被告单位郑州A电子商务有限公司(以下简称A公司)在香港以每罐收取人民币12元至15元不等的包税费为条件,向被告人林某某等货主揽收进口奶粉,并将奶粉以跨境电商贸易方式向海关申报进口存放在境内保税仓库。之后组织人员登录该公司设立的跨境电商平台进行刷单、支付资金,伪造跨境直购进口奶粉订单、支付单,同时向被告人江某某购买B快递公司的空白快递单号,伪造国内物流运单。随后,将上述伪造的订单、支付单、物流运单等"三单"信息向海关推送,将应当以一般贸易申报的奶粉化整为零,伪报为个人跨境直购奶粉申报出仓,并雇请深圳C物流公司以B快递公司的名义将奶粉从境内保税仓库运至深圳、广州等地,送交被告人林某某等货主。在上述过程中,被告人刘某作为被告单位A公司的员工,受刘某势等人指使,负责参与搭建跨境电商平台,以及参与组织人员伪造跨境电商订单、支付单、物流运单等；被告人林某某以包税形式在香港承揽奶粉交由被告单位A公司走私入境，并在国内收货；被告人江某某在没有实际派送货物的情况下，为被告单位A公司走私活动提供B快递公司的空白快递单号，并向海关虚假报备进出保税仓的车辆等。

经海关关税部门核定，被告单位A公司，被告人刘某、江某某等人通过上述方式走私进口奶粉入境，偷逃应缴税款共计人民币26217362.2元；被告人林某某偷逃应缴税款共计人民币11175456.36元。

10.6.2 监管规定

《财政部　海关总署　国家税务总局关于跨境电子商务零售进口税收政策的通知》（财关税〔2016〕18号）规定如下：

跨境电子商务零售进口税收政策适用于从其他国家或地区进口的、《跨境电子商务零售进口商品清单》范围内的以下商品：

（一）所有通过与海关联网的电子商务交易平台交易，能够实现交易、支付、物流电子信息"三单"比对的跨境电子商务零售进口商品；

（二）未通过与海关联网的电子商务交易平台交易，但快递、邮政企业能够统一提供交易、支付、物流等电子信息，并承诺承担相应法律责任进境的跨境电子商务零售进口商品。

不属于跨境电子商务零售进口的个人物品以及无法提供交易、支付、物流等电子信息的跨境电子商务零售进口商品，按现行规定执行。

10.6.3 处罚依据

《中华人民共和国刑法》第一百五十三条、第三十条、第三十一条、第二十七条、第五十二条、第五十三条、第六十七条第一款和第三款、第六十四条，《最高人民法院、最高人民检察院关于办理走私刑事案件适用法律若干问题的解释》第十六条第一款、第二十四条第二款规定。

10.6.4 认定处罚

法院终审判决如下：

（1）被告单位A公司犯走私普通货物罪，判处罚金人民币2000万元。

（2）被告人刘某犯走私普通货物罪，判处有期徒刑三年。

（3）被告人林某某犯走私普通货物罪，判处有期徒刑五年，并处罚金人民币100万元。

（4）被告人江某某犯走私普通货物罪，判处有期徒刑四年，并处罚金人民币50万元。

（5）追缴被告单位A公司和被告人刘某、林某某、江某某的违法所得，依法予以没收，上缴国库；追缴不足的，责令予以退赔，其中被告单位A公司在人民币2000万元限额内承担连带退赔责任，被告人刘某在人民币10万元限额内承担连带退赔责任，被告人林某某在人民币120万元限额内承担连带退赔责任，被告人江某某在人民币60万元限额内承担连带退赔责任。

第11章
Chapter 11

跨境电商零售通关监管模式

◇ **综述**

　　跨境电商零售通过互联网连接全球消费者，让消费者选购商品、支付价款，但无法通过互联网线上配送实体商品，需要通过物流企业线下完成商品配送。海关针对跨境电商零售商品的跨境物流配送方式，商品进出境通关不同流程和状态，设计多种跨境电商零售进出口通关监管模式。同时海关为跨境电商企业交易设计跨境电商B2B直接出口模式，实施差别化监管措施，从而满足不同跨境电商零售企业物流配送方式的通关需求。跨境电商零售企业应清楚掌握跨境电商零售进出口通关监管模式，区分跨境电商B2B直接出口模式，根据商品销售特点和通关需求，准确适用通关监管模式，确保商品高效快速低成本通关。因此，本章在介绍跨境电商零售进出口通关监管模式的同时，考虑到跨境电商B2B直接出口模式为常见跨境电商新模式，继承了跨境电商零售监管模式，使用跨境电商零售信息化系统，与跨境电商零售有很大相似性，故把该模式也一并进行介绍。

11.1　直购进口模式

　　直购进口模式指境内消费者通过跨境电商平台实现交易，境外商品以直接派送消费者包装状态办理进口通关手续的模式。

11.1.1　通关流程

　　（1）企业传输电子信息。跨境电商平台企业或跨境电商零售企业境内代理人传输交易电子信息，支付企业传输支付电子信息，物流企业传输物流电子信息；邮政企业、进出境快件运营人可以接受跨境电商平台企业或跨境电商零售企业境内代理人、支付企业的委托，在承诺承担相应法律责任的前提下，向海关传输交易、支付等电子信息。

（2）海关审核电子信息。海关信息化系统审核电子信息，比对通过的，反馈审核通过结果；比对不通过的，反馈审核不通过结果。

（3）企业填报《申报清单》。跨境电商零售企业境内代理人或其委托的报关企业填制跨境电商零售进口商品《申报清单》，向海关申报。

（4）海关审核《申报清单》。海关信息化系统审核《申报清单》，审核通过的，反馈审核通过结果；审核不通过的，反馈审核不通过结果，必要时转人工审核。

（5）企业运抵商品入场。物流企业将商品运输进境，完成口岸监管手续，经过途中运输进入海关监管场所。监管场所经营人向海关发送商品运抵信息。

（6）海关检查放行商品。海关对商品实物进行检查，发现异常的，办理异常处置；未发现异常的，放行商品。

（7）企业运输商品进口。物流企业将放行商品运输离开海关监管场所，向消费者派送。

（8）企业汇总缴纳税费。代收代缴义务人在规定时间内向海关办理汇总纳税手续。

11.1.2 | 通关要点

消费者可购买全球商品。跨境电商零售主要属于实物商品交易，通过跨境电商平台，销售企业上传发布商品销售信息、收取价款，消费者浏览商品信息、下达订单、支付价款，都属于数字形式的线上操作，更重要的是能将商品跨境运输配送，顺利完成法定进境通关手续，派送给消费者，最终完成交易。跨境电商零售商品属于个人消费者购买的商品，满足个人日常使用消费需求，单票数量少、单价低、体积小、单批数量大，通常由邮政企业或快件企业跨境运输，依托邮政企业和快件企业的全球物流网络，可能来自全球任何地方，都要进境接受我国海关监管，经海关放行后才能派送，但与跨境传统货物和邮件快件存在较大差异，特别是进境商品量越来越大，专项通关呼声越来越强烈，需要新的通关监管模式。跨境电商零售直购进口模式针对原来邮政快件渠道进境、小包装、大批量的跨境电商零售进境商品，专门创新设计通关监管模式：通过比对交易、支付、物流等电子信息，由信息化系统审核放行《申报清单》，使用X光机分拣流水线检查实物商品，解决海量跨境电商零售商品通关难题，实现跨境电商零售商品快速通关，满足境内消费者购买全球商品的需求。

代理委托关系提升交易安全。跨境电商零售进口企业属于境外企业，向境内消费者销售商品，通常承担商业交易相关的义务和责任，不直接受境内监管规定管理。跨境电商零售直购进口模式将境外跨境电商零售企业纳入监管范围，要求境外跨境电商零售企业应委托境内代理人并向该代理人所在地海关办理注册登记，承担如实申报责任，依法接受相关部门监管，并承担民事责任，即通过委托代理关系，直接对境内代理人实施监管，间接对境外跨境电商零售企业施加影响，要求承担委托代理责任。如果发现跨境电商零售企业销售的商品或提供的交易服务等存在问题，可以追究境内代理人责任，暂停境内代理人报关资格或者实施严格通关监管措施，直接影响境外跨境电商零售企业向境内销售商品的通关便利性，间接导致境外跨境电商零售企业要承担境内代理人的经济损失，督促境外跨境电商零售企业主动遵守境内监管规定，对境内消费者交易负责，对销售商品质量安全负责，为境内消费者提供更安全的交易环境。

明确主体责任确保顺利通关。跨境电商零售直购进口模式主要满足境内消费者从境外购买小数量个性化商品的通关需求，考虑到跨境电商零售企业、支付企业属于境外企业，跨境电商平台面向全球市场，难以为了少量境内商品投入大量资源，购置传输网络设备，改造业务信息化系统，建立与海关数据交换通道直接向海关传输电子信息，可能导致商品缺少必需的电子信息无法通关，特别允许邮政企业、进出境快件运营人可以接受跨境电商平台企业或跨境电商零售企业境内代理人、支付企业的委托，在承诺承担相应法律责任的前提下，向海关传输交易、支付等电子信息，确保商品获得符合监管要求的电子信息，适用直购进口模式顺利通关。此外，要求境内代理人对交易真实性和消费者（订购人）身份信息真实性进行审核，并承担相应责任；要求境内代理人或其委托的报关企业提交《申报清单》；要求在海关备案登记的跨境电商平台企业、物流企业或申报企业作为税款的代收代缴义务人，代为履行纳税义务，并承担相应的补税义务及相关法律责任，全面明确跨境电商零售直购进口涉及主体的通关责任，保障商品顺利通关。

11.1.3 通关风险

准确理货清点商品难度大。跨境电商零售进口商品从境外运输进境，必须依法接受海关监管，逐票向海关填报《申报清单》，如果申报商品未进境或进境商品未申报，需要对整批商品逐一清点核实，确认实际进口商品，删除多报清单，补充漏报清单，耗费企业大量人力和时间，整批商品滞留口岸无法快速通关派送，严重影响跨境物流运输效率，要求物流企业申报前准确理货清点商品，避免多报漏报。跨境电商零售直购进口商品由不同境内消费者购买后，在境外包装集中运输入境，根据商品特性和运输方式使用相应包装材料和方式，单批种类很多，大小不一，形状各异，包装不同，数量很大，没有统一外观包装标识可供识别，要现场准确识别难度很大。商品进境承运物流企业面对海量外观迥异的小包裹，要在进境口岸准确理货清点商品，剔除落装的商品，发现多装的商品，形成与实际运输进境商品一一对应的装箱清单，难度非常大。商品进境承运物流企业应建立与跨境电商零售企业和境外收件物流企业的数据实时交换通道，通过跨境电商零售企业获得商品交易订单信息，在商品装箱时获取商品外观包装上实际运单编号，通过境外收件物流企业获得对应运单的商品信息，人工比对运单商品信息和订单商品信息，对存在信息明显不符的，暂时不予承运，待确认更正后再承运，对信息相符的，予以承运；应将商品分批运输包装，集中放进托盘、邮袋、集装箱等更大的运输包装容器，便于跨境长途运输整体装卸和快速清点；按运输包装容器形成装箱清单，将运单和订单电子信息对应形成商品记录，对运输包装容器编号，汇总内含商品的运单编号和订单信息，形成运输包装容器与商品记录准确对应的装箱清单；在商品外包装、运输包装容器外观添加显眼牢固的编号标识，在装箱清单增加相应标识编号，方便快速查找运单或订单对应的运输包装容器和商品；在运输和装卸过程中，保证运输包装容器完好无损，避免容器破损导致商品丢失，如发生运输包装容器破损商品丢失，应及时清点破损容器的商品，将丢失商品记录从装箱清单中剔除，确保商品与装箱清单一致。

准确甄别违禁商品难度大。我国对跨境电商零售进口商品实施正面清单管理，允许属于清单范围内、符合其他监管条件的商品，按照跨境电商零售进口监管方式办理通关手续，实施跨境电商零售进口管制管理，对不属于清单范围内或不符合其他监管条件的商品，按照其他监管方式办理通关手续，实施相应进口管制要求；要求跨境电商零售进口商品按规定实施检疫，经检疫合格后才允许进境，禁止动植物病原体、害虫及其他有害生物、动物尸体、土壤等进境。跨境电商零售进口商品属于全球公开销售商品，因境外监管要求与我国监管存在差异，在境外不属于违禁的商品，可能进境时属于违禁商品，企业要准确掌握不同关境监管要求，准确甄别违禁商品难度较大；商品在跨境电商平台公开的信息属于商业信息，主要为了宣传销售商品，侧重于商品使用消费功效，没有海关商品编号和规范商品名称，可能未包含全部申报要素的内容，无法准确与监管要求比对，准确甄别违禁商品难度较大；物流企业同一批次运输大量商品进境，涉及商品种类很多、数量很大、差异显著、物流需求快，无法逐个商品开拆核实实际成分含量或原理功能等商品属性，准确甄别违禁商品难度较大。跨境电商零售企业应在商品上架前，组织生产商确定商品属性，组织专业报关人员确定商品监管要求，对按照跨境电商零售进口监管方式办理通关手续的商品，依据跨境电商零售进口商品监管要求甄别违禁商品，对按照其他监管方式办理通关手续的商品，依据相应监管要求甄别违禁商品；根据监管方式区分包装发运商品，准确区分以跨境电商零售进口监管方式和其他监管方式进境商品，避免物流企业混淆不同商品，同时将提前甄别结果传输给物流企业作为参考，避免物流企业在商品进境时耗费时间和人力重新甄别，确保商品甄别结果一致性和可靠性，提高商品通关速度。

准确填报《申报清单》难度大。《申报清单》属于商品法定通关单证，与货物报关单具有同等法律效力，应在商品进口时向海关填报，主要包括订单编号、电商平台、电商企业、运单编号、物流企业、担保企业、申报地海关、进口口岸、订购人、收件人、申报企业、监管方式、运输方式、运费、保险费、件数、毛重、净重等表头数据，以及商品编号、商品名称、商品规格型号、法定数量、第二数量、单价、总价等表体数据。商品编号是依照海关商品归类总规则确定、对应海关通关系统《商品综合分类表》中的10位商品编号，前8位编号要与《跨境电子商务零售进口商品清单》中的8位编号一致，后2位编号要细化确定，要准确完整了解商品属性，熟练运用归类总规则才能准确核定，准确核定难度最大；商品规格型号应依照《中华人民共和国海关进出口商品规范申报目录》要求，包括归类、价格和其他要素，不等同于商品属性参数，可能包含在交易平台商品销售信息中，需要根据商品属性完整确定，准确确定难度较大；跨境电商零售直购进口商品单批品类多、数量大、税号分布散、物流需求快、成本求低廉，要在短时间内准确填报全部商品的《申报清单》，难度较大。企业应对《申报清单》数据分类核定填报：商品上架前，跨境电商零售企业组织专业报关人员，准确核定商品编号、规格型号、申报单位、法定计量单位、法定第二计量单位、原产地等固定商品信息，以及申报单位与法定计量单位、单件商品净重与毛重等固定转换关系，作为固定参数保存在信息化系统中；商品交易后，跨境电商零售企业提取电商平台、电商企业、订购人、收件人、运费、保险费、单价、总价等交易数据，传输给物流企业作为清单基础数据；商品通关时，物流企业根据实际进境情况，确定物流企业、担保企业、申报地海关、进口口岸、监管方式、运输方式、件数、毛重、净重等通关数据；《申报清单》填报前，应确定所有数据并保存在信息化系统中，当商品进境需要申报时，通过信息化系统提取全部预备数据，生成《申报清单》向海关发送申报，快速准确完成整批商品申报操作，确保海量商品快速通关。

准确分货找货难度大。跨境电商零售商品进口通关时，应接受海关实货检查，可能《申报清单》被海关实货检查指令命中，要求企业找出对应商品提供给海关核实，经海关实货检查确认商品与《申报清单》相符，才能放行允许提离派送；如果未找到《申报清单》对应的商品、商品与《申报清单》不符，甚至发现另有商品未填报《申报清单》，将涉嫌违反监管规定，需要办理异常处理手续，接受海关处罚，承担相应后果，还可能要求企业对其他全部商品分好货、找好货、对好清单，配合海关逐票实货检查，消除其他商品单货不符的风险，将显著增加企业通关成本和商品通关时间。跨境电商零售直购进口商品从境外打包发运，外观包装千差万别，没有鲜明统一的外观标识，要根据包装表面的运单信息确定对应《申报清单》，需要人工细心认真核对，单批种类多、数量大，要在海量商品中快速分好货、找准货，难度很大。跨境电商零售直购进口商品通常从一线口岸进境经过境内途中运输进入监管场所，可能在口岸进境环节需要接受海关实货检查，在监管场所环节也要接受海关实货查验，应分段配合海关实货检查：在一线口岸主要以人工方式分货找货，使用进境前理货清点形成的装箱清单，找出《申报清单》所在的运输包装容器，根据商品外包装编号标识确定对应商品；在监管场所主要以分拣线分货找货，通过与海关信息化系统联动的分拣流水线设备，接收海关实货检查指令，识别商品运单编号，找出商品流转给海关检查，提高商品分货找货效率。

11.2 网购保税进口模式

网购保税进口模式指境外商品进入境内海关特殊监管区域或保税监管场所，消费者通过跨境电商平台实现交易后，商品以直接派送消费者包装状态办理进口通关手续的模式。

11.2.1 通关流程

（1）企业运输商品进境。跨境电商零售企业将商品运输进境，完成口岸监管手续，经过途中运输进入境内海关特殊监管区域或保税监管场所，办理商品进境手续。

（2）商品接受保税监管。商品保税存储，接受账册管理、盘库核查、核注核销等海关监管。

（3）企业传输电子信息。商品被消费者购买后，跨境电商平台企业或跨境电商零售企业境内代理人传输交易电子信息，支付企业传输支付电子信息，物流企业传输物流电子信息。

（4）海关审核电子信息。海关信息化系统审核电子信息，比对通过的，反馈审核通过结果；比对不通过的，反馈审核不通过结果。

（5）企业填报《申报清单》。跨境电商零售企业境内代理人或其委托的报关企业填制跨境电商零售进口商品《申报清单》，向海关申报。

（6）海关审核《申报清单》。海关信息化系统审核《申报清单》，审核通过的，反馈审核通过结果；审核不通过的，反馈审核不通过结果，必要时转人工审核。

（7）企业运送商品到场。物流企业将商品分拣包装，运抵监管场地。海关特殊监管区域或保税监管场所经营人向海关发送商品运抵信息。

（8）海关检查放行商品。海关对商品实物进行检查，发现异常的，办理异常处置；未发现异常的，放行商品。

（9）企业运输商品进口。物流企业将商品运输离开海关特殊监管区域或保税监管场所，向消费者派送。

（10）企业汇总缴纳税费。代收代缴义务人在规定时间内向海关办理汇总纳税手续。

11.2.2 | 通关要点

批量商品满足境内刚需。跨境电商零售企业将商品大批量运输进境保税存储在海关特殊监管区域或保税监管场所，然后通过跨境电商平台向境内消费者销售，如果商品不好卖，最后未全部销售完，要将剩余商品退出境外或销毁处理，承担通关成本和经济损失，会在商品进境前进行全面准确市场调查评估，确定商品属于境内市场大量需求的商品，才会耗费大量跨境运输成本，将批量商品运输进境暂存待售，即跨境电商网购保税进口商品是境内市场刚需的商品。跨境电商零售企业从境外市场直接采购大批量商品，可能从境外零售商、分销商甚至生产商采购，需求数量越庞大，采购价格越优惠，加上跨境运输和通关费用，也能以低于境外市场零售价的价格在境内销售商品，以更低的价格优势吸引境内消费者购买商品，实现批量商品境内销售。跨境电商零售企业通常会根据境内社会习俗和消费习惯，对商品进行本土化，例如，加贴中文标签、增加中文说明书，帮助境内消费者购买使用商品；在交易平台商品信息中随附进境报关单照片，证明商品属于境外进口，品质可靠；采取价格优惠打折、随附赠品、翻倍积分等促销手段，吸引境内消费者抢购囤货，尽可能快速将大批量商品全部销售出去，迅速满足境内市场刚需。

物流派送更快，费用更低。按照最初跨境电商零售交易模式，境内消费者在跨境电商平台购买商品后，销售企业在销售地将商品包装发运，物流企业将商品跨境运输进境，境内物流企业将商品派送给消费者，需要消费者等待商品从销售地到消费地跨境运输派送的全部时间，承担单票商品从销售地到消费地跨境运输派送的整体费用。跨境电商零售网购保税进口商品大批量运输进境存储在境内海关特殊监管区域或保税监管场所，消费者购买后，在境内海关特殊监管区域或保税监管场所内分拣包装，办结进口手续后，通过境内物流企业派送给消费者，消费者等待商品从境内海关特殊监管区域或保税监管场所运输派送到手中的时间，不需要等待商品从境外跨境运输到境内的时间，甚至上午下达订单下午就收到了商品，与其他商品分摊整批商品从境外跨境运输到境内的整体费用，承担几乎等同于境内派送的更低物流费用成本。

商品质量更安全可靠。海关对跨境电商零售进口商品实施质量安全风险监测，责令相关企业对不合格或存在质量安全问题的商品采取风险消减措施，对尚未销售的按货物实施监管，并依法追究相关经营主体责任；对监测发现的质量安全高风险商品发布风险警示并采取相应管控措施。跨境电商零售网购保税进口商品进境后，在境内海关特殊监管区域或保税监管场所内存储直到销售完毕，在存储期间很可能被海关抽取部分商品开展质量安全检测，如存在质量安全问题，需要企业采取风险消减措施并承担主体责任，如存在质量安全高风险，将会由海关向全社会发布风险警示，都可能使商品无法全部销售出去，需要企业对商品进行处理，承担相应费用和经济损失甚至法律责任。为了获得批量销售商品的预期收益，防范质量安全问题造成巨大损失，跨境电商零售企业通常都会慎重选择境外商品来源，认真评估不同供货商可靠性，尽可能从最可靠的供货商采购商品，从采购源头确保商品质量安全可靠；主动对照我国商品质量安全标准，加强商品质量检测检验，杜绝进口存在质量安全风险的商品，避免商品进境后发现质量安全问题；完善境内仓储条件和管理措施，定期检查商品，及时处理过期或变质的商品，确保销售的商品质量安全稳定可靠。

11.2.3 | 通关风险

批量商品可能违反管制规定。《跨境电子商务零售进口商品清单》对商品管制规定主要分两类：一是管制目录内的全部商品都不允许进口，例如国家禁止、限制进口的旧机电产品、按照医疗器械管理的商品等，管制目录内的全部商品都排除在可进口商品范围之外，没有可进口的例外条件；二是允许能提供监管证件的商品进口，例如列入《进出口野生动植物种商品目录》且不能提供"中华人民共和国濒危物种进出口管理办公室非《进出口野生动植物种商品目录》物种证明"的商品除外，排除管制目录内、无法提供监管证件的商品，允许管制目录内、能提供监管证件的商品进口。跨境电商零售企业知道跨境电商零售进口商品按个人自用进境物品监管，不执行有关商品首次进口许可批件、注册或备案要求，以为凡属于进口商品清单的商品都可进口，忽视了进口商品清单备注管制规定；以为属于管制目录内的商品提供了监管证件，就可以适用跨境电商零售网购保税进口监管方式，忽视了部分规定管制目录内的商品不能进口；以为商品销售信息包含了商品全部属性指标，忽视了商品销售信息面向消费者宣传主要属性指标，通常忽略少量或少见的属性指标，导致未列明的属性指标决定商品属于管制目录内，需要提交监管证件。跨境电商零售网购保税进口商品批量进境，数量大、货值高，如违反管制规定无法提交监管证件，将遭受严厉处罚，通常最终要将商品退运出境，浪费运输商品进出境的费用和其他投入。跨境电商零售企业应在了解一般贸易进口商品贸易管制规定的基础上，结合《跨境电子商务零售进口商品清单》备注管制规定，全面准确掌握跨境电商零售进口管制规定，避免片面理解管制规定；应完整准确了解商品全部属性，特别要关注涉及濒危物种的成分含量，可通过查询商品备案、历史进口数据、违规违法案例等实际信息，确定商品进口管制规定和应提交的监管证件。

在库商品质量安全风险。海关对跨境电商零售进口商品实施质量安全风险监测，责令相关企业对不合格或存在质量安全问题的商品采取风险消减措施，对尚未销售的按货物实施监管，并依法追究相关经营主体责任；对超过保质期或有效期、商品或包装损毁、不符合我国有关监管政策等不适合境内销售的跨境电商零售进口商品，以及海关责令退运的跨境电商零售进口商品，按照有关规定退运出境或销毁。跨境电商零售商品符合原产地有关质量、安全、卫生、环保、标识等标准或技术规范要求，但可能与我国标准存在差异，特别涉及使用危害、人体健康、环境保护等质量安全方面，网购保税进口商品在仓库存储期间很可能被抽检，如果存在问题要企业采取风险消减措施，对已销售的召回处理，对尚未销售的按货物实施监管，承担相应处理和通关成本；网购保税进口商品通常属于市场畅销商品，价格竞争激烈，大批量进境后应快速销售完毕，如果超过保质期或有效期未销售出去，或者保管不善导致商品变质或包装损毁，将要退运出境或销毁，要企业承担通关成本和意外损失。跨境电商零售企业应熟悉商品原产地与我国标准的差异，特别要注意质量安全风险，杜绝进境销售存在安全质量问题的商品，避免承担经营主体责任；冷静理性判断商品市场供需趋势，谨慎预测境内市场购买消耗数量，全面评估商品销售风险，采购数量与市场需求匹配的商品，合理确定调整销售价格，尽快销售完毕商品，避免大量商品积压在仓库，无法全部妥善保管，甚至超过保质期或有效期，需要承担更大经济损失。

保税商品盘库盈亏风险。跨境电商零售网购保税进口商品在境内属于海关保税监管，使用保税账册记录进、出、转、存等物流信息，接受海关库内核查盘库，确保账册与实物应相符。如果实物比账册少，因不可抗力造成损毁、灭失，企业应办理核销和免税手续，因保管不善等非不可抗力因素造成损毁、灭失的，企业应按照一般贸易进口货物的规定办理相关手续，缴纳关税和进口环节税；如果实物比账册多，企业应修改报关数据，确保与账册相符。跨境电商零售网购保税进口商品通常从境外市场采购装运，与原厂采购相比，可能品种没那么单一，包装没那么整齐，数量和重量没那么准确。进境监管通常抽查部分商品，不对全部商品逐一检查，无法彻底排除个别商品与申报数量不符的可能；通常大量商品在仓库混合存储，销售后通过人工选货分拣打包发运，可能存在人工操作错误。当实物与账册不符时，要企业彻底清点相关商品，确定不符数量和原因，特别是涉及大批量进口商品时，将需要投入较多人力和时间，办理账册调整手续，特别因非不可抗力因素造成损毁、灭失的，企业应按照一般贸易进口货物的规定办理相关手续，缴纳关税和进口环节税，承受更大经济损失。跨境电商零售企业应加大商品清点力度，在进境后及时清点全部商品，在保税存储时定期清点在库商品，在商品大量销售出库后及时清点剩余商品，尽早发现实物与账册不符情况。应即时向海关报告不符情况，提交清点结果和原因解释，配合海关办理后续手续，及时调整账册，不要以为不符数量少，情况不严重，就不及时处理，导致不符数量长时间积压，最终不符数量巨大，一次性调整可能产生较大监管风险。

11.3 一般出口模式

一般出口模式指境外消费者通过跨境电商平台实现交易，境内商品以直接派送消费者包装状态办理出口通关手续的模式。

11.3.1 通关流程

（1）企业传输电子信息。跨境电商零售企业或其代理人传输交易、收款电子信息，物流企业传输物流电子信息。

（2）海关审核电子信息。海关信息化系统审核电子信息，比对通过的，反馈审核通过结果；比对不通过的，反馈审核不通过结果。

（3）企业填报《申报清单》。跨境电商零售企业或其代理人填制跨境电商零售出口商品《申报清单》，向海关申报。

（4）海关审核《申报清单》。海关信息化系统审核《申报清单》，审核通过的，反馈审核通过结果；审核不通过的，反馈审核不通过结果，必要时转人工审核。

（5）企业运抵商品入场。物流企业将商品运输进入监管场所。监管场所经营人向海关发送商品运抵信息。

（6）海关检查放行商品。海关对商品实物进行检查，发现异常的，办理异常处置；未发现异常的，放行商品。

（7）企业运输商品出口。物流企业将放行商品运输离开海关监管场所，经过途中运输运抵口岸，**完成**口岸监管手续，运输商品出境派送给消费者。

（8）商品汇总申报统计。跨境电商零售企业或其代理人汇总《申报清单》，填制出口报关单，办理汇总申报手续。跨境电商综合试验区内符合条件的跨境电商零售商品出口，可不必汇总申报报关单，可汇总《申报清单》进行统计。

11.3.2 | 通关要点

原装商品通达全球市场。跨境电商零售一般出口商品在境内包装单个包裹，体积小、数量大，出口通关时由企业传输电子信息和填报《申报清单》，由海关信息化系统自动审核放行，利用X光机分拣线检查商品，能快速完成通关流程，让海量商品在较短时间内完成通关手续，提升整体运输派送时效。企业作业信息化系统通过数据交换与海关信息化系统对接，可自动生成传输电子信息和《申报清单》，接收海关检查指令，减少人工操作工作量，降低整体通关人力成本，降低单票商品分摊的通关成本。商品在境内包装为直接派送给消费者的小包裹状态，使用安全坚固的包装容器，采用安全可靠的运输派送方式，甚至专门增加针对跨境长途运输的保护措施，努力确保商品以出厂最佳状态送达消费者，让消费者享受到商品原装品质。商品单个货值低、包装小，办结一般出口通关手续后，能衔接传统邮政快件物流运输方式，通达邮政快件网络覆盖的全球各地，满足全球市场购买派送需求，助力境内企业实现全球化销售。

潜水企业和业务阳光化。境内企业一直主动探索向境外销售商品新渠道，长期以来通过跨境电商平台向境外销售商品，经常通过邮政快件物流方式将商品跨境运输派送给境外消费者，后来逐渐发展到海外仓发货，甚至经营规模和出口货值都相当可观，成为跨境销售境内商品的重要力量。跨境电商零售一般出口通关模式出现后，小包装、低货值的跨境电商零售商品能快速通关，企业能区别传统邮政快件物流出口商品，专门针对跨境电商零售商品，利用信息化系统汇总经海关审核放行的《申报清单》电子数据，准确计算经海关监管确认的跨境电商零售出口货值，评估企业的经营规模、市场份额和行业地位，作为权威数据对外公开，实现企业和业务阳光化，争取赢得市场信誉和地位，得到地方政府重视和支持，获取更多资金和资源，实现快速扩张和迅猛发展。

11.3.3 | 通关风险

商品侵犯知识产权风险。海关依照法律、行政法规等相关规定，对与进出口货物有关并受中华人民共和国法律、行政法规保护的商标专用权、著作权和与著作权有关的权利、专利权等知识产权实施保护；知识产权权利人请求海关实施知识产权保护的，应当向海关提出采取保护措施的申请；海关禁止侵犯知识产权的货物进出口，对经海关调查后认定侵犯知识产权的货物予以没收。跨境传统出口货物知识产权保护属于监管重点，同类商品数量大，容易通过外包装发现涉嫌侵权行为；整批货值高，受到知识产权权利人高度重视，较常在货物通关中发现涉嫌侵权行为。跨境电商零售一般出口商品单票货值较低，知识产权权利人一般不愿意花费时间和精力办理申请扣留、查看商品、配合海关调查、向人民法院申请采取措施等事务，甚至不愿意提供总担保向海关办理采取保护措施的备案，导致其知识产权不受海关保护；单票数量少，外包装封闭无法直接看到商品，导致发现涉嫌侵权行为难度很大。跨境电商零售企业看到一般出口商品单票货值低，侵权行为查发案件少，以为跨境电商零售一般出口属于知识产权海关保护真空地带，把涉嫌侵犯知识产权的商品通过跨境电商平台面向全球消费者销售出口。通过一般出口渠道多批次、少数量运输出境，日积月累，最终形成商品数量大、货值高涉嫌侵犯知识产权行为，经海关发现认定属于侵犯知识产权行为，可能面临知识产权权利人对历史大量商品侵犯知识产权行为的追究和索赔，承担历史违法行为的后果和损失。跨境电商零售企业应认识到跨境电商零售商品受到知识产权海关保护，主动学习掌握知识产权相关的海关保护规定和要求，杜绝跨境电商零售一般出口为法外之地的错误思想；在商品生产、采购、销售等环节，注意甄别涉嫌侵犯知识产权的商品，特别注意甄别外观标识是否侵犯商标专用权，杜绝出口侵犯知识产权的商品，避免侵权商品积少成多、侵权货值积低成高，最终要承担严重侵权后果。

商品编号少位漏证风险。商品来自全球市场，属性千差万别，文字表述众说不一，为了准确适用监管规定，在进出口时应申报10位商品编号，前8位属于品目分类标识，第9、10位区分不同税收、贸易管制要求。我国一直支持境内商品走出去，不断简化出口商品监管要求，大多数商品出口不涉税、不涉证，特别为了方便跨境电商零售出口企业归类确定商品编号，允许符合条件的出口商品简化归类，在《申报清单》中按税则归类申报前4位编号。跨境电商零售出口企业以为跨境电商零售出口商品监管要求很宽松，甚至可以简化归类，就仅核定并申报4位商品编号，忽视了10位商品编号确定商品更全面完整的监管规定，存在商品编号少位错误适用监管规定的风险；未意识有些贸易管制要求不以10位商品编号区分，需要根据商品完整属性确定，导致出口商品漏交监管证件。跨境电商零售出口企业应认识简化归类适用不涉证、不涉税出口商品，需核定申报4位编号，不需要核定剩余6位编号，减少专业归类工作量，消除企业承担其他编号核定申报错误的监管风险，有利于跨境电商零售一般出口商品快速通关；认识到10位商品编号才确定商品完整的监管规定，在商品出境前准确核定商品10位编号，确定商品出口税收和贸易管制要求，甄别可适用简化归类的商品，避免涉税涉证商品错误适用简化归类便利措施；完整准确掌握商品属性，对照贸易管制规定，核定商品贸易管制要求，避免出口商品漏交监管证件，确保商品准确适用监管规定顺利通关。

商品汇总申报造假风险。企业在跨境传统货物出口后，凭出口报关单办理对外收汇、出口退税等业务，经过长期出口贸易经验积累，已经熟练掌握报关单收汇退税要求和流程，能快速完成操作手续，从境外收取销售价款，从国家获得退还部分已经征收的税款，获得预期出口收入。跨境电商零售商品出口后，企业也可凭出口报关单办理对外收汇、出口退税等业务，获得出口收入。企业为了最大化获得出口收入，将全部通过跨境电商平台销售的商品都通过跨境电商零售渠道出口，忽视商品应符合跨境电商零售出口监管条件，例如，跨境电商零售企业或其代理人应当向海关传输交易、收款等电子信息，物流企业应当向海关传输物流电子信息，才能适用跨境电商零售渠道。为了让更多商品符合出口《申报清单》归并规则，汇总更高出口货值，获取更多出口收入，并减少生成报关单数量，降低通关成本和后续成本，个别企业故意制造传输虚假电子信息，填报虚假出口《申报清单》，例如，把不同最终目的国商品造假为同一最终目的国，把不同海关商品编号的商品造假为有相同海关商品编号，用虚假数据骗取出口退税，影响跨境电商零售出口数据统计准确性，属于违反监管规定行为，要受到监管部门处罚。跨境电商零售企业应坚持诚信守法经营，准确理解跨境电商零售出口监管条件，自觉将符合监管条件的商品通过跨境电商零售渠道出口，坚决不把不符合监管条件的商品通过跨境电商零售渠道出口，并如实传输商品电子信息，填报《申报清单》，确保商品正确适用通关渠道；应针对一般出口商品10位海关商品编号多、运抵国多、最终目的国多等影响归并报关单数量的因素，合理权衡归并增加货值的获益和增加出口报关单的付出成本，即归并商品越多，货值越高，获得退税和收汇越多，同时归并报关单越多，通关付出越多，获益成本越高，将占货值主要比例的商品归并为出口报关单，同时使用信息化系统技术，实现系统自动归并生成报关单，进一步降低报关单操作成本，确保归并处理报关单的获益大于成本，消除汇总申报造假获利的潜在风险。

11.4 特殊区域出口模式

特殊区域出口模式指境内商品进入海关特殊监管区域或保税监管场所，消费者通过跨境电商平台实现交易，商品以直接派送消费者包装状态办理出境通关手续的模式。

11.4.1 通关流程

（1）企业运输商品入场。跨境电商零售企业将商品运输进入境内海关特殊监管区域或保税监管场所，完成入场监管手续，办结出口报关手续。

（2）商品接受保税监管。商品保税存储，接受账册管理、盘库核查、核注核销等海关监管。

（3）企业传输电子信息。商品被消费者购买后，跨境电商零售企业或其代理人传输交易、收款电子信息，物流企业传输物流电子信息。

（4）海关审核电子信息。海关信息化系统审核电子信息，比对通过的，反馈审核通过结果；比对不通过的，反馈审核不通过结果。

（5）企业填报《申报清单》。跨境电商零售企业或其代理人填制跨境电商零售出口商品《申报清单》，向海关申报。

（6）海关审核《申报清单》。海关信息化系统审核《申报清单》，审核通过的，反馈审核通过结果；审核不通过的，反馈审核不通过结果，必要时转人工审核。

（7）海关检查放行商品。海关对商品实物进行检查，发现异常的，办理异常处置；未发现异常的，放行商品。

（8）企业运输商品出境。物流企业将放行商品运输离开海关特殊监管区域或保税监管场所，经过途中运输运抵口岸，完成口岸监管手续，运输商品出境派送给消费者。

11.4.2 通关要点

企业快速结关收汇退税。跨境传统货物一般贸易出口结关后，企业可以凭出口报关单数据办理收汇和退税手续，获得出口收益。按照现行通关流程，装载出口货物的运输工具实际离境后，海关信息化系统收到并核对通过装载舱单与理货报告，才能对出口报关单进行结关，要求企业等到报关单结关，才能办理收汇和退税。商品通常批量生产以降低生产成本,在跨境电商平台面向个人消费者销售,每票交易数量不大,较长时间才能销售完毕整批商品;为了快速派送给每个消费者,逐票商品办理出口通关手续,较长时间才能出口完毕整批商品,需要企业等待全部商品出口结关后才能办理整批商品的收汇和退税,等待较长时间才能获得出口收益。跨境电商特殊区域出口商品从境内进入海关特殊监管区域或保税监管场所视同出口,企业可填报出口报关单,办理出口结关手续,取得出口报关单证明数据,办理出口收汇和退税手续,快速获得出口收益;商品在区内根据跨境电商平台上消费者购买数量,逐票报关出境派送给消费者,不影响企业在商品实际出境前获得出口收益,显著提高企业资金周转速度,助力企业继续生产发展。

集拼跨境运输降低成本。跨境电商零售商品在交易平台上销售出去后,要派送给消费者才能完成交易,需要跨境运输从销售地关境出口,经过跨境途中运输,进入消费地关境进口,在消费地境内派送给消费者。无论何种运输派送方式,消费地境内派送环节不可缺少,操作基本类似,将商品包装成可直接派送给消费者的小包裹,通过消费地境内邮政快件等派送方式送达消费者,主要差别在于跨境运输环节,传统方式主要是邮政快件或海外仓两种方式:商品采用邮政快件方式,在销售地包装为直接派送给消费者的小包裹,全程单票运输派送给消费者,能通达全球各地,但单票物流费用最贵;采用海外仓方式,销售前先批量运输进入消费地关境,销售后包装为直接派送给消费者的小包裹运输派送给消费者,派送速度最快,但需要企业建立自有海外仓或租用公用海外仓。特殊区域出口模式创新了跨境电商零售出口物流模式,为跨境电商零售商品出口提供新选择:商品先进入境内海关特殊监管区域或保税监管场所,销售后包装为直接派送给消费者的小包裹,按照最终目的国集中拼装入更大运输包装容器,甚至整个集装箱都是同一最终目的国的商品,通过货运物流方式完成跨境运输,到达目的国后拆装派送给消费者。企业将商品在销售前存放在境内,能及时方便掌控商品流向,有效保护自有资产,不必受限于海外仓管理要求;在境内完成分拣包装,使用境内更实惠的仓库、包装材料和劳动力,降低存储和包装成本,还支持境内仓储、包装材料等产业,增加境内就业,促进境内社会经济发展;小包裹集拼后通过货运物流方式完成跨境运输，分摊整体跨境货运成本，通常比单个包裹通过邮政快件跨境运输费用更低，特别是货运物流方式也可能提供很高效的运输服务，在保证整体派送时效不会长时间延误基础上，降低单个包裹整体跨境运输派送成本。

11.4.3 | 通关风险

归并出境报关单数量大造成的相关风险。商品从海关特殊监管区域或保税监管场所出境，应申报出境报关单（或备案清单），严格按照报关单填制规范，每一批次出境商品都申报一份报关单，每个跨境电商零售出口商品都是与不同境外消费者的交易品，应逐个申报出境报关单。跨境电商零售特殊区域出口商品海量出境，全部商品按照跨境传统货物标准申报报关单，要逐票确定报关单表体内容，逐项商品确定商品归类、名称、规格型号、数量、重量等申报要素，要企业承担巨大工作量，耗费大量时间；商品属于个人消费者购买使用消费，单票价值低，可能单票货值比一票报关单报关费用还低，要全部逐票申报报关单，将产生大量报关单，需要企业承担巨大的报关费用。跨境电商零售特殊区域出口商品在申报出境报关单前，已经申报跨境电商零售出口《申报清单》，经海关审核放行，完成了跨境电商零售出口通关手续。为了简化跨境电商零售特殊区域出口商品出境报关操作，所在地海关通常在满足主要监管要求前提下，允许企业归并跨境电商零售出口《申报清单》，汇总申报出境报关单，减少报关单数量和填报工作量。跨境电商零售企业应认识到商品出境申报是法定职责，应按照海关规定如实填报出境报关单并办理相关手续，不能为了减少报关单而造假数据、少报数据甚至不报数据，导致出境检查发现单货不符，要承担更严重后果；应准确掌握所在地汇总归并规则，充分利用信息化系统技术，快速汇总跨境电商零售出口《申报清单》，严格按照归并规则填报报关单，实现准确、快捷、最小量出境申报，最大限度降低通关成本。

未售商品返回境内风险。商品从境内进入海关特殊监管区域或保税监管场所视同出口，填报出口报关单，办理出口结关手续，可取得出口报关单证明数据，办理出口收汇和退税手续。商品需要返回境内视同进口，应按照退运货物进口，提交未退税证明或补退税证明，申报退运进口报关单，办理退运进口手续；或者按照一般贸易货物进口，申报一般贸易进口报关单，提交监管证件，缴纳进口税费，办理一般贸易进口手续。商品进入海关特殊监管区域或保税监管场所时属于等待销售状态，尚未完成跨境电商零售出口交易，没有确定购买交易主体，没有确定最终进出境流向。如果市场需求旺盛，全部都销售出境，就没有商品需要返回境内，如果市场需求疲弱，未全部销售出境，部分商品就会留在海关特殊监管区域或保税监管场所，需要返回境内，避免企业资产流失。未销售商品按退运货物进口，需要企业提交证明材料，办理退运手续，操作烦琐，工作量较大；按一般贸易货物进口，需要企业缴纳进口税费，甚至要提交监管证件，承担更多通关成本。为了解决商品返回境内问题，部分海关创新管理措施，允许商品先入区存储，销售出境后汇总归并申报入区出口报关单，办理入区出口手续，未销售商品可直接返回境内，不需申报进口报关单，通常适用通关信用等级高的企业。跨境电商零售企业应主动保持良好通关信用，避免发生影响通关信用的行为，争取能享受便利管理措施；主动调整信息化系统，及时清点入区商品，准确传输商品入区和出区信息，即时报告入、出、转、存等环节的异常情况，配合海关做好区内商品管理；未能享受便利管理措施的，应谨慎评估境外市场对商品的需求变化，合理确定与市场需求相匹配的商品数量，宁少勿多运输入区商品，尽量减少剩余商品数量；应建立退货商品流程监控体系，充分利用互联网信息技术，准确记录商品流程环节操作，保证退货商品为原出口商品，争取适用跨境电商出口退货监管措施，避免企业资产流失。

11.5 出口海外仓模式

出口海外仓模式指境内商品办理出口通关手续，通过跨境物流送达境外海外仓，消费者通过跨境电商平台实现交易后，从海外仓派送给消费者的模式。

11.5.1　整体流程

（1）企业传输电子信息。通过H2018通关管理系统通关的，跨境电商企业向海关传输海外仓订仓信息。通过跨境电商出口统一版系统通关的，跨境电商企业、物流企业分别向海关传输海外仓订仓信息、物流信息。

（2）海关审核电子信息。海关信息化系统审核电子信息，比对通过的，反馈审核通过结果；比对不通过的，反馈审核不通过结果。

（3）企业申报法定数据。通过H2018通关管理系统通关的，跨境电商企业或其代理人向海关申报报关单。通过跨境电商出口统一版系统通关的，跨境电商企业或其代理人向海关申报清单。

（4）海关审核申报数据。海关信息化系统审核申报数据，审核通过的，反馈审核通过结果；审核不通过的，反馈审核不通过结果，必要时转人工审核。

（5）企业运抵商品入场。物流企业将商品运输进入监管场所。监管场所经营人向海关发送商品运抵信息。

（6）海关检查放行商品。海关对商品实物进行检查，发现异常的，办理异常处置；未发现异常的，放行商品。

（7）企业运输商品出境。物流企业将放行商品运输离开海关监管场所；经过途中运输运抵口岸；完成口岸监管手续，运输商品出境送达海外仓。

（8）企业境外派送商品。境外消费者在跨境电商平台上购买商品后，境外企业将商品包装派送给消费者。

11.5.2　通关要点

便利措施促进快速通关。为了支持跨境电商出口海外仓业务发展，海关对跨境电商出口海外仓商品制定便利通关措施。一是分类申报，对于单票金额超过人民币5000元，或涉证、涉检、涉税的，企业应当通过H2018通关管理系统办理通关手续；对于单票金额在人民币5000元（含）以内，且不涉证、不涉检、不涉税的，企业可以通过H2018通关管理系统或跨境电商出口统一版系统办理通关手续；

通过跨境电商出口统一版系统以《申报清单》的方式进行通关，申报数据比报关单减少，无须汇总清单申报报关单，让企业申报操作更便捷，通关成本进一步降低。二是综合试验区简化申报，在跨境电商综合试验区所在地海关申报符合条件的《申报清单》，可申请按照6位商品编号简化申报，允许将商品编号前6位相同的商品归并申报，降低企业申报难度，减少申报数据，降低通关成本。三是优先查验，商品中控需要查验时，企业可向海关提出优先查验，最短时间完成查验作业，争取如期装载发运商品出境，压缩通关时间，提高商品跨境运输效能。四是转关出口，对从境内监管场所经过境内途中运输到一线口岸出境的商品，允许采用"跨境电商"模式进行转关运输，提供装载清单辅助口岸检查，快速完成口岸通关。

高效派送助力商品销售。境外消费者在跨境电商平台购买商品后，境内销售企业在境内将商品包装发运，物流企业将商品跨境运输出境，在消费地将商品派送给消费者，需要消费者等待商品从销售地到消费地跨境运输派送的全部时间，承担单票商品从销售地到消费地跨境运输派送的整体费用。跨境电商出口海外仓企业将商品大批量运输进境，办结进口手续，存储在海外仓，提前消除整批通关进入消费地的未知隐患，避免消费者购买后商品跨境运输进入消费地可能受未知因素影响而延误或无法通关，让消费者未能如约收到商品，损害销售企业市场声誉；消费者购买后，商品在所在地海外仓包装发运，通过所在地境内物流企业派送给消费者，消费者等待商品从所在地海外仓运输派送到自己手中的时间，不需要等待商品跨境运输的时间，与同批进入海外仓的其他商品分摊整批商品跨境运输的整体费用，承担几乎等同于所在地境内派送的物流费用成本。跨境电商出口海外仓模式能更快捷、更便宜将商品送达境外消费者，让消费者享受到与购买所在地境内商品相同的效率和费用，更乐于选择海外仓派送商品，促进商品被境外市场欢迎接受和购买消费。

境内企业按需管理商品。境内企业将商品出口存储在境外海外仓，并未将商品销售出去，未转移商品所有权给其他主体，继续拥有商品所有权，可继续控制管理自己的商品。如海外仓属于自建仓库，企业成立自己海外仓管理团队，建设运营完全属于自己的仓库，保存完全属于自己的商品，可完全按照自己意愿管理商品，根据自己的销售进度和派送需要，自主完成入仓、储存、分拣、打包、出库等仓库操作，对仓内商品拥有最终决定权，满足销售规模较大、时效要求较高、资金投入较多的企业需要。如海外仓属于平台仓库，即属于境内企业销售商品使用的跨境电商平台的仓库，境内企业除了拥有商品所有权外，还必须服从平台仓库管理规定，由平台仓库管理人员完成商品仓库操作，不遵守仓库管理规定，甚至不遵守平台交易规定，可能遭到平台对在库商品的处罚处理，对仓内商品拥有最小决定权，满足销售规模不大、时效要求不高、资金投入最少的企业需要。如海外仓属于第三方仓库，即属于非平台其他企业建设运营的仓库，境内企业与第三方企业建立商业合作关系，将商品出口入仓存储，由第三方企业根据约定要求完成商品仓库操作，甚至可以随时要求第三方企业对商品进行即时处理，对仓内商品拥有较大决定权，满足时效要求较高、个性化需求较多、资金投入较多的企业需要。境内企业根据自身商业需要选用海外仓，方便管理境外仓库商品，保障商品所有权，实现自身商业需求。

11.5.3 | 通关风险

境外商品退回境内风险。商品出口办理结关手续，可取得出口报关单证明数据，办理出口收汇和退税手续；如果要返回境内，按照退运货物进口，提交未退税证明或补退税证明，申报退运进口报关单，办理退运进口手续；或者按照一般贸易货物进口，申报一般贸易进口报关单，提交监管证件，缴纳进口税费，办理一般贸易进口手续。商品出境进入海外仓时属于等待销售状态，尚未完成跨境电商零售交易，没有确定购买交易主体，如果市场需求旺盛，全部销售完毕，没有商品要返回境内；如果市场需求疲弱，未全部销售完毕，或者发生退换货业务，部分商品会退回海外仓，最终部分商品剩余在海外仓。未销售商品按退运货物进口，需要企业提交证明材料，办理退运进口手续，操作烦琐，工作量较大；按一般贸易货物进口，需要企业缴纳进口税费，甚至要提交监管证件，承担更多通关成本。跨境电商零售企业应谨慎评估境外市场对商品的需求变化，合理确定与市场需求相匹配的商品数量，尽量减少海外仓剩余商品数量；应建立退货商品流程监控体系，充分利用互联网信息技术，准确记录每个商品出口、入仓、存储、交易、派送、退货等环节信息，与境内商品生产和出口信息一一对应，能完整还原商品生产至退回全流程状态，保证退货商品为原出口商品，争取适用跨境电商出口退货监管措施，回收利用宝贵的自有资产。

提前出口增加成本风险。出口海外仓商品属于待售商品，主要成本及费用为：生产费用，包括境内原材料购买、生产设备购置、厂房购租、人员工资等费用；商品出口费用，包括境内装卸运输、出口报关、跨境装卸运输等费用，以及相应保险费用；海外仓费用，包括卸货入仓、上架存放、日常保管、分拣打包、装运出仓等费用；派送费用，包括运输派送给消费者以及可能从消费者退货的运输费用。与跨境传统货物相比较，出口海外仓商品增加了海外仓费用，没有买主提前支付价款，需要境内企业在商品销售前支付全部费用，在商品销售后逐渐回收价款，承担更大资金压力，如果商品销售不出去，还要承担退货返回境内费用以及商品折旧。境内企业应全面评估出口海外仓适用商品类型，慎重选择出口海外仓商品，适当保守预测市场需求，出口合理数量的商品，减少资金提前支付压力；评估商品跨境运输与海外仓存储的损坏、消耗和折旧程度，采用合理坚固的运输储运包装保护商品，避免商品损耗过多、折旧过快，提高商品完好率，降低意外损失；实时关注市场供需变化，及时采取促销措施，尽快销售完商品，收回销售价款，提高资金周转率。

11.6 跨境电商B2B直接出口模式

跨境电商B2B直接出口模式指境内商品通过跨境电商平台与境外企业达成交易后，通过跨境物流直接出口送达境外企业的模式。

11.6.1 通关流程

（1）企业传输电子信息。通过H2018通关管理系统通关的，跨境电商企业向海关传输交易订单信息。通过跨境电商出口统一版系统通关的，跨境电商企业、物流企业分别向海关传输交易订单信息、物流信息。

（2）海关审核电子信息。海关信息化系统审核电子信息，比对通过的，反馈审核通过结果；比对不通过的，反馈审核不通过结果。

（3）企业申报。通过H2018通关管理系统通关的，跨境电商企业或其代理人向海关申报报关单。通过跨境电商出口统一版系统通关的，跨境电商企业或其代理人向海关申报清单。

（4）海关审核申报数据。海关信息化系统审核申报数据，审核通过的，反馈审核通过结果；审核不通过的，反馈审核不通过结果，必要时转人工审核。

（5）企业运抵商品入场。物流企业将商品运输进入监管场所。监管场所经营人向海关发送商品运抵信息。

（6）海关检查放行商品。海关对商品实物进行检查，发现异常的，办理异常处置；未发现异常的，放行商品。

（7）企业运输商品出口。物流企业将放行商品运输离开海关监管场所；经过途中运输运抵口岸；完成口岸监管手续，运输商品出境送达境外企业。

11.6.2 通关要点

规范明确跨境电商贸易通关。互联网信息技术创造了跨境电商平台，连接全球企业，让企业能销售商品，也让企业能购买商品，形成了企业之间的跨境电商贸易，产生了跨境电商贸易商品进出口需求。跨境电商B2B直接出口模式针对境内企业通过跨境电商平台向境外企业销售商品，规范明确了通关监管要求。一是适用专门增列的海关监管方式，代码"9710"，全称"跨境电子商务企业对企业直接出口"，简称"跨境电商B2B直接出口"。二是分类选择申报方式，对于单票金额超过人民币5000元，或涉证、涉检、涉税的跨境电商B2B出口货物，企业应当通过H2018通关管理系统办理通关手续；对于单票金额在人民币5000元（含）以内，且不涉证、不涉检、不涉税的，企业可以通过H2018通关管理系统或跨境电商出口统一版系统办理通关手续。三是区别传输电子信息，通过H2018

通关管理系统通关的，跨境电商企业或跨境电商平台企业应申报前向海关传输交易订单信息；通过跨境电商出口统一版系统通关的，跨境电商企业、物流企业应申报前分别向海关传输交易订单、物流信息。四是适用一线口岸通关方式，货物可按照"跨境电商"类型办理转关，通过H2018通关管理系统通关的，同样适用全国通关一体化。跨境电商B2B直接出口模式全面明确了跨境电商贸易出口通关监管要求，规范跨境电商贸易出口通关流程和操作，实现了与跨境传统出口货物的独立标识、准确区分、专项统计，对跨境电商贸易准确施策。

支持小微跨境电商贸易便利通关。随着全球消费者个性化需求涌现汇集在互联网上，交易商品种类增多，单批数量减少、货值减小，越来越多地出现小微货值的跨境电商贸易商品通关需求。按照跨境电商B2B直接出口模式，对于单票金额在人民币5000元（含）以内，且不涉证、不涉检、不涉税的，企业可以通过跨境电商出口统一版系统以《申报清单》的方式进行通关，申报数据比报关单减少，无须汇总清单申报报关单，让企业申报更为便捷，通关成本进一步降低。境内企业在跨境电商平台上向全球销售商品，可能零售销售给境外消费者，也可能贸易销售给境外企业，存在零售商品和贸易商品两种通关需求，除了区别申报不同海关监管方式外，对零售商品和贸易商品，都可通过跨境电商出口统一版系统传输电子信息、填报《申报清单》，通过跨境电商X光机分拣线配合海关查验，通过邮政快件物流渠道运输派送，即可用跨境电商出口通道完成两种不同属性商品的通关，让小微跨境电商贸易商品享受跨境电商出口通关便利。

11.6.3 | 通关风险

违反货物监管规定的风险。跨境电商B2B直接出口商品不是通过线下面对面等传统交易渠道，而通过跨境电商平台交易，与跨境传统贸易一样，属于企业之间交易，属于跨境贸易商品，应遵守出口货物监管规定。除了单票金额在人民币5000元（含）以内，且不涉证、不涉检、不涉税的商品，企业可以通过跨境电商出口统一版系统办理通关手续外，跨境电商B2B直接出口商品都可以通过

H2018通关管理系统办理通关手续，适用货物通关管理系统参数和操作，应遵守出口货物监管规定。跨境电商零售蓬勃发展，吸引大量资金，涌现大量新企业，成为引人瞩目的互联网经济新业态；聚集众多个人消费者，满足个性化需求，成为广受欢迎的新购物渠道；受到监管部门高度重视，产生大量监管新措施，成为广受关注的通关热点，成为跨境电商最广为人知的商业模式。个别企业大量接收了跨境电商零售热点信息，看到跨境电商B2B直接出口商品可通过跨境电商出口统一版系统通关，认为跨境电商零售监管措施适用于跨境电商B2B直接出口，混淆了跨境电商零售与跨境电商B2B直接出口的差别，按照跨境电商零售商品监管要求办理跨境电商B2B直接出口商品通关手续，导致跨境电商B2B直接出口商品违反货物监管规定。企业应认识到跨境电商B2B直接出口商品适用专门海关监管方式，必然不同于其他跨境电商通关模式，不能照搬适用其他跨境电商通关要求；应认识到跨境电商B2B直接出口商品与跨境传统货物一样属于企业之间贸易的商品，应当符合禁限管制、出口税收、检验检疫等相关规定；应组织熟悉跨境传统货物通关业务的报关人员，避免受到跨境电商零售热点的影响，按照跨境传统货物出口通关规定，评估跨境电商B2B直接出口商品监管要求，提前做好通关准备，确保商品合法顺利通关。

11.7 通关案例：申报不实

11.7.1 基本情况

2021年8月，宁波某电子商务发展有限公司委托广东某运输有限公司以1210保税电商监管方式向海关申报进口护发喷雾等货物一批。海关经查验，发现报关单申报货物实际未进口，另有医用口罩、耳塞、面霜、卸妆油等货物进口未向海关申报。

11.7.2 监管规定

《海关法》规定如下：

第二十四条　进口货物的收货人、出口货物的发货人应当向海关如实申报，交验进出口许可证件和有关单证。国家限制进出口的货物，没有进出口许可证件的，不予放行，具体处理办法由国务院规定。

进口货物的收货人应当自运输工具申报进境之日起十四日内，出口货物的发货人除海关特准的外应当在货物运抵海关监管区后、装货的二十四小时以前，向海关申报。

11.7.3 处罚依据

《海关法》规定如下：

第八十六条　违反本法规定有下列行为之一的，可以处以罚款，有违法所得的，没收违法所得：……（三）进出口货物、物品或者过境、转运、通运货物向海关申报不实的；……

《中华人民共和国海关行政处罚实施条例》规定如下：

第十二条　违反海关法及其他有关法律、行政法规和规章但不构成走私行为的，是违反海关监管规定的行为。

第十五条　进出口货物的品名、税则号列、数量、规格、价格、贸易方式、原产地、启运地、运抵地、最终目的地或者其他应当申报的项目未申报或者申报不实的，分别依照下列规定予以处罚，有违法所得的，没收违法所得：（一）影响海关统计准确性的，予以警告或者处1000元以上1万元以下罚款；……

第二十一条　有下列行为之一的，予以警告，可以处10万元以下罚款，有违法所得的，没收违法所得……（四）进出境运输工具到达或者驶离设立海关的地点，未按照规定向海关申报、交验有关单证或者交验的单证不真实的。

11.7.4 | 认定处罚

海关经调查认为，当事人已构成申报不实的行为。

海关对当事人做出如下行政处罚：对宁波某电子商务发展有限公司予以警告，对广东某运输有限公司科处罚款1万元整。

11.8 通关案例：侵犯知识产权

11.8.1 | 基本情况

2022年1月，当事人深圳市某电子商务有限公司以9610跨境电商一般出口监管方式向海关申报出口货物一批。海关经查验，发现该批出口货物中分别有使用"VIVO及图形"商标权、"HUAWEI及图形"商标权、"Apple logo及图形"商标权、"SAMSUNG及图形"商标权的含"VIVO"标识手机、"HUAWEI"标识手机、"APPLE"标识手机、"SAMSUNG"标识手机，合计2213台，价值人民币343928.00元。

相应权利人认为上述货物属于侵犯其在海关备案的"VIVO及图形"商标权（备案号：T2017-55690）、"HUAWEI及图形"商标权（备案号：T2017-55429）、"Apple logo及图形"商标权（备案号：T2020-92860）、"SAMSUNG及图形"商标权（备案号：T2021-110978），并向海关提出采取知识产权保护措施的申请。

11.8.2 | 监管规定

《海关法》规定如下：

第四十四条　海关依照法律、行政法规的规定，对与进出境货物有关的知识产权实施保护。需要向海关申报知识产权状况的，进出口货物收发货人及其代理人应当按照国家规定向海关如实申报有关知识产权状况，并提交合法使用有关知识产权的证明文件。

《中华人民共和国商标法》规定如下：

第五十七条　有下列行为之一的，均属侵犯注册商标专用权：（一）未经商标注册人的许可，在同一种商品上使用与其注册商标相同的商标的；……

11.8.3　处罚依据

《海关法》规定如下：

第九十一条　违反本法规定进出口侵犯中华人民共和国法律、行政法规保护的知识产权的货物的，由海关依法没收侵权货物，并处以罚款；构成犯罪的，依法追究刑事责任。

《中华人民共和国海关行政处罚实施条例》规定如下：

第二十五条　进出口侵犯中华人民共和国法律、行政法规保护的知识产权的货物的，没收侵权货物，并处货物价值30%以下罚款；构成犯罪的，依法追究刑事责任。

需要向海关申报知识产权状况，进出口货物收发货人及其代理人未按照规定向海关如实申报有关知识产权状况，或者未提交合法使用有关知识产权的证明文件的，可以处5万元以下罚款。

11.8.4　认定处罚

海关经调查认为，当事人未经权利人许可，在上述出口货物上擅自使用他人商标权，已构成侵犯他人商标权的行为。

海关对当事人做出如下行政处罚：没收上述侵权货物，并处罚款人民币51590.00元。

# 第12章
Chapter 12

新信息技术
在通关监管中的
应用设想

◇ **综述**

> 跨境电商零售通关监管模式顺应跨境电商零售互联网经济新业态发展特点，利用互联网新技术解决互联网新业态监管的新问题，满足跨境电商零售进出口通关需求。海关应继续研究应用新信息技术，包括区块链、大数据、人工智能、物联网等，探索更高效通关监管措施，提升进出口通关效能。跨境电商零售相关企业应清醒认识到进出口通关属于跨境电商零售必经环节，要积极配合海关探索应用新信息技术，率先加快商品进出口通关速度，提升跨境电商零售商品配送效能，提供给消费者更快速的交易体验，增强企业市场竞争力。

12.1 区块链

区块链指信息区块按照一定顺序连接起来的链条。

12.1.1 主要特性

共识机制。区块链上一个新区块创造时，机器节点按照公开统一预设规则对区块信息进行验证确认，当确认通过节点达到预设规则要求时，就达成共识，新区块创造成功。

去中心化。每一个机器节点都保留一份完整的区块链数据，与其他节点完全相同，可以单独按照共识机制验证确认区块数据和链接正确性。

身份加密。机器节点身份信息经过算法加密，需要获得数据合法节点的授权，才能访问数据。

智能合约。在区块链中预设条件和执行要求，当区块链符合预设条件，就自动按预设要求执行操作。

12.1.2 | 应用设想

集中执法数据，保护权威证据。海关是我国进出关境监督管理机关，依照海关法和其他有关法律、行政法规，独立公平行使职权，对涉嫌走私或违规的通关行为，依法处理，对构成犯罪的，依法追究刑事责任，具有法定权威地位；与进出境收发货人、申报单位、运输企业等通关主体不同，在通关监管过程中履行法定职责，不获取商业利益或个人私利，具备执法公平性和公信力。商品进出口通关，要接受海关监管，办理通关手续，经过海关确认，与申报数据相符、符合监管规定，同意放行后，才能提离办结通关手续，彰显海关在通关监管方面具有实际权威地位。监管执法涉及的报关单、《申报清单》、舱单、检查记录等单证数据，都来源于具体法律、法规或规章，客观记录进出境通关行为和监管行为，属于进出境监管执法的权威证据。海关应立足监管对象变化需要，特别关注跨境电商等新业态发展，及时调整确定执法数据类型、责任主体、来源、内容和格式等要求，通过法律法规予以公布公开，确保执法数据统一规范；通过信息化系统自动记录环节操作，特别是操作主体、时间、结果等关键状态数据，准确完整记录通关监管全流程，能快速还原通关监管历史过程；应集中保管全部执法数据，向全国监管执法人员提供同一数据，实现监管执法数据同源、信息同步、结果一致；应采取国家级别的数据安全保护措施，防范数据被非法修改或入侵篡改，建立可靠快速的数据备份机制，紧急时能迅速切换使用备份数据，确保通关监管信息化系统长期顺利运作。海关将通关监管全部数据集中存储，实施安全可靠保管，主要目的是保护好权威执法证据，为通关监管提供统一可靠完整的基础数据源。

以WCO为基准，构建海关区块链。世界海关组织（WCO）是唯一在全球范围内专门研究海关事务的政府间国际组织，致力于加强各成员海关工作效益和提高海关工作效率，促进各成员在海关执法领域的合作，包含160多个单独关境区成员。跨境贸易商品从启运地关境运输到目的地关境，可能经过其他第三方关境，整体涉及多个不同关境，接受多个成员海关监管，留下大量海关监管操作记录，形成了多个海关监管主体分明、前后衔接、互相印证的完整信息链条。为了方便海关之间监管合作和结果互认，提高商品多次监管的综合效能，应由世界海关组织制定基础标准，构建成员海关之间的区块链：世界海关组织制定海关区块链数据结构和生成标准，应包含HS编码、成员代码、重量等可客观统一的数据项，消除成员海关之间本地数据需求差异；每个成员海关作为一个节点，商品完成出境监管和入境监管为一次跨境监管，每次跨境监管数据经出境海关和入境海关共同确认后，按照世界海关组织标准，定时汇总跨境监管记录生成一个区块，由成员海关分别独立保存区块链完整数据；世界海关组织建立区块链时间戳信息化系统，根据时间段确定并提供区块时间标识，新区块生成时，向世界海关组织获取区块链时间戳并记录在区块里，用于同步成员海关之间的操作时间差异，便于准确搜索时间段内区块链数据；每个成员海关仅访问与自己相关的监管记录，可作为出境海关访问监管记录了解区块中入境海关的监管结果，可作为入境海关访问监管记录了解区块中出境海关的监管结果，借助其他海关历史监管结果，辅助开展有针对性的监管；要建立运作覆盖全部世界海关组织成员的区块链，涉及数据量巨大，一次性完成难度较大，可分区分步推进，先由同一经济区域内的组织成员，按照世界海关组织区块链标准，建立区域内海关区块链，再逐步在其他经济区域内建立同一标准的海关区块链，连通不同经济区域的海关区块链，最终建立符合世界海关组织区块链标准，覆盖全部成员的海关区块链。海关区块链属于监管执法数据，记录出境海关与入境海关的监管结果，形成商品跨境通关全流程共识链条，支持海关借助前序海关的监管结果，基于历史监管共识，对商品实施快速通关监管，促进海关之间监管合作和结果互认。

以海关为基准，支持商业区块链。商品跨境通关经历出境地境内运输、出口通关、跨境运输、进境地进口通关、境内运输、使用消费等多个环节，涉及生产企业、销售企业、承运企业、申报企业、使用企业、消费者等大量商业主体，可建立商业区块链，记录商品质量变化、运输状态、通关结果、销售去向、使用效果等流程信息，为生产、运输、通关、使用等操作提供难以篡改的记录，确保各环节信息准确、操作安全、证据可考、流程可追溯。跨境电商零售企业、物流企业、支付企业向海关传输电子信息，接受海关处理指令和结果，验证了海关与企业通过信息化系统实时传输数据的可行性，可将海关监管执法结果标识作为商业区块链状态核定基准：将海关确认的接受申报、单证审结、实货放行等时间标识记入商业区块中，可核定评估物流整体效率；将海关确认的商品名称、规格型号、件数重量、包装状态等属性标识记入商业区块中，可核定评估商品跨境运输状态；将海关确认的境内收发货人、境外收发货人、消费使用单位、生产销售单位等交易标识记入商业区块中，可核定评估商品交易主体真实性；将海关确认的守法放行、异常处理、处罚结果等合法标识记入商业区块中，可核定评估商品交易合法性。海关监管执法结果标识具有法定权威性，为商业区块链提供与商业私利无关的核定基准，佐证区块链更客观可信。

　　分布商业共识，辅助执法监管。区块链建立节点共识机制，为每个节点分配共识值；新记录要加入区块链时，区块链按照预定规则累计认可新记录的节点的共识值，当共识总值达到预设值，认可并增加新记录。商品进出口通关涉及大量商业主体，每个主体都在所属环节对商品执行了相应操作，对商品形成一定认识，自然形成了对商品的分布商业共识，成为构建通关商业共识机制的基础。海关将全部或主要商业主体纳入共识机制中，建立通关商业共识信息化系统，为每个商业主体分配唯一身份标识，要求每个商业主体根据自己对商品的认识对商品合法性给出信任分值，累计全部商业主体信任分值成为信任总分，形成对商品的整体信任共识。海关信息化系统根据信任总分确定商品通关风险等级，对高风险等级商品实施严格监管措施，对低风险等级商品实施便利通关措施。商品通关后，海关信息化系统自动比对每个商业主体的信任分值与监管结果：如果商业主体对商品的信任分值高、监管结果未见异常，或者商业主体对商品的信任分值低、监管结果发现异常，即商业主体对商品的信任共识与监管结果一致，商业主体可信度高，通关信用将被提升，能享受诚信守法便利措施；反之，如果商业主体对商品的信任分值高、监管结果发现异常，或者商业主体对商品的信任分值低、监管结果未见异常，即商业主体对商品的信任共识与监管结果相反，商业主体可信度低，通关信用将被降低，可能失信接受严格监管措施。必要时，可将商业主体通关信用作为权重参数叠加到共识机制中，提高诚信商业主体的共识分值，降低失信商业主体的共识分值，发挥商业主体通关信用对商品通关信任共识的放大作用。借鉴区块链共识机制原理，建立商业主体通关信任共识机制，以商业主体经营信用为基础，综合商业主体对通关商品的信任共识，辅助海关实施按风险等级分类的差别化监管，严格监管少数高风险商品，便利大多数低风险商品快速通关。

12.2　大数据

大数据指以容量大、类型多、存取速度快、应用价值高为主要特征的数据集合[①]。

12.2.1　主要特性[②]

容量大。大数据的量很大，某一个程度上达到 PB 级才是大数据，但是有时候几百 T 也是大数据（注：1PB=1024TB=1048576GB）。

类型多。大数据很多类型不是传统信息技术处理的结构化数据，有时候是半结构化，甚至是非结构化，原有的信息技术很难处理。

存取速度快。大数据的处理速度要很快，在很快、很及时的时间内，从大量的数据中获得想要的数据和信息。

应用价值高。大数据价值密度低，是一个"废品利用""沙里淘金""大海捞鱼"的过程，整体应用价值高。

---

① 中国政府网.国务院关于印发促进大数据发展行动纲要的通知［EB/OL］（2015-08-31）［2022-05-20］http://www.gov.cn/zhengce/content/2015-09/05/content_10137.htm.

② 中国政府网."四个V"界定大数据概念［EB/OL］（2015-09-30）［2022-05-20］http://www.gov.cn/wenzheng/2015-09/30/content_2941302.htm.

12.2.2 应用设想

提高多类型数据处理能力，直接使用行业数据。在海关信息化系统中，报关单、《申报清单》等法定通关单证，由企业按照海关填报规范向海关填制申报电子数据；舱单、运输工具动态，以及跨境电商零售交易、支付、物流等电子信息，由企业按照海关数据转换规则从商业数据转换向海关传输；许可证件、随附单证等其他部门的资料，由主管部门与海关按照约定数据格式传输数据，都属于统一固定规则的结构化数据，属于加工后专用于通关监管的数据，可能存在数据失真、转换错误、故意伪报等再加工问题，导致数据未如实完整反映商品和交易，影响通关监管正确性。海关应直接与商业主体建立数据传输通道，采集存储相关主体的原始数据，可重点选择物流舱单、支付收款、电子合同等与通关监管关系较大的行业原始数据，获取尽可能真实完整的原始数据；提高半结构化、非结构化数据分析处理能力，例如图像、语音、视频、位置等数据，根据行业运行规律和数据特点，借鉴行业数据分析方法和模型，结合海关监管重点和需求，实现对全部行业原始数据直接迅速的分析处理，能快速准确真实获得通关监管需要的数据和信息，辅助海关监管作业；建立海关指令协助处置机制，明确需要企业协助的海关指令种类和协助处置要求，将海关指令直接发送到企业信息化系统中，由当前环节负责企业协助海关处置货物，提高海关控制货物效率，防范货物潜在影响扩散；随着对行业原始数据直接分析处理结果逐步满足海关通关监管需要，可以逐步取消结构化数据甚至单证种类，减少通关传输申报数据的工作量，争取完全直接使用行业原始数据完成海关通关监管任务，降低商品通关成本。

推动大数据互通共享，完整画像监管主体。随着大数据理念和技术发展，政府部门纷纷推动大数据建设，立足自身行政职能和工作需要，建立各具特色的大数据资源库，例如，公安部门记录个人日常遵纪守法数据、工商部门记录企业日常经营诚信数据、征信中心记录企业和个人信用信息，从不同角度对社会主体画像。海关通常以企业或个人为主体实施监管执法，积累体量庞大的通关监管数据，从进出境角度对企业或个人画像，应推进与其他政府部门的大数据互通共享，全国统一确定企业唯一标识，使用个人身份证件编码作为个人唯一标识，记录每次行为关联的主体标识，准确完整提供主体全部行为数据，实现对唯一主体精准画像。使用主体唯一标识，与其他部门开展数据互通共享，获取其他监管领域的主体行为数据，提供进出境领域的主体行为数据，支持政府部门从各自监管角度，综合最全面的主体行为数据，评估主体监管诚信度，实现主体跨部门完整画像。建立主体风险趋势预测机制，按照主体行为整体流程，逐环节确定行为数据来源和风险类别，实时从各环节监管部门获取行为数据和监管结果，评估行为主体监管诚信度，预测后续环节主体行为监管风险趋势，实现主体未来预测画像，必要时提前介入消除风险或做好应对准备，降低主体行为的实质危害，提高监管实际效能。

推动大数据开放合作，共同用好数据。海关依法履行监管执法职能，采集通关数据，做出监管结果，决定商品进出口通关，产生权威性较强的执法数据，特别是通关主体要为传输申报数据承担法律责任，承受商品通关经济成本，会比较慎重认真核定向海关填报的数据内容，客观上保证了海关执法数据的真实性。海关应认识到通关监管数据属于权威性、真实性较高的数据资源，主动推动数据对社会开放，发挥数据对社会经济的促进作用；应做好数据脱敏，对涉及国家秘密、商业秘密和个人隐私等的敏感数据进行屏蔽变形，例如企业身份信息、个人身份信息、手机号码等主体信息，以及报关单号、口岸海关和执法人员等监管信息，安全可靠保护隐私数据；应分级开放数据，根据使用主体的数据需求和用途，确定开放数据范围，明确数据使用要求和保密责任，特别禁止数据买卖、故意泄露、再次开放等未经授权扩大数据使用范围的行为，使数据影响范围安全可控；应加强与大数据行业和企业合作，从行业大数据获取更丰富的原始数据，充实通关监管数据，采用行业成熟的大数据模型和方法，分析通关监管数据，发现行业数据的监管价值，利用大数据技术使企业的强大算力领先，提高通关监管大数据分析处理能力，及时发现通关监管风险，提高监管针对性和有效性。

提高大数据价值挖掘应用能力，实现精准监管。海关每天采集大量进出境通关监管数据，形成了大数据资源基础。海关应提高大数据价值快速挖掘能力，可实施专业挖掘，从商品归类、价格、最终目的国等专业角度挖掘数据价值，减少分析涉及的数据量；可实施离线挖掘，在夜晚或假期业务不繁忙时间，对离线备份数据进行挖掘，降低对在线业务的影响；可实施叠加挖掘，对历史已经挖掘出来的价值进行再挖掘，避免重复挖掘浪费历史成果和算力资源；可实施分区挖掘，对海量数据拆分成细小区块独立挖掘，最后汇总整体结果，降低操作整体大数据的难度。海关应提高大数据快速管控能力，快速标记监管对象，通过企业唯一编码、个人身份信息等关联信息，确定进出境通关监管对象标记，例如报关单编号、运输工具名称、运单编号等；要快速捕获监管对象，通过联动运输工具状态、舱单信息、视频监控、卡口控制系统等物流信息化系统，把监管对象控制在监管范围内；要妥善保管监管对象，快速分析汇总监管对象属性功能、损毁失效风险和保管条件要求，将监管对象安全转移，妥善保管。海关应提高大数据快速处置能力，利用大数据快速收齐监管对象涉及的单证、电子信息、检查照片、视频片段等通关证据，必要时人工核实监管对象通关状态，补齐确认通关证据；快速分析监管对象存在的监管风险和违法可能，按照监管规定和历史案例，提前确定多个备选处置措施；快速分析主体通关信用、历史记录、当前监管重点等基础数据，甄别主体主观故意可能性，准确确定实施相应处置措施；对涉嫌违反监管规定的主体，必要时联动其他部门或企业，提供确凿的大数据分析证据，请求对方采取暂停资格、中止业务、降低信用等级等措施，联合督促涉事主体配合海关处置，确保监管规定得到有效遵守执行。

12.3 人工智能

人工智能是研究、开发用于模拟、延伸和扩展人的智能的理论、方法、技术及应用系统的技术科学。

12.3.1 主要特性

以智能为目标。人工智能的目标是制造可以模拟人的认知、意识、思维过程，像人一样思考的智能。

以人脑为基础。人因大脑产生智慧。人工智能研究人类大脑运作机制，模拟人脑思维的信息过程。

以规则为准绳。人工智能以人类社会生存规则为准绳，制造符合人类法律、安全、道德、伦理等规则要求的智能。

以现实为材料。人工智能以现实世界的实体和现象为学习材料，不断适应新情况，完善提升智能水平。

12.3.2 应用设想

智能申报。商品进出境时要向海关申报法定单证，核定商品编号，确定申报内容，按照申报规范填制发送电子数据，涉及较多人工操作，需要人工核定大量申报数据。海关可实施智能归类，对《协调制度》《进出口税则》《进出口税则商品及品目注释》《中华人民共和国进出口税则本国子目注释》，以及海关通关系统《商品综合分类表》等归类数据进行分析，建立商品属性组合与商品编号的对应关系，通过计算机技术自动从商品信息确定属性和内容，进一步确定相应商品编号；可实施智能填报商品申报要素，通过计算机技术，根据商品编号确定商品规范申报要素的数据要求，自动从商品信息确定规格、型号、功能等申报要素内容，完成填报商品数据；可实施智能填报交易要素，通过计算机技术，自动从企业交易信息确定合同协议号、价格、贸易国等交易相关申报要素内容，从运输信息确定提运单号、运费、保险费、启运国（或运抵国）等物流相关申报要素内容，从企业生产信息化系统自动确定其他申报要素内容，实现智能确定并申报全部法定要求数据。

智能识别。海关要实施及时有效的监管，要准确地智能识别，可利用机器学习技术，对监管对象智能识别，对通关数据和互联网数据进行分析，对监管对象历史实体图片和视频进行识别，提炼形成进出境商品、运输工具、企业、人员等监管对象的特征，根据实时通关申报信息或通关实体图片和视频，确定监管对象存在的特征内容，准确识别监管对象种类和名称；对监管环境智能识别，提前采集监管区域内图像、声音、气味、温度、湿度、光度等环境信息，提炼形成监管环境的特征和相应监管风险，能实时采集监管区域的全方位环境信息变化，确定环境信息存在的特征内容，识别监管区域的监管风险；对特定人员智能识别，准确采集海关监管执法人员的特征，以及报关人员、场所作业人员、司机、装卸人员、清洁维保人员等类型的人员特征，能依法实时采集监管区域内及附近的人员信息，确定人员信息存在的特征内容，识别人员类型和数量，预判人员动向，提醒现场执法人员可能存在的影响；对市场风险智能识别，对通关数据进行分析，提炼形成监管风险的特征，能实时全面采集市场变化信息，确定市场信息存在的个性化特征内容，识别市场变化导致的监管风险。

智能管控。海关是进出境监督管理机关，承担监管区域管控基础工作，可利用视频识别、无人机器、机器学习等人工智能技术，实施智能管控。可规律巡检为主、随机巡检为辅，通过规律巡检对监管区域例行检查，例如固定视频定时轮询全部点位、人工固定时间线路巡检，确保监管区域日常整体状态正常，通过随机巡检对监管区域偶发检查，例如视频随机点位监控、无人机随机巡检，发现规律巡检之外的新变化；可机器巡检为主、人工巡检为辅，通过视频录像、温控感知、无人机拍摄等机器化手段实施主要巡检，将检查情况实时反馈监控系统提供给管控人员，必要时开展人工现场检查；可发现未知为主、验证已知为辅，通过人工智能技术对机器巡检结果进行识别，发现未知新事物及时提醒管控人员处置消除新风险，对已知事物进行例行验证确认；可群智控制为主、人工控制为辅，通过智能联动固定视频、广播系统、门禁系统、卡口系统、防撞栏等设备，自动将管控对象引导限制在安全区域内，减少人工控制工作量；可远程处置为主、现场处置为辅，通过无人机、机器人、广播、文字图像等方式，对涉事人员远程指引配合处置，告知处置结果和后续要求，降低人员现场处置安全风险。

智能检查。海关对进出境实物检查是重要的监管内容，可综合使用人工智能技术，实施智能检查作业：建造检查机器人，能在监管区域内自主行走，具备视觉、听觉、嗅觉、温度、湿度，以及对等的感知能力，以及播放语音、展示文字图片等告知能力，甚至具备触觉、红外探测、核辐射探测、化学气体探测等能力，实时获知传输现场数据，接收执行操作指令，向现场人员发出作业要求，协助开展现场检查作业；增强机器人智能识别能力，能自动采集监管对象或监管现场存在的特征，确定监管对象名称和属性，以及高温、高辐射等现场作业风险，实时提供给监管人员参考；增强机器人自主执行指令能力，根据不同监管指令细化机器人执行流程、要求和完成标识，让机器人能准确识别执行目标，完整执行常规检查指令，反馈执行结果和异常问题；建造智能检查作业间，将机器人现场获得的感知数据，包括车辆、集装箱、货物等实体信息，以机器人视角还原现场作业场景，通过屏幕或VR设备等方式展示给监管人员；建立智能检查制度规范，允许监管人员在智能检查作业间开展检查作业，向机器人发出检查指令，向司机、搬运人员、报关人员等现场人员发出协助查验指令，通过机器人视角实时远程核查实物状况，由系统自动记录检查过程和结果。

智能辅助。进出口通关监管属于跨境贸易流程的一个环节，包含禁限管制、归类、价格、原产地、检验、检疫、监管等大量专门规定，涉及负责通关的企业人员和负责监管的海关人员：负责通关的企业人员经过学习磨炼，甚至犯错改进，不断积累经验，才能逐步掌握专业通关知识，面对日新月异层出不穷的海量进出口商品，需要便捷的权威工具辅助准确办理通关业务；负责监管的海关人员，在所涉及的专门监管领域长时间工作，经过专业培训和实践锻炼，积累了大量专业权威的知识和便捷好用的经验，为建立通关监管智能辅助专家系统提供知识经验基础。海关应梳理汇总通关监管涉及的法律、法规、规章、规程、指引等全部有效规定，以及通关监管过程中被使用的其他部门规定，形成通关监管完整有效的法规库；按照海关专业领域划分，组织各业务领域专家，针对常见问题，分析确定解决思维方式最优解，对法规库进行分析、拆分、重组，形成匹配思维方式的专业知识库；开发信息化系统功能，接收问题输入，模拟专家思维方式，使用知识库求解问题，展示结果输出，建立通关监管智能辅助专家系统；通过互联网向外界开放通关监管智能辅助专家系统，为社会提供专业便捷的通关辅助工具，为海关执法提供权威统一的监管辅助工具，并使用互联网信息技术识别感知法规依据变化情况，及时更新法规库，提醒更新相应专业知识库，确保智能辅助准确有效。

12.4 物联网

物联网指通过传感设备将物体互联互通的网络。

12.4.1 主要特性

物体感知：物体能被获悉身份和信息，具备唯一标识。

物体连通：物体能向其他物体传输信息，接收其他物体信息。

物体网络：物体能与多个其他物体连通，形成共同网络。

物体智能：物体能与其他物体协作，共同完成任务。

12.4.2 应用设想

物联封志。物体要能实现互相感知连通，需要增加具备物联功能的设备标志，可分为：身份标志，主要记录物品名称、成分含量、功能作用、生产商、生产信息等基本信息，作为物体身份标识；记录标志，可记录物体位置、状态、温度、湿度、光照等变化信息，离线本地存储供特定环节读取，或者实时上传网络供即时读取；监控标志，可接收网络信息，按照指令要求，对物体进行控制处置；自主标志，可自动根据物体状态或外界变化，对符合预设条件的，执行预设操作。海关监管要验核进出境商品与申报数据是否相符，确保商品状态在监管过程中保持稳定，通常会使用具备封闭功能的标志，即海关封志，可分为：封口类封志，能封闭容器开口，允许使用商业运输容器承运进出境商品，例如物理封志、智能安全锁；封闭类封志，能对商品全方位封闭，例如智能集装箱；监测封志，不封闭商品，能记录商品状态变化，确保符合监管要求，例如北斗定位设备、温湿记录设备。海关应根据商品监管要求，将物联网标志功能融合到海关封志中，所有封志具备身份标志功能，能离线获取相关商品基本信息，便于现场快速检查商品实物；应具备记录实时位置功能，能即时定位商品所在位置，便于现场快速确定控制商品；应能与其他物体的标志互通信息，获取更丰富的商品变化信息，甚至通过其他物体的标志对商品进行监控和处置，实现更有效的监管。

物联关境。物联网是物体自身构成的网络，反映物体实时状态，与物体不可分割，不能脱离物体凭空产生物联网信息。海关在法定范围内履行监管职责，传统上通过设定封闭地理范围划定海关监管区域，例如一线口岸、海关特殊监管区域、加工贸易监管仓库，需要按照海关设置规范，要求建设隔离围网（墙）、通道出入卡口、分区设置场地、视频监控系统和信息化管理系统等设施设备，形成物理界线标识划分的固定场地；对进入海关监管区域的商品实时监管，完成监管操作后，放行允许商品离开海关监管区域，自由流动使用。海关可利用物联网技术构建物联关境，利用卫星定位技术设定一线关境范围，进境商品定位进入设定范围，即视同进入关境，开始接受海关监管，出境商品定位离开设定范围，即视同离开关境，完成海关监管。海关可要求监管商品施加封闭类封志，当封志封闭后，视同进入海关监管状态，在海关解除监管前，未经海关授权无法打开封志，在封志封闭状态下，可在关境内自由流转，例如从一线口岸运输到监管仓库。需要企业将商品运输到特定地点时，向企业发送指令，监控企业在确保海关封志封闭完好前提下，将商品及时运达，海关完成监管任务后，对封志发送解封指令，封志解除封闭状态可打开，商品解除海关监管，可自由流转使用。物联关境让商品在封闭封志监管下通关，不必集中在特定物理监管区域，舒缓一线口岸通关压力。

物联监管。海关按照诚信守法便利、失信违法惩戒原则，甄别企业申报数据风险，对低风险的系统审核放行，适用便利通关措施，对高风险的重点人工审核，适用严格监管措施。绝大部分企业都会重视自身通关信用，主动遵守进出口监管规定，加强申报规范性和准确性，大部分申报数据都由海关信息化系统审核放行。

海关可利用物联网技术实现自通关监管：将申报数据合理拆分为商品数据和其他数据，商品数据指与商品属性状态直接相关的数据，其他数据指除商品数据的其他数据；商品标志记录申报商品数据，商品进入关境时，自动连接物联关境识别设备，向海关发送商品数据，完成商品通关自申报，海关信息化系统根据申报商品数据完成商品审核放行，需要实货检查的通知企业将商品流转到指定地点；其他数据可记入标志中，或者提前上传到网络，在商品自申报时一并向海关自动申报；要缴纳税费的，标志可记录企业支付授权，接到海关缴纳税费通知后，自主发起线上支付操作并完成验证，向海关快速缴纳税费；标志可记录商品通关过程中的状态变化，对温度过高、光线过强、倾斜过大等可能危及商品质量的状态趋势，即时发出危险警报，提供安全正确指引，避免商品损毁；海关放行后，标志自动向企业发送可提离信息，告知所在位置和状态，便于企业快速准确定位获取商品。物联网商品具备交互处理能力，可获得企业授权作为通关主体，根据进出境通关状态完成申报、纳税、协助查验、提离通知等操作，实现自通关。